디지털 헬스 케어의
법적 쟁점과 과제

디지털 헬스 케어의 법적 쟁점과 과제

This Edition was published by Jipmoondang in 2021, Seoul, Korea.

471
아산재단 연구총서

한국사회의 구조 변화와 미래 대응

디지털 헬스 케어의 법적 쟁점과 과제

이호용

집문당

이호용(李虎龍) 한양대학교 법과대학 법학과 졸업
한양대학교대학원 법학과 졸업(법학박사)
현재 한양대학교 정책학과 교수(학장)

아산재단 연구총서 471

한국사회의 구조 변화와 미래 대응

디지털 헬스 케어의 법적 쟁점과 과제

2021년 8월 30일 1판 1쇄

저자 | 이호용
발행인 | 임동규
발행처 | **(주)집문당**
등록 | 1971. 3. 23. 제2012-000069호
주소 | 03134 서울시 종로구 돈화문로 82, 5층
전화 | +82-1811-7567
이메일 | sale@jipmoon.com
홈페이지 | www.jipmoon.com

ISBN 978-89-303-1913-3 94330
978-89-303-1500-5(세트)

가격 18,500원

머리말

코로나 팬데믹과 4차 산업혁명은 세계를 움직이는 메가트렌드가 되고 있다. 코로나19는 사스, 메르스, 신종플루 등 지금까지의 어떤 감염병보다 길고 지리하게 우리를 괴롭히고 있다. 코로나19로 인한 언택트 상황에서 비대면 진료의 가능성이 확인되면서 디지털 헬스 케어에 대한 관심이 새롭게 부각되고 있다. 애초 디지털 헬스 케어는 고도화된 정보혁명으로 대변되는 4차 산업혁명의 보건의료적 산물로 이야기되어 왔다. 4차 산업혁명은 너무나 빠르게 우리 속으로 흡수되었다. 국가의 모든 정책이 4차 산업혁명을 수단으로 하지 않고는 논의되지 않을 정도로 전방위적 파급력을 가지고 있으며 4차 산업혁명과 연계된 정책들이 다방면으로 쏟아져 나오고 있다. 이처럼 4차 산업혁명에 대한 기대는 다양하고도 장대하다. 그것의 보건의료적 측면인 디지털 헬스 케어에 대한 기대도 마찬가지이다. 1차에서 4차 산업혁명에 이르기까지 인간의 욕구는 끊임이 없었고 그에 따른 새로운 가치의 창출은 무궁무진하게 전개되었다. 그러나 이런 고도화된 혁명이 인간에게 유익하지만은 않다. 정보혁명으로 잘 정리된 정보를 언제나 쉽고 편하게 이용할 수 있고 이렇게 확보된 시간에 인간은 일거리를 줄이고 여유를 즐기게 될 줄 알았지만 오히려 정리해야 할 정보는 더 많아지고 뭔가를 결정해야 하는 우리의 뇌는 오히려 더 혼란스럽지 않은가? 오히려 정보를 이용해서 '할 수 있는 일'들은 결국 '해야 하는 일'이 되고 있다. 인간은 점점 정보에 종속되고 몰인간화에 대한 우려는 점

점 더 커지고 있다. 이처럼 4차 산업혁명은 이 시대를 살아가는 우리에게 기회이기도 하지만 위기로 작용한다. 기회를 최대화하면서 위기를 최소화하는 방법은 무엇일까 고민하지 않을 수 없으며 이것이 이 연구의 근본적인 목적이다.

이 연구에서는 디지털 헬스 케어에 대한 시장적 접근과 반 시장적 접근의 어느 한편에서 논의를 전개하고 있지 않다. 디지털 헬스 케어에서 발생하는 다양한 법률적 쟁점을 제시하면서 과연 어떤 접근 방식이 적절할 것인지 고민의 장을 마련하는 것이 이 연구의 목적이다.

어떻게 건강하게 살 것인가는 인간에게 가장 지속적이고 긴요한 화두이다. 4차 산업혁명에 대한 기대는 편리하고 건강한 삶에 집중되어 있는 것도 바로 그러한 이유이다. 디지털 헬스 케어는 개인의 건강과 의료에 관한 정보, 기기, 시스템, 플랫폼을 다루는 분야로서 건강관련서비스와 의료 IT가 융합된 종합의료서비스이다. 4차 산업혁명이 데이터의 확보, 분석, 적용의 3단계로 가치를 창출하는 디지털 전환 심화 현상이라면 디지털 헬스 케어는 보건의료데이터의 측정, 분석, 적용과정을 통해 데이터 기반의 가치를 창출하는 시스템으로 4차 산업혁명의 보건의료 편이라 할 수 있다. ICT기반 의료기술은 빅데이터, 인공지능 등으로 무장하면서 헬스 케어에 새로운 패러디임 전환을 주도하고 있다. 디지털 헬스 케어 기술은 건강증진부터 시작하여 검사와 진단, 발병의 예측, 치료 등 보건의료의 전 영역으로 적용을 확대해 가고 있다. 인공지능은 수집된 개인별 정보를 분석하여 개인별 맞춤형 처방을 가능하게 하고 이렇게 수집된 정보로 형성된 빅데이터는 인공지능을 통해 학습의 깊이를 더해 갈 것이다.

그런데, 여기서 어떻게 하면 인공지능 등과 같은 디지털 도구들을 잘 이용하여 인간의 자존감을 지키면서 건강한 삶을 유지할 것인가에 대한 고민이 필요하다. 디지털 헬스 케어는 의료 및 건강의 상품화, 시장화 측면에서 추진되었다는 비판이 있으며, 4차 산업혁명은 의료 자본의 마케팅 전략 무기라고 하고 따라서 의료 서비스를 4차 산업혁명에 결부시키는 것은 위험하다는 시각이 존재하고 이것 또한 유효하고도 적절한 지적이라고 생각된다. 이에 더하여 의료와 건강 문제의 중요성과 민감성으로 인해 새로운 기술 도입은 부담스러우며, 따라서 디지털 헬스 케어의 진흥과 규제의 균형을 이루는 것은 매우 어렵다. 디지털 헬스 케어가 가져올 미래는 열려 있으나 여전히 불확실하다. 디지털 헬스 케어가 가져올 미래에 누구나 동의하는 것은 아니며 비판적 상상력을 부단하게 제시하는 것은 매우 중요하다. 4차 산업혁명시대에도 인간은 객체나 과정이 아니라 여전히 주체이고 목적이어야 하기 때문이다.

이 연구에서는 의료 서비스에 대해 도구주의 수준의 시장화를 긍정하고 있다. 현재 코로나 팬데믹과 4차 산업혁명이 세계적 메가트렌드라고 하는 것처럼 피할 수 없는 것이라면 맞이할 수밖에 없으며 어떻게 목적과 수단을 혼동하지 않으면서 인간의 존엄 가치를 잘 유지할 수 있는 방법으로 맞이할 것인지 고민하지 않으면 안 된다. 여기서 국가의 역할은 매우 중요하다. 국가는 충분한 정보와 안전체계를 마련하면서 의료 서비스 이용자의 자기결정을 보완하여 이끌어야 하며, 선택과정에서 과실이 없더라도 결과적으로 나쁜 결과가 도출된 경우에는 국가는 보장적 책임을 져야 한다. 그렇다고 하여 디지털 헬스 케어 시대에 빠른 추격자든 신중한 추격자든 추격자 전략으로는 어렵다. 회복하기 어려운 후발 주자가 되어서는 안 되기 때문이다. 디지털 헬스 케어의 규제와 방법을 정함에 있어서 국가 경쟁력 확보와 국민 건강을 비롯한 한국 사회의 의료적 가치 그리고 개인정보보호 등 여러 가치를 형량하지 않을 수 없다.

끝으로 사랑하는 아내와 아이들 그리고 이 책에 도움을 준 이도국 박사, 이종덕 박사와 연구실 제자인 채규현, 강태영 박사과정 학생에게 감사의 말을 전한다.

2021년 7월

저자

차례

III. 디지털 헬스 케어의 법적 쟁점 / 61

Ⅰ. 4차 산업혁명과 보건의료

Ⅰ. 4차 산업혁명과 보건의료

1. 4차 산업혁명, 그 찬양과 우려

인간은 끊임없이 욕구하고 또 이를 위하여 부단히 가치를 창출해낸다. 그러한 가치 창출의 노력들은 사회 · 경제적으로 특히, 산업패러다임에 큰 변화를 가져왔으며, 우리는 이러한 현상을 산업혁명이라고 부른다. 최근 4차 산업혁명은 우리 사회에 너무나도 빠른 속도로 흡수되고 있다. 이제 국가의 모든 정책이 4차 산업혁명을 수단으로 하지 않고는 논의되지 않을 정도로 전방위적 파급력을 가지고 있으며, 4차 산업혁명과 연계된 정책들이 다양한 방면에서 쏟아져 나오고 있다. 그런데 산업혁명은 그 시대를 살아가는 인간들에게 기회이기도 하지만 위기로 작용하기도 한다. 파괴적 혁신의 변화 속에서 기회를 최대화하면서 위기를 최소화하는 방법이 무엇인지 고민해 보지 않으면 안 된다. 이것은 이 연구의 가장 근본적인 목표이기도 하다.

예컨대, 1차부터 4차까지의 산업혁명은 각각의 특성을 갖는다. 1차 산업혁명은 기계화, 2차 산업혁명은 전기와 석유 등 동력 및 기술혁신으로 인한 대량생산, 3차 산업혁명은 정보화와 자동화, 4차 산업혁명은 지능정보화, 자율화를 특징으로 한다. 1차, 2차 산업혁명으로 맞은 기계 · 전기의 시대에는 육체노동자들의 일자리를 위협하기도 하였고, 3차 산업혁명으로는 맞이한 전자·정보의 시대에는 일자리 상실의 위협과 더불어 프라이버시의 위협이라는 새로운 위기를 맞이한 바 있다. 4차 산업혁명에서는 프라이버시에 더하여 더욱 고도화된 데이터, 인간으로서의 가치 등이 위기에 해당한다. 인공지능과 빅데이터는 큰 수고를 들이지 않고도 인류에 필요한 자료와 컨텐츠를 습득하게 할 수 있지만 문득 사회로부터 고립된 자신을 발견하게 될지도 모른다. 한편 1차, 2차, 3차 산업혁명의 기회는 아직 종료되지 않았다. 기계 시설과 공장, 대량 생산체제가 아직도 도입되지 않은 나라가 있으며, 아직 전기를 사용하지 못하고 있는 사람도 수십억 명이나 된다. 클라우스 슈밥에 따르면 세계 인구의 17퍼센트는 아직 2차 산업혁명을 경험하지 못한 상태라고 하고 40억 명 이상이 아직 인터넷을 경험하지 못하고 있다고 한다.[1] 따라서 제1차, 제2차, 제3차 산업혁명이 아직도 여전히 공존하며 발전하고 있고, 이것의 혜택을 충분히 누리지 못하는 사람이 여전히 많지만 여기에 추가하여 4차 산업혁명을 맞이한 것이다.

그런데, 4차 산업혁명론의 무분별한 수용에 대해서는 우려의 목소리도 있다. 우리 사회에서 4차 산업혁명의 정의가 무엇인지도 정확히 모르면서, 충분한 사회적 합의도 없이 기술 위주의 성장전략에 따라 추진되고 있다고 비판된다. 4차 산업혁명에 대한 비판도 활발한 것은 산업계가 주도하고 정부가 국가적 의제로 다루어 확대시켜 매우 빠른 속도로 흡수되고 있을 뿐 급속한 변화 속에서 발생할 수 있는 부작용에 대해서는 다소

1) 클라우스 슈밥(송경진 옮김), 『4차 산업혁명』, 새로운 현재, 2016.

둔감하기 때문이다. 따라서 4차 산업혁명이 가져올 불확실한 미래에 대비하기 위해서는 폭 넓게 사유하면서 4차 산업혁명이 가져올 사회적 · 윤리적 논의를 게을리해서는 안 된다.

2. 4차 산업혁명, 디지털 헬스 케어 현상과 의료의 공공성

1) 4차 산업혁명의 기대와 디지털 헬스 케어

4차 산업혁명은 정보통신기술(ICT) 플랫폼을 기반으로 하고 사물인터넷(IoT)에 의한 초연결망(hyper-connectivity) 및 인공지능(AI)과 빅데이터에 의한 분석으로 초지능화된 새로운 산업 생태계를 형성한다.[2] 이와 같이 보면 4차 산업혁명은 '정보혁명'이라고 하는 3차 산업혁명의 속편에 해당한다. 4차 산업혁명에서 창출되는 가치도 여전히 정보에 있기 때문이다. 그런데 4차 산업혁명은 단순히 3차 산업혁명의 연장이 아니다. 변화의 속도, 범위, 시스템의 영향이 과거의 그것과는 구별되기 때문이다.[3] 정보는 집중되어 집약되기도 용이하면서 분산되기도 용이한 속성을 갖는다. 빅데이터, 클라우딩 컴퓨터 등은 정보를 집중하고 집약(integration)하는 도구이고, 이렇게 집중된 정보를 스마트 기기를 이용하여 분산

---

2) 최유성 외, 『4차 산업혁명에 대응하는 규제개혁 연구: 공유(共有)경제와 디지털 헬스 케어 분야를 중심으로』, 한국행정연구원, 2017.

3) 클라우스 슈밥, "4차산업혁명의 도전과 기회", 『4차 산업혁명의 충격』(포린 어페어스 엮음, 김진희 외 역), 흐름출판, 2017, 17-18쪽.

(dispersion)시키고 인공지능, IoT 등으로 융합시켜 활용하는 것이다. 한편, 기계에 의해 집중된 정보는 스마트 기기를 통하여 개인의 의사결정을 빠르게 분산시키는 역할도 한다. 따라서 이러한 이유로 4차 산업혁명의 시대는 정보의 집중과 분산이라는 키워드로도 대표된다.[4] 또한 3차 산업혁명의 시대가 '정보의 시대'라면 4차 산업혁명의 시대는 '지능화된 정보의 시대'라 할 만큼 고도화된 정보를 다룬다. 4차 산업혁명은 '연결을 통한 소통과 융합', '지능화', '자율화' 등의 키워드로 대표된다. 연결을 통한 소통까지는 3차 산업혁명과 같다. 4차 산업혁명에서는 지능화를 통하여 융합하고 궁극적으로는 자율화를 추구한다. 또, 3차 산업혁명이 정보에 대한 접근성을 높였다면, 4차 산업혁명에서는 (빅데이터, 클라우드, 사물인터넷, 인공지능 등을 도구로 하여) 단순히 정보 접근성에 그치지 아니하고 '서비스에 대한 접근성'을 확보하고 있다. 그 대표적인 활용이 의료서비스이다. 의료분야는 4차 산업혁명의 적용이 가장 활발할 것으로 기대되는 분야로 여겨지고 있다.

4차 산업혁명에 대한 기대는 편리한 삶과 그중 특히 의료분야에 집중되어 있으며, 정확하고 전문적인 의료 서비스에 대한 관심과 기대는 매우 크다. 인공지능은 수집된 개인별 정보를 분석하여 개인별 맞춤형 처방이 가능하게 하고, 수집된 정보로 형성된 빅데이터는 인공지능을 통해 학습의 깊이를 더해 갈 것이다. 건강문제는 인류가 존재하는 한 가장 중요한 화두이다. 여기에 인공지능을 비롯한 다양한 도구들을 통하여 어떻게 인

4) 전대석(b), "4차 산업혁명과 기계 의료 윤리", 『인문과학』 제69집, 성균관대 인문학연구원, 2018, 8쪽 이하.

간의 자존감을 지키면서 건강한 인류의 삶을 유지할 것인가에 대한 고민이 필요하다.

4차 산업혁명은 데이터의 확보, 분석, 적용의 3단계로 가치를 창출함으로써 디지털 전환이 심화되는 현상이며,[5] 디지털 헬스 케어는 이것의 보건의료 영역이다. 즉, 보건의료 데이터의 측정, 분석, 적용 과정을 통해 데이터 기반 가치를 창출하는 시스템인 것이다. 디지털 헬스 케어 기술이 성장하는 요인으로는 첫째, 정보통신기술의 발달과 ICT 기술 융합을 통한 초연결사회로의 진입, 둘째, 초고령사회에서 의료비 급증의 대안, 셋째, 질병의 치료(Cure of Disease)에서 예방 내지 건강관리(Care of Wellness)로의 의료패러다임의 변화 등을 들 수 있다. 이들 요인은 모두 유기적으로 연결되어 있다.

우리나라는 2010년에 고령화사회, 2017년 고령사회로 진입한 데 이어, 오는 2025년에는 노인인구 비율이 20%를 넘어 초고령사회로 접어들 것으로 예상된다. 2018년에는 65세 이상 노인 진료비가 전체 진료비의 40%를 넘어섰으며 2025년에는 65세 이상 노년층 의료비가 58조 원에 육박할 것으로 예상된다.[6] 초고령 시대에 고령자의 건강관리는 주요한 사회문제가 되고 있으며, WHO를 비롯한 국제기구 및 각국은 노인 돌봄의 문제를 어떻게 해결할 것인가 고심하고 있다. 최근 노인 돌봄의 방식으로 부각되는 것이 탈시설화와 커뮤니티케어(community care)이다. 자유가 제한된

---

5) 최병삼 외, "제4차 사업혁명의 도전과 국가전략의 주요 의제", 『STEPI Insight』 215, 과학기술정책연구원, 2017.

6) 건강보험공단(국회보고자료), 『노인 진료비 중장기 추계』, 2019.

생활을 해야 하는 병원이나 요양시설부터 벗어나 자신이 살고 있는 집과 지역을 중심으로 보다 인간다운 생활을 추구하는 것이다. 시설서비스의 경우 많은 비용, 선택권의 제한, 입소를 위한 긴 대기시간 등이 경제적으로 충분치 못하고, 하루라도 일찍 서비스를 받아야 하는 고령자의 입장에서는 비효율적이고 적정하지 않은 서비스의 형태라고 평가되고 있다. 자신이 살고 있는 지역사회에서 계속 거주하면서 케어를 받는 지역사회계속거주(Aging in Place) 형태의 서비스에는 디지털 헬스 케어 방식이 유용하게 작동할 수 있다. 환자가 병원을 가지 않고도 모바일 폰, 단말기나 컴퓨터 등을 통해서 의료적 서비스를 받을 수 있고, 지역적으로 고령자가 거주하는 곳은 도시보다는 농어촌이 많다는 점 등도 지역적 시간적 접근성을 확보할 수 있는 디지털 헬스 케어의 장점이기 때문이다.[7] 또한 보건의료의 패러다임이 의사 등 전문가에 의한 사후적인 치료 중심에서 환자 스스로의 참여가 촉구되고 환자의 자기결정권이 강조되는 사전적인 예방 관리 중심으로의 변화가 요청되고 있다는 점도 디지털 헬스 케어의 활용을 촉발시키는 요인이 된다.

ICT기반 의료기술은 빅데이터, 인공지능 등으로 무장하면서 헬스 케어에 새로운 패러다임 전환을 주도하고 있다. 디지털 헬스 케어 기술은 건강증진부터 시작하여 검사와 진단, 발병의 예측, 치료 등 보건의료의 전 영역으로 적용을 확대해 가고 있다. 예측(Predictory), 예방(Preventive), 맞춤형(Personalized), 참여(Participatory)의 4P 의료기술은 질병 예방과

7) 같은 취지, 김철주 · 홍세영, "독일의 원격의료 법제와 제도에 관한 연구", 『사회법연구』 제36호, 한국사회법학회, 2018, 276-278쪽.

개인별 최적 치료를 추구한다.[8] 기존의 의학적 치료방법은 환자의 특성을 고려하지 않고 처방할 경우 암은 25%, 알츠하이머는 30%에 대해서만 효과가 있는 것으로 보고되고 있다.[9] 개인별 유전체 정보, 빅데이터 등을 이용한 기술융합은 개인의 특성에 따른 최적의 치료가 가능하게 한다. 한편, 4차 산업혁명의 핵심도구가 빅데이터, 클라우드, 인공지능이며 이것을 움직이는 핵심 동력이 바로 '데이터'인 것처럼 디지털 헬스 케어의 혁신을 추동하는 핵심도 바로 보건의료 '데이터'이다.[10] 인간은 일생 동안 1,100TB의 헬스 케어 데이터를 생산해 낸다.[11] 헬스 케어 데이터는 ① 스마트워치 등 웨어러블 기기로부터 수집되는 혈압, 운동량 등과 같은 '외생데이터', ② 질병의 치료 과정에서 수집되는 '임상데이터', ③ 의료소비자의 유전자 정보인 '유전체 데이터' 등으로 구분된다. 이들 데이터를 수집하여 통합 · 형성되는 헬스 케어 빅데이터와 이들 데이터를 분석하는 인공지능의 역량에 따라 디지털 헬스 케어의 진보 수준이 결정된다. ① 외생데이터와 관련해서는 최근 스마트폰과 같은 모바일 기기를 이용하여 생체데이터를 수집하여 이를 데이터 마이닝[12] 기법으로 사용자에게 피드

---

8) 손재기, "미래 의료를 바꿀 스마트 헬스 케어", 『전자공학회지』 제45권 제11호, 대한전자공학회, 2018.

9) PMC(PubMed Central)(2014), *The Case for Personalized Medicine*, 4th Ed.

10) 이다은 · 김석관, "디지털 헬스 케어 혁신 동향과 정책 시사점", 『동향과이슈』 제48호, 과학기술정책연구원, 2018.

11) IBM(2014), *IBM Health and Social Programs Summit: IBM Commitment & Investment in Health and Social Programs*.

12) 데이터 마이닝(data mining)은 대량의 데이터에서 유용한 정보를 추출하는 것을 말한다. 데이터 마이닝을 할 때는 다양한 통계적 기법, 수학적 기법과 인공지능을 활용한

백을 제공하는 서비스 등 스마트 헬스는 예방의료 관리에 있어 가장 효과적인 대안으로 여겨지고 있고, ② 임상데이터와 관련해서는 주요 대형병원들이 의료정보의 클라우드 수집 · 보관을 통한 질병 치료 연구에의 활용이 본격 논의되고 있으며, ③ 유전체 데이터와 관련해서는 맞춤형 정밀의료와 DTC(Direct-To-Consumer: 소비자 직접의뢰 유전자 검사 서비스)를 통한 질병 위험 예측 서비스 등이 가능해진다. 이들 세 가지 데이터를 통합하는 플랫폼의 운영 주체가 디지털 헬스 케어 생태계를 주도하게 된다. 의료체계의 중심은 여전히 의료기관 혹은 의사일 가능성이 높으므로 의료계가 데이터 수집과 통합의 중심에도 의료계가 있어야 할 것이다. 우리나라는 국민건강보험제도의 도입과 함께 병원 전산화가 시작되었으며 1980년대에는 정보화 정책으로 의료정보의 디지털화가 도입되었고, 2000년대 중반부터 주요 대형병원은 전자의무기록시스템을 도입하는 등 보건의료 데이터를 수집하기에 좋은 환경을 가지고 있다. 그러나 이들 데이터는 엄청난 양을 형성하고 있음에도 불구하고 클라우드 등으로 빅데이터화하기보다는 아직까지 파편화되어 있어 여기에는 법제도적으로 해결해야 할 문제가 남아 있다. 디지털 헬스 케어로 발생할 수 있는 의료계의 변화로는 전통적인 의료소비자는 환자로 국한되었으나, 예방기능이 확대되면서 의료시장 밖의 일반인을 위한 건강관리시장이 확대된다는 점이다. 이로 인하여 건강관리를 위한 예방체계가 건강보험의 지불체계로 들어올 수 있다는 점, 새로운 의료제품과 서비스의 등장과 결합 등으

패턴인식 기술 등을 이용하여 데이터 속에서 유의미한 관계, 규칙 패턴 등에 대한 규칙을 발견하는 것이다.

로 의료법, 약사법 등에 의한 통제 경계가 불분명해질 수 있다는 점, 더불어 지역기반이 강한 의료 서비스가 원격의료 등으로 국경 등 지역적 경계를 허물 수 있다는 점 등이 함께 이뤄질 변화들이다.

2) 디지털 헬스 케어와 의료의 공공성

한편, 인체를 다루는 의료와 건강 문제는 중요성, 민감성으로 인하여 다른 영역에 비해 새로운 기술 도입이 신중하며, 반대 입장과의 조율도 어렵다. 디지털 헬스 케어가 산업의 진흥과 규제의 균형점을 찾기가 어려운 것도 바로 그런 이유이다.[13] 디지털 헬스 케어는 의료 및 건강의 상품화, 시장화의 측면에서 추진되어 왔다는 비판을 피하기 어렵다. 비판론자들은 4차 산업혁명론은 규제 완화와 민영화 정책을 정당화하는 패러다임으로 등장한 것이며, 의료 서비스에 4차 산업혁명을 결부시키는 것은 더더욱 위험하며, 디지털 헬스 케어론은 의료자본의 마케팅 전략 무기라고도 한다.[14]

한편, 보건의료 서비스의 시장화 가능성과 적정성은 어떤가? 시장화는 급부방식의 효율성도 중요시하지만 자기결정을 담보하는 중요한 수단이 된다. 즉 시장화는 자기결정을 전제로 한다. 의료 서비스 소비자의 자기결정은 의사라는 전문직이 가진 온정적 간섭주의(paternalism)에 대한 반

---

13) 조혜선, "원격의료 확대의 의의 및 조건에 대한 법정책적 연구", 『IT와 법 연구』 제15권, 경북대 IT와 법연구소, 2017, 252쪽.

14) 변해진, "보건의료와 '4차 산업혁명'이라는 레토릭", 『한국과학기술학회 전기 학술대회 자료집』, 2017, 61쪽.

발이며, 시장이라는 의료공급구조의 변화 속에서 의료 서비스 이용자로서 선택의 자유를 누릴 권리이다.[15] 그런데 의료 서비스를 선택함에 있어 자기결정을 위해서는 자기결정을 할 수 있는 능력이 전제가 되어야 하며, 의사 등 의료전문가는 환자가 자신의 잠재적인 자기결정 능력을 스스로 활성화할 수 있도록 원조할 책무를 지닌다. 의료 서비스에 있어 자기결정의 가장 기본적인 모습으로 고지 동의(Informed Consent)를 드는 것도 바로 그러한 이유이다. 그런데 환자에게 보건의료 서비스에 대한 온전한 판단 능력을 기대하기는 쉽지 않다. 왜냐하면 보건의료 서비스는 공급자와 수요자 간에 전형적인 정보의 비대칭성 내지 불균형성을 특징으로 하기 때문이다. 결국, 보건의료 서비스는 일반적인 시장 상품과는 달리 정보의 비대칭성, 수요의 비정규성, 불확실성, 불규칙한 공급조건 등으로 인하여 완전시장을 구성하기 어렵고 따라서 시장실패에 직면하기 때문에 비시장적인 해결책으로 보완되지 않으면 안 된다.[16] 의료 서비스의 시장화를 주장하는 입장에서도 '불완전한 시장화' 내지는 '부분 시장화'를 주장한다. 즉 보건의료체계 전체는 공적으로 운영되지만 효율성 확보를 위해서 부분적으로 시장화를 할 수 있으며 보건의료의 목적을 달성하지 못할 때에는 부분 시장화를 포기할 수 있다는 주장이다.[17] 이들의 입장은

---

15) 이호용(a), "사회보장의 시장화와 자기결정", 『한양법학』 제22권 제3집, 한양법학회, 2011, 13쪽.

16) Arrow K.(1963), "Uncertainty and the welfare economics of medical care", *American Economic Review* 53.

17) 박상혁, "의료민영화와 정의로운 보건의료체계: 수단과 목적", 『한국의료윤리학회지』 제19권 제4호, 한국의료윤리학회, 2016, 414쪽.

결론에 있어서는 비시장화 견해와 크게 다르지 않다. 또한 의료 서비스의 공공적 가치를 긍정하는 입장에서도 시장을 수단으로 보는 입장은 가능하다. 다만 이들은 시장 그 자체를 목적으로 하지 않고 수단이라고 할 뿐이라는 점이 다르다.

보건의료 서비스의 공급이 공공적 가치와 국가 책임성을 전제로 한다는 점도 시장화를 용이하지 않도록 한다. 디지털 헬스 케어론 반대론자들은 헬스 케어의 상업적 영역을 창출해 내는 것은 포괄적 보건의료를 파편화시키고, 보건의료를 개인적 책임의 문제로 폄하할 수 있다고 지적한다. 유용한 지적일 수 있다. 시장화는 소비자의 자기결정을 전제로 하고, 자기 결정은 자기책임을 전제로 한다는 논리는 적어도 일반 상품 시장에서는 성립할 수 있다. 그러나 공공적 가치를 가지는 서비스 공급에 있어서는 '자기결정이 곧 자기책임에 기반한다'는 도식은 성립하기 어렵다. 국가는 충분한 정보와 안전체계를 마련하면서 자기결정을 유도해야 하며, 선택과정에서 과실(過失)이 없었으나 나쁜 결과가 도출된 경우에도 국가는 위험으로부터의 보장 의무에 따라 보장적 책임을 져야 한다.[18]

의료 서비스의 시장화는 부유층에게는 삶의 질 확대를, 대중에게는 건강 악화라는 양극화, 즉 계층 소비화로 인한 건강 불평등 문제도 발생 시킬 수 있다. 의료 서비스의 시장화에서는 의료 소비자의 자기결정을 확대하기보다는 계층소비가 진전될 수 있으며, 극단적으로는 말기 의료에서는 '죽음의 의무'[19]가 발생할 위험도 있다.[20] 의료의 공공적 가치를 강조

---

18) 이호용(c), "불가항력적 의료사고에 대한 국가보상의 공법적 검토", 『의료법학』 제11권 제1호, 대한의료법학회, 2010.

한다면 평균 소비가 기본적으로 견지되어야 한다.

결론적으로 의료 서비스는 국가에 의해 공적 공급체계를 갖추고 있는 것이 아니라 민간에 의한 공급체계가 중심을 이루고 있는 점, 의사와 의료기관은 진료거부금지 의무 등 의료 서비스 공급에 대한 공적 책임을 지고 있기는 하나 의료 서비스도 시장 기구를 통해 작동할 수밖에 없는 점, 의료의 시장화는 비효율, 비용 증가, 비민주성, 의료의 질 저하 등 내재적 문제를 해결하는 긍정적 기능을 가지고 있는 점[21] 등을 고려해 보면, 시장을 도구로 하는 시장도구주의 수준에서 의료의 시장화는 허용됨이 바람직하다. 의료 서비스는 다른 서비스와 달리 시장화의 결과가 공익과 사익이 공존할 수 있는 부분이라는 점도 고려되어야 한다. 다만 적어도 국가는 온전한 의료 서비스 제공의 책무를 견지할 것(디지털 헬스 케어가 본격화되어 의료데이터 플랫폼이 활성화되는 경우에도 그 운영 주체는 공공 주체가 됨이 타당하다), 전체 인구의 건강을 향상시킬 수 있는 방향으로 시장이 작동될 것, 시장관행을 통제하는 규제체계를 정립할 것 등의 기본적 전제가 필요하다.

---

19) '죽음의 의무'라는 말은 1984년에 콜로라도주지사였던 리차드 람에 의해 제창된 개념이다. 람은 제한된 자원 속에서 미국 사회를 성립시키기 위해서 인구통제와 관세율의 인상 등과 함께 고령자에 대한 여분의 의료 폐지를 정책이념으로 들고 나왔다. 람은 이 여분의 의료의 폐지의 맥락에서 죽음의 의무를 제창하였다. 이에 따르면 중병에 걸렸을 때나 인생 말년에 가족 부양의 힘듦을 스스로 죽음을 선택하는 죽음의 의무가 발생한다는 것이다.

20) 小松美彦(a), "自己決定權の道ゆき: 死の義務の登場(上)", 『思想』 2002年2月號, 岩波書店, 2002, 142-147頁.

21) 이상윤, "산업화된 의료, 상품화된 건강과 마르크스주의", 『마르크스주의 연구』 제15권 제2호, 경상대 사회과학연구원, 2018, 58쪽.

II. 4차 산업혁명과 디지털 헬스 케어의 현상과 미래

II. 4차 산업혁명과 디지털 헬스 케어의 현상과 미래

1. 서

4차 산업혁명 시대에 전개되는 헬스 케어의 변화 중에서 가장 두드러지는 것 중의 하나가 헬스 케어의 디지털화 일 것이다. 이미 병원에서 생성되는 건강기록이 데이터화되고 있으며, 거의 모든 의료데이터는 표준화되고 있다. 보건의료 서비스의 미래는 이러한 데이터를 어떻게 유용하게 활용할 것인지에 대한 고민에서부터 출발한다. 그러므로 이러한 보건의료 분야의 변화를 알아보려면 4차 산업혁명 시대에 새롭게 전개되고 있고, 또한 향후 전개될 수 있는 의료산업에 관하여 그 현상을 분석하는 것이 필요하다. 이 장에서는 4차 산업혁명 시대에 새로운 헬스 케어 현상을 분석하고 전망한다. 먼저 디지털 헬스 케어의 기반이 되는 기술의 내용을 살펴봄으로써 디지털 헬스 케어가 작동하는 방식의 이해를 돕고자 한다. 예컨대, 빅데이터, 인공지능, 블록체인 등과 같은 4차 산업혁명의 프레임이라고 할 수 있는 정보통신 기술들이 어떤 의의를 가지고 어떻게 작동하고 확장되고 있는지를 살펴보고, 그 외에 고령자의 치료에 있어 널리 활용될 수 있는 첨단생명공학, 의료기기나 웨어러블 기기 등의 발전, 환자의 건강관리의 효율성을 높이기 위한 디지털 헬스 케어의 활용방안 등에 대해 살펴본다.

2. 4차 산업혁명의 프레임, 정보통신기술

1) 4차 산업혁명과 인공지능의 의의

18세기 후반의 1차 산업혁명은 증기기관의 발명을 통해 기계화가 이루어져 농업사회에서 공업사회로 발전하였다. 2차 산업혁명은 에디슨의 전기 발명으로 전기 에너지가 기존의 석탄 에너지를 대체하였고, 1913년 헨리포드가 컨베이어 벨트를 활용하여 자동차를 생산하면서 발전하였다. 자동화 시스템이 시작되었고, 전자제품이 대중화되는 계기가 되었다. 3차 산업혁명은 1970년대 말 처음 보급된 컴퓨터, 인터넷의 등장으로 태동하였으며, 개인용 컴퓨터의 확대를 통해 정보지식혁명이 이루어졌다. 기존의 서류 작성에서 컴퓨터를 통해 모든 자료를 데이터화함으로써 인터넷을 통해 어디든지 전달할 수 있게 되었다. 3차 산업혁명은 정보통신기술의 혁신을 통해 지식정보화 사회로의 급속한 발전으로 이어졌다. 4차 산업혁명은 과거 농경사회에서 산업사회로 그리고 산업사회를 정보화사회로 변모시킨 사건에 버금가는 엄청난 변혁을 예고하고 있다. 이미 그러한 변화가 각 산업 분야에서 구체적으로 현실화되고 있다. 4차 산업혁명으로 환경변화는 기업이든 개인이든 단순한 환경변화의 수준을 넘어서 업무와 기술, 노동과 조직구조에 대한 패러다임의 변화를 의미한다.

정보통신의 혁신은 3차 산업혁명과 4차 산업혁명의 공통된 키워드이다. 3차 산업혁명이 기본적인 업무 및 생활환경을 정보통신에 적응하는 환경으로 구축하는 것을 특징으로 한다면 4차 산업혁명은 3차 산업혁명으로 구축된 정보통신 환경 위에 보다 고도화된 형태로 현실화된 서비스를 구축하는 것을 의미한다. 예컨대, 기존의 2G-4G하에서는 텍스트 형태의 자료를 볼 수 있는 형태였다면, 5G하에서는 유튜브 영상을 자유롭게 볼 수 있는 환경이 조성되고 있다. 3차 산업혁명이 정보화 시대라면 4차 산업혁명은 지능화된 정보화 시대라고 부르는 것은 바로 이러한 이유이다. 또한 SNS 등 다양한 소통 수단이 자유로운 경제 활동의 근간이 되고 있는 상황이므로 4차 산업혁명 시대에는 과거 3차 산업혁명 단계에서 정보혁신을 뛰어 넘는 혁명적인 변화를 전개되고 있다. 이처럼 정보혁명이라는 측면에서 4차 산업혁명은 3차 산업혁명의 연장선에 있으면서도 기존의 1~3차 산업혁명과 차별되는 특징이 있다. 즉, 1~3차 산업혁명은 사람의 손과 발을 기계가 대체하여 자동화를 이루고 연결성을 강화해온 과정인 반면, 4차 산업혁명은 인공지능의 출현으로 사람의 두뇌를 대체하는 새로운 시대가 전개되고 있기 때문이다.

지금의 인공지능은 과거 인간이 규칙을 만들어 컴퓨터에 입력하는 방법론인 '규칙기반 중심의 자동시스템 인공지능'이 아니라, 인간이 모든 프로그램을 수행하는 대신에 대략적인 그림만 그려주면 기계가 데이터를 통해 프로그램을 완성하는 '학습기반 중심의 자율시스템(autonomous system) 인공지능'이다. 이러한 인공지능이 작동하는 방법을 '머신러닝(machine learning)'이라고 한다. 말 그대로 기계가 인간의 뇌가 학습하는 것처럼 스스로 학습한다는 것으로, 컴퓨터가 특정 분야의 전문가인 것처럼 통찰력을 가지고 데이터를 분석한다는 의미이다. 참고로 흔히 이야기하는 인공지능이 학습하는 알고리즘으로는 머신러닝(machine learning: 기계학습)과 딥러닝(deep learning: 심층학습)이 있는데, 이들의 차이점을 살펴보면, 일단 머신러닝은 딥러닝을 포괄하는 큰 개념이다. 예전에는 사람이 직접 데이터를 분석하고 알고리즘을 작성하는 과정을 거쳤다면, 이제는 컴퓨터에 적절히 가공된 데이터를 입력하기만 하면 이것이 모델을 자동 생성할 수 있게 되는데 이것이 머신러닝이다. 머신러닝의 과정을 간략히 보면 데이터 수집 – 변수 가공(혹은 데이터 가공: 그대로 사용하기 어려운 데이터의 변수를 가공하여 데이터를 비교적 간단하게 만드는 것) – 모델 학습 – 모델 평가의 프로세스를 거치게 되는데, 딥러닝은 여기서 변수 가공의 과정을 생략하고도 좋은 성과를 낼 수 있는 학습방법이다. 즉 사람의 뇌처럼 컴퓨터가 데이터를 분류할 수 있기 때문이다. 보고 배운 것을 기억하며 이를 토대로 구체적 상황에서 새로운 결정과 판단을 하는 사람의 뇌처럼 컴퓨터가 기능하는 것이다. 몇 년 전 이세돌과 알파고가 둔 바둑 경기에서 알파고의 바둑이 딥러닝 기술이 동원된 형태이다. 머신러닝과 빅데이터가 발전함에 따라 다양한 분야에서 인공지능이 활용되고 있다. 예컨대 자율주행자동차, 지능형 로봇, 드론 등의 분야가 빠르게 발전하여 상용화되고 있다. 이와 같은 현대사회의 비약적인 발전은 정보통신기술의 발전에 기반하고 있으며, 제4차 산업혁명을 통해 초연결사회(hyperconnected society)나 지능정보사회(intelligent information society)와 같은 새로운 패러다임을 창출하고 있다.

2) 초연결사회

초연결사회는 인간, 프로세스, 데이터, 사물 등을 IT 기반하에서 서로 연결함으로써 구현된다. 초연결사회는 지능화된 네트워크의 구축을 통해 새로운 가치와 혁신의 창출이 가능한 사회로써,[1] 기술의 진화와 인간 욕구의 변화에 힘입어 등장하는 미래사회의 새로운 패러다임이다. 이 용어는 캐나다 사회과학자인 아나벨 콴 하세(Anabel Quan-Hasse)와 베리 웰만(Barry Wellman)이 2001년 처음으로 사용한 바 있는데, 소셜미디어 및 IT혁명으로 사람과 사람, 사람과 단말기, 단말기와 단말기 간에 긴밀하게 연결되어 이메일, 클라우드, 문자 메시지 등 다양한 커뮤니케이션 장치로 연결되어 있는 사회를 의미한다. 즉, 주변의 제한적 객체와의 통신에서 IT의 발전 정도에 따라 시공간을 뛰어넘는 다양한 객체와의 상호작용으로 연결의 범위가 확장된 것이다.

스마트 기술의 비약적 성장으로 스마트 디바이스 확산, 트래픽과 정보의 폭발이 일어남에 따라 언제 어디서나 상호 연결되어 정보를 주고받을 수 있는 IT 기반이 마련되었다. 특히 높은 기술 완성도로 인해 개별 사물에도 네트워크 기술이 적용되고 있으며 서로 단절되어 있던 정보들을 자유롭게 주고받을 수 있게 되었다. 이처럼 고도로 심화된 연결 기반을 바탕으로 새로운 차원의 서비스와 문화 환경의 획기적인 변화가 이루어지고 있다. 또한, 일상생활과 삶에 대한 인간의 욕구도 좀 더 인간 중심적이고 고차원적인 수준의 것으로 변화하면서 보다 진전된 형태인 사물과 사람이 네트워크로 연결되는 초연결사회가 도래한 것이다. 초연결사회는 다양한 형태의 네트워크를 구축함으로써 인간 삶의 질을 향상시키는 관점에서 논의되고 있다.

---

1) 김병운, "초연결산업 사회, 사이버보안 정책", 『과학기술법연구』 제22권 제3호, 한남대학교 과학기술법연구원, 2016, 88쪽.

초연결사회의 구현을 위해서는 다양한 객체를 연결하는 "사물인터넷(IoT)"과 연결의 기반이 되는 수많은 데이터를 유의미한 정보로 전환시킬 수 있는 "빅데이터 기술"이 중요하다.[2] 초연결사회는 스마트폰이나 웨어러블 초소형 컴퓨터 같은 모바일 기기를 통해 사람과 사물, 동물, 데이터, 프로세스 등 모든 것이 인터넷으로 긴밀하게 연결되어 정보를 주고받는 사회다. 연결 대상은 크게 건물이나 전자제품 같은 고정체와 이동체로 구분할 수 있다. 이동체는 다시 차량과 사람, 기타 이동형 자산(Asset)으로 분류된다. 모든 사물들이 각각의 센서를 갖고 서로 데이터를 주고받으면서 연결될 수 있는 초연결사회는 엄청난 정보의 교류를 통해 편리한 일상생활을 가능하도록 한다는 점에서 우리 삶의 변화에 직접적인 영향을 미치고 있다. 이러한 초연결사회가 실현되고 인공지능과 연계되어 운영될 때, 만성질환의 치료 및 관리는 획기적으로 발전할 것으로 예측된다.[3] 센서기술의 발전으로 당뇨병 환자에 대한 채혈 없이도 혈당을 24시간 지속적으로 모니터링할 수 있기 때문이다. 이처럼 별도의 채혈 없이도 혈당을 체크할 수 있다면, 전문병원의 인공지능 시스템이 투여되어야 할 약의 종류와 용량을 실시간으로 결정하여 스마트폰이나 스마트워치를 통해 환자에게 전달할 수 있다.[4]

---

2) 김병운, "초연결산업 사회, 사이버보안 정책", 『과학기술법연구』 제22권 제3호, 한남대학교 과학기술법연구원, 2016, 89쪽.

3) 박정원 · 심우현 · 이준석, "디지털 헬스 케어 발전을 위한 규제 개선 방안에 관한 연구", 『정보화정책』 제25권 제1호, 한국정보화진흥원, 2018, 8쪽.

4) 이주흥, "피부과의 미래", 『4차 산업혁명과 병원의 미래』, 청년의사, 2018, 364쪽.

3) 사물인터넷(IoT)

사물인터넷(Internet of Things, IoT)은 세상에 존재하는 유형 혹은 무형의 객체들이 다양한 방식으로 서로 연결되어 개별 객체들이 제공하지 못했던 새로운 서비스를 제공하는 것을 말한다. 사물인터넷은 말 그대로 '사물들(things)'이 '서로 연결된(Internet)' 것 혹은 '사물들로 이루어진 인터넷'이라고 이해할 수 있다. 사물인터넷은 책상이나 자동차처럼 연결되는 대상이 단순한 유형의 사물에만 국한되지 않는다. 교실, 커피숍, 버스 정류장 등 공간은 물론 상점의 결제 프로세스 등 무형의 사물까지도 그 대상에 포함한다. 기존의 인터넷이 컴퓨터나 무선 인터넷이 가능했던 휴대전화들이 서로 연결되어 구성되었다는 점에서 일정한 제한이 있었지만, 사물인터넷은 연결되는 주체가 기존보다 확장된 형태라는 점에서 그 파급력은 상당하다. 사물인터넷은 사물에 센서를 부착해 실시간으로 데이터를 인터넷으로 주고받는 기술이나 환경을 일컫는다.[5] 즉, 사물인터넷은 단순한 사물끼리의 연결에 그치는 것이 아니라 한 걸음 더 나아가 인터넷을 통하여 사물끼리 연결하여 대화를 주고받으면서 새로운 서비스를 제공하는 중요한 기능을 가진다. 즉 연결을 통하여 각각의 사물이 애초에는 갖지 못하였던 기능이나 역할이 연결됨으로써 새로운 역할이나 기능을 하게 되는 것이다. 현실에 있는 사물들을 인터넷에 가상으로 존재하는 것으로 설정해 두면 마치 사물들끼리 서로 대화를 함으로써 사

5) 정재도, "프랑스의 스마트빌딩 법제의 쟁점에 관한 연구", 『부동산법학』 제23권 제1호, 한국부동산법학회, 2019, 88쪽.

람들을 위한 편리한 기능들을 수행하는 것이다. 예컨대 '사람이 잠을 자려면 불을 꺼야 한다' 혹은 '잠을 잘 때는 불을 끈다'는 상황과 기능을 설정해 두면 침대는 사람이 자는 것을 인식하고 이것을 조명에 알려서 불을 끄게 하는 방식이다. 마치 만화영화 '토이스토리'에서 사람이 없는 곳에서 장난감들이 인간처럼 대화하고 행위를 하는 것처럼 책상과 조명, 침대와 조명이 서로 대화하면서 그들의 기능을 작동시키는 것이다.

지금까지는 인터넷에 연결된 기기들이 정보를 주고받으려면 인간의 '조작'이 개입되어야 했다. 사물인터넷에서는 인터넷에 연결된 기기는 사람의 도움 없이도 서로 알아서 정보를 주고받으며 소통할 수 있다. 사물들이 자율적인 소통을 하도록 돕는 도구로는 블루투스(BT)나 근거리무선통신(NFC), 센서데이터, 네트워크 등이 있다.[6] 사물에 대한 정보를 인지할 수 있는 센서는 사물 간 이루어지는 대화를 위해 반드시 필요한 요소이다. 사람도 누군가와 대화를 하기 위해서는 상대를 바라보든가 최소한 그 사람이 누구인지는 알아야 하듯이 사물도 센서를 통해 서로 정보를 주고받기 위해서는 상대방 기기의 아이디나 IP주소를 인지해야 한다. 기기 사이에 상대방의 정보를 확인한 후에는 구체적인 대화 내용을 찾아야 한다. 그것이 단순한 정보의 전달이든지 아니면 구체적인 행위를 위한 정보의 파악이든지 센서를 통해 정보를 교환한다. 사물인터넷은 모든 물리적 센서 정보가 중요한 의미가 있다. 온도, 습도, 열, 가스, 조도, 초음파 센서에서부터 원격감지, SAR, 레이더, 위치, 모션, 영상센서 등 유형 사물

---

6) 김정수 · 이문호 · 박대철, "헬스 케어 IoT: DNA 시계", 『공학교육연구』 제21권 제3호, 한국공학교육학회, 2018, 70쪽.

과 주위 환경으로부터의 정보를 바탕으로 사물 간 대화가 이뤄지기 때문이다.[7)]

3. 빅데이터, 인공지능과 개인의료정보의 활용

1) 빅데이터

(1) 빅데이터의 의의

미국의 시장조사기관 기업인 가트너(Gartner)는 빅데이터의 경제적 가치를 설명하면서 데이터는 미래 경쟁력을 좌우하는 21세기 원유이며 기업들은 다가오는 데이터 경제시대를 이해하고 이에 대비해야 한다고 강조했다. 빅데이터가 다양한 가치를 만들어내기 시작하면서 사람들은 빅데이터를 '원유'에 비유한 것이다.

빅데이터(Big Data)란 기존의 데이터베이스 관리도구의 능력을 넘어서는 대량의 정형 또는 비정형의 데이터 집합을 포함한 광범위한 데이터로부터 가치를 추출하고 그 결과를 분석하는 기술이다. 과거의 아날로그 환경과 요즘의 디지털 환경이 혼재되어 나타나는 과도기에서 이제는 점차 디지털화가 가속화되고 있다. 빅데이터는 기본적으로 데이터의 규모가 방대하고, 생성 주기도 짧은 특징을 갖고 있다. 또한 데이터의 형태가 단순 수치나 문자 정보에 그치지 않고, 영상 데이터 등 종류의 다양성 측

---

7) http://www.kisa.or.kr/uploadfile/201306/201306101740531675.pdf (검색일: 2020. 5.31.)

면에서도 획기적이다. 사용자가 직접 제작하는 UCC나 유튜브는 물론 다양한 동영상 콘텐츠, 휴대전화와 SNS(Social Network Service)에서 생성되는 문자 등은 데이터의 증가 속도뿐만 아니라, 형태와 질적인 면에서도 기존과 다른 양상을 보인다. 주요 도로와 공공건물은 물론 사각지대를 찾아볼 수 없을 정도로 도시 곳곳에 CCTV가 설치되어 있으며 여기에서 생성되는 영상 정보의 양은 우리의 상상을 초월한다. 우리 일상생활의 소소한 행동 하나하나가 대부분 데이터로 저장되고 있다고 해도 지나친 말이 아니다. 이처럼 우리 사회 모든 분야에서 디지털화가 확산되면서 규모를 가늠할 수 없는 엄청난 정보와 데이터가 생산되는 빅데이터 환경이 조성되고 있는 것이다. 이러한 환경의 변화는 데이터가 증가할수록 그 효율성이 증대되는 형태로 나타난다. 예컨대, 특정 개인의 위치정보와 SNS에서의 활동을 결합하여 당해 개인의 생각과 의견을 예측하거나 구체적인 행동 양식을 분석할 수 있다.[8] 따라서 빅데이터는 단순히 많은 양의 정보가 아닌, 사람의 마음을 읽어냄으로써 인간 행동의 결과를 예측하고, 더 나아가 그것을 기반으로 인간의 행위를 변화시키는 기술로 정의할 수 있다.[9] 또한 블로그나 SNS에서 유통되는 텍스트 정보는 내용을 통해 소통하는 상대방의 연결 관계까지도 분석이 가능하며, 분석 가능한 개인의 수도 기하급수적으로 증가하는 구조이다.

컴퓨터와 인터넷, 모바일 기기의 이용이 일상화되면서 의도와는 상관

---

8) 김정수 · 이문호, "5G 이동통신: 4차 산업 대동맥", 『문화기술의 융합』 제4권 제1호, 국제문화기술진흥원, 2018.4, 342쪽 참조.

9) 최진기, 『한권으로 정리하는 4차 산업혁명』, 이지퍼블리싱, 2018, 126쪽.

없이 데이터가 자동적으로 저장되고 있다. 과거에는 상점에서 물건을 구매할 경우에 결제를 통해 데이터가 기록되었다면, 이제는 구매와 상관없이 각 개인이 방문한 인터넷 서핑 기록 등도 자동적으로 데이터화된다. 비대면 활동이 획기적으로 증가하는 상황에서 데이터의 분석 능력은 고도로 발전할 수밖에 없다. 우리의 일상생활이 단순한 인터넷 쇼핑에 그치지 않고 금융거래, 교육과 연구, 비즈니스 활동, 여가활동 등이 인터넷을 통해 이루어지므로 자동적으로 축적되는 데이터는 점점 증가하고 있다. 코로나 팬데믹(Pandemic) 시대에 강조되고 있는 재택근무 등 스마트 워크의 본격화도 데이터 증가를 가속화하는 주요한 요인이라 할 것이다. 특히 사람과 기계, 기계와 기계가 서로 정보를 자유롭게 주고받는 사물인터넷의 확산도 디지털 정보가 증가하는 주요한 이유이다. 예컨대 IoT에 속하는 스마트가전, 또는 스마트홈 사업은 가전제품과 모든 사물에 빅데이터를 활용하여 기계와 인간의 상호작용을 통해 기술의 효용을 높이게 된다. 그러므로 4차 산업혁명 시대에는 우수한 빅데이터를 가진 기업이 경쟁에서 이길 수밖에 없으며, 기업이 생산성 향상을 이루는 데 필요한 빅데이터를 확보할 수 있는 국가는 기본적으로 정보화 수준이 높은 국가여야 한다.

데이터(data)와 구별해야 할 개념으로 정보(information)가 있다. 데이터는 객관적 사실이라는 존재적 특성이 있다. 다른 데이터와 상관관계가 없는 순수한 수치나 기호를 의미하는 것이라고 볼 수 있다. 따라서 데이터와 구별되는 정보는 데이터와의 상관관계가 존재하여야 하며, 패턴을 이해하거나 인식하고 의미를 부여할 수 있는 것이어야 한다.[10] 데이터는 정보의 중요한 하나의 단위로 이해할 수 있다. 빅데이터는 대용량의 다양한 데이터를 가지고 빠른 속도로 분석하여 분석된 정보들과 다른 새로운 정보를 생성한다. 오늘날 빅데이터가 활성화되는 배경에는 스마트폰의 보편화와 SNS의 발달로 수많은 사용자들이 서비스를 제공받기 위해 필요한 자신의 개인정보들을 입력한다는 것이다. 또한, 통계기술을 이용하여 새로운 정보를 얻거나 해석하고 예측하는 것 또한 빅데이터의 특징이다. 따라서 21세기 기업에게 가장 중요한 자산은 '데이터'이며 이를 관리하고 여기서 가치를 이끌어내지 못하면 경쟁에서 살아남을 수 없다는 뜻이다. 빅데이터는 '빅(Big)+데이터(Data)'식의 단순 합성어가 아니다. 빅데이터를 '어마어마하게 많은 데이터'라는 식으로 받아들이면 본질적인 의미와 가치를 놓치게 된다. 빅데이터는 ① 기존의 기업 환경에서 사용되는 '정형화된 데이터'[11]는 물론 ② 메타정보와 센서데이터, 공정제어데이터 등 미처 활용하지 못하고 있는 '반정형화된 데이터'[12], 여기에 ③ 사진, 이미지처럼 지금까지 기업에서 활용하기 어려웠던 멀티미디어 데이터인

---

10) 이인호, "개인정보보호법제의 시급한 개선과제", 『법연』 spring 58, 한국법제연구원, 2018, 31쪽. 예컨대 갑이라는 사람의 신장이 175cm라고 할 때, 175cm는 데이터에 해당한다. 그리고 '갑의 신장이 175cm이다'라는 정보이며, 이는 갑의 개인정보가 되는 것이다.

11) 정형데이터는 즉시 통계적 분석에 활용될 수 있는 형태로 정리되어 있는 것으로 대표적인 예로 엑셀파일을 들 수 있다. 직접 활용이 가능할 정도로 가공된 형태의 실례로는 예컨대 각 지역별 인구통계데이터, 의학 실험 결과에 대한 데이터 등을 들 수 있으며, 행과 열이 정리된 자료여야 한다.

12) 반정형데이터는 정형과 비정형 사이의 데이터로써 정형데이터만큼 가공이 되어 있지 형태이다. 즉, 일반적인 통계분석에 바로 사용할 수 있을 만큼 정제되어 있지는 않은 데이터를 의미한다. 이러한 반정형데이터에는 신문 기사나 서적의 텍스트 등이 이에 해당한다.

'비정형 데이터'[13]를 모두 포함하는 개념이다.[14]

민간 영역에서 기업은 빅데이터를 활용하여 고객의 행동을 미리 예상하고 대응방안을 만들어 경쟁력을 강화시킬 수 있게 되었고, 생산성 향상 및 비즈니스 혁신도 가능해졌으며, 공공 영역에서도 시민이 원하는 서비스를 제공할 수 있는 기회를 찾아내는 데 빅데이터를 활용할 수 있다. 이는 국민에 대한 공공서비스 품질을 향상시키고 사회적 비용을 절감하는 데 효과적이다. 특히 민간 영역에서 개인이나 기업이 공공데이터를 활용하게 될 경우, 행정의 편의성 및 생산성 향상에 크게 도움이 되는 긍정적인 면과 개인의 민감정보 등이 노출되는 부작용도 예상된다. 그러나 빅데이터가 이러한 부작용에도 불구하고 사회 현안의 해결에 아주 유용하다는 점에서 국가의 적극적인 대응이 필요하다. 이에 따라 전 세계 각국은 물론 국제기구 등에서 빅데이터를 활용하기 위한 노력이 다양하게 이루어지고 있다.

(2) 빅데이터의 특징과 작동 원리

빅데이터의 특성은 데이터의 양(Volume), 처리 속도(Velocity), 다양성(Variety)을 의미하는 "3V"로 요약할 수 있다.[15] 최근에는 데이터의 진실

---

13) 비정형데이터는 형식이 정해져 있지 않은 데이터로써 문자 그대로 정형화되지 않은 동영상, 사진, SNS에 적혀 있는 텍스트 등 raw data 등이 이에 해당한다. 예컨대, 페이스북, 트위터 등 소셜 네트워킹 서비스의 확산으로 데이터베이스에 잘 정리되지 않은 웹 문서, 이메일, 소셜 데이터 등이 주를 이룬다.

14) 이경규, "정보권력의 견제와 균형: 빅데이터 환경의 함의를 중심으로", 『법학연구』 제17권 제4권, 인하대 법학연구소, 2014.12, 52쪽.

15) Doug Laney(2001), "3D data management: Controlling data volume, velocity

성(Veracity), 데이터의 가변성(Variability), 가치(Value)와 데이터의 시각화(Visualization)를 추가하여 그 특성을 파악하기도 한다.[16)]

먼저 양(Volume)에 대해서 살펴보면, 일반 데이터와 빅데이터의 가장 큰 차이점은 데이터의 크기, 데이터의 생성 주기, 정형성 여부 등에서 찾을 수 있다. 일반적인 데이터베이스에서 저장하고 관리 · 분석하는 범위를 초과하는 대용량의 데이터를 의미하는 빅데이터는 데이터의 방대한 크기, 생성 주기의 단기성, 데이터의 비정형성을 그 특징으로 한다.[17)] 여기에서 크기는 데이터의 물리적 크기를 말한다. 크기는 기업 데이터, 웹 데이터, 센서데이터 등 그 규모가 페타바이트(PB)급으로 확장된 데이터를 말한다. 가트너 역시 빅데이터의 주된 특징으로 크기, 다양성, 속도 등을 꼽았다. 그러나 단순히 데이터의 양이 많다고 해서 빅데이터라고 부를 수 있는 것은 아니다.

다양성(Variety)은 데이터의 형태를 말한다. 기존 기업 데이터 환경에서 사용하는 관계형 데이터베이스(RDB)에 저장된 데이터인지, 웹 로그(Web log: 웹 서버에 남은 사용자 데이터)나 기기데이터와 같은 데이터인지, 비디오나 이미지 같은 비정형 데이터인지 등 데이터의 형태에 따라 그 종류가 나뉜다. 빅데이터는 이 모든 데이터를 포함함으로 이러한 데이

---

and variety", *Meta group research note* 6.70, pp.1–3.

16) Veracity(진실성, 정확성), Value(가치)를 추가하여 5V라는 개념을 사용하는 견해도 있다. 이양복, "데이터 3법의 분석과 향후과제", 『비교사법』 제27권 제2호, 한국비교사법학회, 2020, 437쪽.

17) 오승한, "빅데이터 산업의 활성화와 개인정보 보호를 위한 법제도 개선의 연구", 『아주법학』 제11권 제4호, 아주대 법학연구소, 2018, 374쪽.

터를 다룰 수 있는 기술이 필요하다. 다음으로 속도(Velocity)에 대해 살펴보면, 빅데이터의 중요한 특징으로도 꼽히는 '속도'는 곧 데이터 처리 능력을 말한다. 데이터를 수집 · 가공 · 분석하는 일련의 과정을 실시간 또는 일정 주기에 맞춰 처리할 수 있어야 한다. 시장조사기관 IDC는 "빅데이터 기술이란 다양한 형태로 구성된 방대한 크기의 데이터로부터 경제적으로 필요한 가치를 추출할 수 있도록 디자인된 차세대 기술"로 정의한다. 종합하면, 빅데이터는 단순한 대용량 데이터 그 자체가 아니라 특정 데이터를 효과적으로 처리 · 분석할 수 있는 기술에 더 초점을 둔 용어라고 할 수 있다. 기업의 관점에서는 '가치를 생성할 수 있는 데이터'를 빅데이터로 해석하기도 한다.

다음으로 데이터의 '진실성(Veracity)'이란 보유한 데이터가 얼마나 진실하며 어느 정도로 신뢰할 수 있는가를 강조하는 개념이며,[18] 빅데이터의 특징으로서 '가치(Value)'는 매우 중요한 의미를 갖는데 만약 빅데이터의 제공을 통해 특정한 가치를 발견할 수 없다면 그것은 빅데이터가 아닌 단순한 대량의 정보의 합에 불과하다고 할 것이기 때문이다.[19] 빅데이터 축적 정도와 활용 능력은 미래의 경쟁력을 확보하는 데 중요한 자원으로 인식되고 있다. 빅데이터는 과거 산업혁명 시기의 석탄이나 원유처럼 IT와 스마트혁명 시기에는 혁신과 경쟁력 강화, 생산성 향상을 위한 중요

---

18) 데이터의 진실성 관하여 상세한 것은 https://www.villanovau.com/resources/bi/what-is-big-data/ (검색일: 2020.5.31.)

19) 김용민, "보건의료 빅데이터 활성화 방안에 관한 연구: 핀란드의 사례를 중심으로", 『의생명과학과법』 제22권, 원광대 법학연구소 의생명과학법센터, 2019, 9쪽.

한 원천으로 간주되고 있다.

빅데이터 기술은 전통적인 데이터베이스나 시스템 환경에서 처리하기 힘든 대용량 데이터를 저장 · 분석 · 처리해 가치 있는 정보로 만들어내는 일련의 과정이다. 이러한 빅데이터의 처리를 위해 탄생한 분산 시스템이 바로 하둡(Hadoop)이다.[20] 오픈소스 형태의 하둡이나 분석용 패키지인 R과 분산병렬처리기술, 클라우드 컴퓨팅 등을 활용하면, 소프트웨어나 하드웨어도 기존의 비싼 스토리지와 데이터베이스에 기반한 고비용의 데이터웨어하우스를 구축하지 않더라도 효율적인 시스템 운용이 가능하다. 분산처리방식과 같은 빅데이터 기술을 활용해서 과거와 비교가 안 될 정도의 대규모 고객 정보를 빠른 시간 안에 분석할 수 있다. 하둡의 장점은 무엇보다 저렴하면서도 방대한 데이터를 신속하게 분석할 수 있다는 점이다. 예컨대 트위터와 인터넷에 생성되는 기업 관련 검색어와 댓글을 분석해 자사의 제품과 서비스에 대한 고객 반응을 실시간으로 파악할 수 있게 되면서 즉각적인 대처가 가능해졌다. 특히 빅데이터에 기반한 분석방법론은 과거에는 상상할 수 없었던 일을 가능하도록 만들고 있다. 빅데이터를 활용하여 신속히 문제를 발견하고 가까운 미래를 예측할 수 있으며, 이를 통해 위험을 감소시킬 수 있다. 대표적인 사례로서 구글은 독감과 관련된 검색어 빈도를 분석해 독감 환자 수와 유행 지역을 예측하는 독감 동향 서비스를 개발했는데, 이는 미 질병통제본부(CDC)보다 예측력이 뛰어난 것으로 밝혀졌다. 요컨대, 빅데이터는 공공과 민간 영역을

20) 이현종, "빅데이터 하둡 플랫폼의 활용", 『정보와통신』 제21권 제11호, 한국통신학회, 2012, 44쪽.

가리지 않고 사회경제적 문제를 해결하는 데 실질적으로 기여할 수 있는 무한한 잠재력을 갖고 있는 것으로 판단된다.[21)]

2) 블록체인

(1) 블록체인 기술과 의료빅데이터

미래의료의 핵심은 개인을 중심으로 한 정밀의료(Precision Medicine)의 실현이다. 이를 현실화하기 위해서는 인간이 살아가면서 일생 동안 생산해내는 방대한 양의 헬스 케어 빅데이터를 활용하지 않을 수 없다. 이러한 헬스 케어 빅데이터에는 ① 의사가 환자를 치료하는 과정에서 자연스럽게 생산하는 임상 데이터(Clinical Data), ② 초고속 유전체 분석 기술의 발전으로 세포 수준의 DNA 및 RNA 데이터인 유전체 데이터(Genomic Data), ③ 병원과 보험사 간에 비용청구를 목적으로 생산된 청구 데이터(Claim Data), ④ 단위 연구실 실험의 결과나 임상시험의 관측치에서 획득한 연구 데이터(Research Data), ⑤ 스마트기기를 통해 수집되는 환자에 의해 생산되는 건강 데이터(Patient-Generated Health Data), ⑥ 환자를 둘러싼 환경에 대한 데이터인 건강의 사회적 결정인자(Social Determinant of Health) 등 여섯 가지로 구분하고 있다.[22)] 현재 헬스 케어 빅데이터는 임상연구 분야에서 가장 활발히 활용되고 있는 분

---

21) 전웅, “빅데이터와 정보활동: 미국 정보공동체 사례를 중심으로”, 『국가정보연구』 제10권 제1호, 국가정보학회, 2017, 17쪽.

22) 유형원 외 4명, “헬스 케어 빅데이터 유통을 위한 블록체인기술활성화 방안”, 『한국빅데이터학회지』 제3권 제1호, 한국빅데이터학회, 2018, 74쪽.

야이다. 질병의 원인, 역학, 위험인자 및 치료효과 탐구와 같은 전통적인 의학연구 분야에서 대규모 데이터를 이용한 새로운 의학 연구가 진행되고 있다.[23] 최근에는 헬스 케어 빅데이터가 직간접적으로 산업화의 영역으로 확장되고 있다. 유전체와 임상 데이터를 이용해 신약을 개발하거나 청구 데이터를 이용해 약물의 사용성 분석이 이루어지고 있다.[24] 또한, 유전자, 임상 및 영상 데이터 등이 활용되어 인공지능 의사가 개발되고 있기도 하다.[25] 그러나 이와 같이 다양하고 엄청난 양의 헬스 케어 빅데이터가 생산되고 있음에도 불구하고 아직까지 서로 이질적인 데이터 간의 연결을 위한 접점이 없어 데이터 크로스 분석(cross analysis)을 통해 데이터로부터 숨은 가치를 찾아주지 못하고 있다. 이를 가능하도록 하기 위해서는 다양한 수준의 헬스 케어 빅데이터를 합리적으로 표준화하고 유통할 수 있는 채널이 필요하다. 최근 이런 문제점을 해결해 관련 의료 생태계를 혁신시킬 새로운 기술로 블록체인 기술이 주목받고 있다.

(2) 블록체인 기술의 의의와 작동 방식

블록체인이란 쉽게 말하면 '누구도 조작하기 어려운 장부'와 같은 것으로, 거래정보(Transaction)를 저장한 블록을 모든 구성원(Peer/Node)이 네

---

23) S. Charles, M. M. Mayo, M. J. Matuszak, S. J. Schipper, J. A. Hayman, and R. K. Ten Haken(2017), "Big Data in Designing Clinical Trials: Opportunities and Challenges", *Front Oncol*, p.7; T. Guilaime, and D. B. Jackson(2016), "Use of 'big data' in drug discovery and clinical trials", *Gynecol oncol*, p.7.

24) 한현욱, 『4차산업 혁명시대 이것이 헬스 케어 빅데이터이다』, 클라우드나인, 2018 참조.

25) H. Pavel, and J. Tremblay, "Artificial Intelligence in medicine", *Metabolism*, 2017, p.5.

트워크를 통해 분산 저장하고 일정 시간마다 암호화 후 체인 형태로 연결하여 저장하는 기술, 즉 분산하여 장부를 저장하는 기술(DLT: Distributed Ledger Technology)이다. 여러 대의 컴퓨터가 기록을 검증하여 해킹을 막고, 중앙집중형서버에 거래 기록을 보관하지 않고 거래에 참여하는 모든 사용자에게 거래 내역을 보내 주며, 거래 때마다 모든 거래 참여자들이 정보를 공유하고 이를 대조해 데이터 위조나 변조를 할 수 없도록 되어 있다.

블록체인이 작동하는 방식은 네트워크에서 특정 참여자가 거래를 하게 되면 일정 시간 동안 확정된 거래 내역(장부)이 블록(Block)에 담기게 된다. 이 블록은 네트워크에 있는 모든 참여자에게 전송되고 참여자들은 일정 시간마다 모여 해당 거래의 타당성 여부를 검증하여 증명한다. 모든 과정이 끝나고 나면 해당 기록을 이전에 생성된 것에 연결하면 잠겼던 보안의 문이 열리게 되어, 데이터의 경우에는 데이터를 볼 수 있는 상태가 되거나 비트코인의 경우에는 송금이 이루어지는 상태가 되는 것이다.

(3) 헬스 케어 영역에서의 블록체인 기술의 활용

미래의료는 개인의 데이터를 기반으로 맞춤의료와 예방중심의 의료로 발전할 것이다.[26] 이를 실현하기 위해서는 가장 먼저 의료데이터를 언제 어디서나 열람 및 유통이 가능한 개방형 생태계를 만들어야 한다. 그러나 의료데이터는 그 속성상 매우 민감한 개인정보를 다루고 있으므로 아주

26) D. Peer, "Precision medicine-delivering the goods?", *Cancer Letters*, 2014, p.2.

높은 수준의 신뢰성과 보안성이 요구된다. 최근 헬스 케어 분야에서도 데이터의 신뢰성과 보안성이라는 양면성을 해결하기 위한 기술로써 블록체인이 의료계에 큰 주목을 받고 있다. 실제 블록체인을 활용할 경우에 의료정보를 효과적으로 기록 및 관리가 가능하면서도 데이터의 위조 및 변조가 불가능하고 개인정보의 유출 가능성도 낮출 수 있어 의료 혁신을 현실화하는 데 기여할 것으로 예측되고 있다.[27)]

이미 2016년에 미국 보건복지부(HHS: Department of Health and Human Services) 산하 기관인 건강정보기술국(ONC HIT: The Office of the National Coordinator for Health Information Technology)은 보건의료 분야에서 블록체인 기술의 잠재적 사용에 관한 조직을 구성하고 기술 및 정책적 구성요소에 관한 연구에 착수했다. 그 결과, 블록체인을 통한 의료정보 상호 운영성(Interoperability)과 사용 사례(Use case)에 관한 다양한 어플리케이션이 제안되었고, 문제 해결을 위한 기술적 해결 방안을 제안하기도 하였다. 이 연구를 통해 블록체인이 의료 분야에서 활용되면 건강 정보 관리 능력 증대, 보험청구 및 심사 프로세스 효율화, 의료기기 및 약물 유통 채널 추적, 임상시험의 안전성 향상, 연구데이터의 공유와 활용 증대, 개인 의료 및 건강 정보의 보호 강화, 의료 정보 무결성 확보 및 책임 추적성이 강화될 수 있다. 이런 예측은 의료 분야의 특성이 결국 데이터에 기반을 둔 산업이란 것에서 찾을 수 있다. 실제 의료와 생명과학 분야가 그 어떤 분야보다 블록체인이 가장 잘 적용될 수 있는 분야로

---

27) 최현준, 『헬스 케어 산업에서 블록체인 기술의 활용』, 한국보건산업진흥원, 2017.

논의되고 있다. 아울러 의료 데이터 운영 주체들 간의 상호 운영성 증가를 통해 진료 효율이 개선될 뿐만 아니라 보험 청구 프로세스 개선을 통해 시간과 비용을 감소할 수도 있다. 더 나아가 경험적 진료 환경이 근거 중심의료 환경으로 전환되어 정밀의학 실현에 기여할 것으로 예측되고 있다.[28] 더불어 의료 데이터를 개인에게 돌려줌으로써 진정한 의미의 환자 중심 서비스 환경이 조성될 것으로 기대된다. 이것이 실현된다면, 진정한 의미의 마이데이터 사업이 이루어질 것으로 보인다.

3) 인공지능

(1) 인공지능의 의의

인공지능이란 인간의 학습능력과 추론능력, 지각능력, 자연언어의 이해능력 등을 컴퓨터 프로그램으로 실현한 기술을 말한다.[29] 즉 인간의 지능으로 할 수 있는 사고, 학습, 자기 개발 등을 컴퓨터가 할 수 있도록 하는 방법을 연구하는 컴퓨터 공학 및 정보기술의 한 분야로, 컴퓨터가 인간의 지능적인 행동을 모방할 수 있도록 하는 것을 의미한다. 또한 인공

---

28) R. Krawiec, J. D. Housman, M. White, M. Filipova, F. Quarre, D. Barr, A. Nesbitt, K. Fedosova, J. Killmeyer, A. Israel, L. Tsai(2016), *Blockchain: Opportunities for Health Care*, Deloitte, p.16.

29) 인공지능이라는 용어는 1956년 다트머스(Dartmouth)대학의 존 매카시(John MacArthy)가 '다트머스 컨퍼런스(Dartmouth Conference)'라는 학술회의를 제안하면서 처음 공식적으로 사용하였다. 최초의 인공지능 연구로 1943년 워렌 맥컬로치(Warren McCulloch)와 월터 피츠(Walter Pitts)가 제안한 인공 뉴런(neuron) 모델을 들 수 있다. AI는 자연어 처리(NLP: Natural Language Processing), 컴퓨터 시각(CV: Computer Vision), 패턴 인식(pattern recognition), 로봇 공학(robotics) 등의 분야에 응용된다.

지능은 그 자체로 존재하는 것이 아니라, 컴퓨터 과학의 다른 분야와도 직간접으로 많은 관련을 맺고 있다. 특히 현대에는 정보기술의 여러 분야에서 인공지능적인 요소를 도입하여 그 분야의 문제 풀이에 활용하려는 시도가 매우 활발하게 이루어지고 있다.[30)]

2000년대 들어와서 대규모 데이터를 이용한 기계 학습(Machine Learning)이 활발히 연구되었으며, 이세돌과 알파고의 바둑 경기 등에서 보았듯이 여러 종목의 경기, 운전 등에서 인공지능 AI 기술의 능력이 사람과 비슷하거나 더 우수할 수도 있음이 입증되고 있다. 2010년대 이후에는 심화 기계 학습인 딥러닝(Deep Learning) 모델 구축이 가능해지고, 바둑이나 사진에서의 객체 인식(object recognition)에서는 사람의 능력보다 뛰어난 컴퓨터 프로그램이 개발되었다. 한편, 특정 작업만 하는 AI 시스템이 아니라 생각 · 학습 · 창조를 할 수 있는 사람 수준(human-level)의 AI나 범용 인공지능(AGI: Artificial General Intelligence)에 대한 연구도 활발히 이뤄지고 있다.

그러나 이러한 인공지능이 사람의 역할을 모두 대체할 수는 없다. 예컨대 인공지능이 의사보다 빠르게 엄청난 양의 데이터를 분석하여 병을 진단할 수는 있어도 의사의 역할이나 기능을 모두 인공지능으로 대체할 수는 없다. 오히려 인공지능이 데이터와 머신러닝을 통해 얻은 정보와 진단 결과를 의사에게 제공함으로써 의사는 보다 정확도와 정밀도 높은 진

---

30) 남민경 · 정의태, "제조 데이터 분석 플랫폼의 모바일 터미널 사용자 연구: 창원 스마트산단 사례를 중심으로", 『한국디자인문화학회지』 제26권 제1호, 한국디자인문화학회, 2020, 150쪽.

단을 하게 될 것이다. 결국 인공지능은 인간의 기능을 도와주는 도구로 쓰여야지 인공지능이 주체가 되어서는 안 된다. 그것이 보건의료든 무엇이든 마찬가지이다.

(2) 인공지능 적용 분야의 확대

이렇게 극적인 돌파구가 열리자 인공지능은 큰 전환기를 맞게 되었다. 기계에게 이미지와 소리를 인식하는 방법을 가르치는 심화학습 기법이 영상인식, 음성인식, 번역 등 다양한 분야에 적용되면서 구체적인 결과를 만들어 내고 있다. 지금 주요 글로벌 기업들은 인공지능을 모두 미래의 최대 성장 동력으로 보고 있다. 구글, IBM, 마이크로소프트, 애플, 페이스북, 바이두, 알리바바, 삼성 등이 대거 참여하면서 인공지능 적용 분야가 의료기술 향상, 유전자 분석, 신약 개발, 금융거래 등으로 빠르게 확대되고 있다. 구글은 2001년 이후 AI 관련 기업을 인수합병하며 인공지능 분야를 선도하고 있다. 2014년에는 영국 AI 기업 '딥마인드 테크놀로지(DeepMind Technologies)'를 6억 달러(6,600억 원)에 인수했다. 딥마인드는 이세돌 9단과의 바둑 대결에서 승리해 인공지능에 대한 관심을 불러일으킨 '알파고'를 개발한 회사다. 구글은 또한 2009년부터 자율주행차 개발을 시작하는 등 AI 기술을 활용하는 데 앞장서 왔다. 로봇 분야에서도 앞서고 있다. 구글은 스마트폰 이용자를 위해 이메일을 읽고 이용자의 모든 동작을 파악하며, 묻기도 전에 원하는 것을 알아서 검색하고 그 결과를 이용자가 원하는 상황까지 감안해서 알려 주는 진정한 의미의 사이버 도우미를 개발하는 목표를 세웠다. 그 일환으로 AI 비서 '구글 어시스턴트(Assistant)', 사물인터넷(IoT) 허브 '구글 홈', AI 모바일 메신저 앱 '알로(Allo)' 등 인공지능을 활용한 서비스를 준비하고 있다.[31]

한편, IBM은 '딥블루'와 '왓슨'을 개발해 인공지능의 실제 사례를 보여 주며, 구글과 함께 인공지능 분야를 선도하고 있으며, 각 산업 전반에 접목해 거대한 인공지능 생태계를 만드는 데 주력하고 있다. 왓슨의 데이터 검색 능력과 자연언어 이용 능력을 활용해 개발자들이 다양한 인공지능 서비스를 개발하도록 하는 것이다. IBM은 특히 왓슨을 의료 분야에 적용하는 데 발군의 실력을 보여 주고 있다. 왓슨은 암 환자 치료에 암 환자의 데이터와 각종 의료 데이터를 동원해 암 발견과 최적의 치료를 수행하는 시스템으로 발전하고 있으며 유명한 의사보다 더 정확하게 수행한다고 한다. 또한 최근에는 왓슨 IoT 기술을 적용한 자율주행 셔틀버스를 발표했다. 이 버스는 차량 외부에 장착된 센서들로 데이터를 수집하고 이를 활용해 AI가 운전한다. 또 승객과의 일상 대화가 가능해 승객이 목적지를 말하면 목적지와 최적 경로를 자동으로 판단하여 운행한다. 이렇게 IBM은 왓슨을 실제 생활에 접목하여 커다란 인공지능 생태계를 구축하고자 한다.

이처럼 글로벌 기업들은 인공지능을 활용한 생태계를 구축하여 새로운 패러다임을 선도하겠다는 공통된 전략을 가지고 있다. 더불어 인공지능에 활용하는 소프트웨어 기술을 오픈소스로 두고 있다. 이는 기술을 공개하고 이를 활용하는 다양한 개발자들을 확보하여, 인공지능 생태계의

31) 김종세, "인공지능의 안전성과 인간윤리에 대한 법정책적 고찰", 『법학연구』 제77권, 한국법학회, 2020.3, 9쪽.

진화를 앞당기기 위한 것이다. 비슷하게 MS도 AI 코타나, 스카이프(Skype) 음성인식 및 번역 기술 등을 오픈소스로 공개하고, 구글은 텐서플로(TensorFlow)를 오픈소스로 공개했다. 텐서플로는 머신러닝과 딥러닝을 위해 만들어졌다. 페이스북 또한 AI기술을 위한 오픈소스 빅서(Big Sur) 하드웨어를 공개했다. 빅서는 머신러닝 데이터 학습 시 사용하는 서버로, 데이터 처리 속도가 빠르다. 중국의 검색포탈엔진인 바이두(Baidu)도 자체 개발한 인공지능 소프트웨어를 오픈소스로 공개했다. 바이두의 인공지능 연구소에서 개발한 AI 기술 WARP-CTC은 컴퓨터가 사람의 말을 인식하기 위해 필요한 머신러닝 기술에 적용되었다.

이러한 세계적 추세를 반영하듯 다양한 스타트업 기업들도 인공지능 분야에 나서고 있다. 쇼핑, 콘텐츠의 소비 등 서비스 이용자들의 취향을 반영한 상품 추천부터 글이나 자료 작성, 자율주행에 이르기까지 인공지능이 널리 활용되기 시작했다. 미국의 일간지 ≪워싱턴포스트≫는 2016년 여름 열린 리우데자네이루 올림픽 보도에서 '헬리오그래프(Heliograf)'라는 인공지능 로봇이 기사를 쓴다고 밝혔다. 알파고의 성공 역시 스타트업인 '딥마인드(DeepMind)'의 작품이다. 딥마인드는 인간의 창의성이 작동해 수많은 경우의 수를 다루어야 하는 바둑 게임을 통해 인공지능의 수준을 한 단계 높였다는 평가를 받았다. 바둑 세계 최고가 된 알파고는 '스타크래프트' 게임에도 도전하며 계속 진화할 것이라고 한다. 알파고는 바둑 게임용 인공지능이지만 그 이면에는 방대한 양의 빅데이터를 기계가 스스로 학습하고 승리하는 방법을 터득하는 과정과 반복 학습을 통해 지식을 지속적으로 강화하는 과정 등이 핵심 기술로 구현되어 있다. 따라서 이러한 핵심 기술은 다른 많은 분야에 적용되어 활용될 수 있다. 금융 업무도 인공지능이 담당하게 된다. '챗봇'은 AI 기술의 하나로 인간 방식의 대화를 하는 컴퓨터 프로그램이다. 과거 챗봇은 단순 패턴매칭 방식을 사용해 사전에 정의된 키워드만 인식해 입력된 응답을 출력하는 방식이었다. 트윗봇(twittbot)이나 언론사에서 단신 기사 작성에 활용 중인 기사봇 등이 대표적이다. 그러나 인공지능에 기반을 둔 챗봇은 더욱 진화해 자연스러운 언어로 질문이나 명령을 하면 맥락을 파악해 응답하는 것이 가능해졌다. 또한 대화가 축적될수록 스스로 학습해서 정확도를 높이는 것이 특징이다. 방대한 양의 금융거래 정보, 경제 지표 등과 같은 전문 정보를 알아서 학습하고 학습된 지식을 스스로 강화해 사람을 대신한 투자 자문 인공지능으로 구현되는 것이다.

특히 인공지능이 사물인터넷과 결합해 지금과는 전혀 다른 서비스를 만들어 내는데 무궁무진한 잠재력이 있다. 예컨대 다양한 헬스 케어 기기들이 왓슨과 같은 지능형 의료 플랫폼에 연결되면 단순한 건강 정보의 수집이나 모니터링을 넘어서 질병의 진단과 처방에 이르는 의료 서비스를 구현할 수 있다. 물론 아직 상용화된 AI는 대부분 서비스 영역에 그치고 있다. AI를 활용한 대규모 사업이 실현되려면 아직 갈 길이 멀다. AI가 아직은 오류를 내고 있는 것도 극복해야 할 문제다. 최근 테슬라 전기자동차의 자율주행 기능이 트레일러를 인지하지 못해 운전자가 사망한 것이 대표적인 예다. 높은 수준의 신뢰도가 뒷받침되지 않으면 AI가 산업계 전반으로 확산하는 데 한계가 있다. 구글 등이 추진 중인 자율주행차도 신뢰성 문제를 극복하지 못해 일반도로 진입에 제한을 받고 있다. 이런 가운데 인공지능의 개발과 발전에 미국이 앞서 있지만, 중국이 대단한 기세로 추격하고 있는 상황이 주목된다. 중국은 인터넷에 이어서 인공지능을 국가 목표로 설정하였다. 구체적으로 인공지능 목표를 실현하기 위해 빅데이터의 분석 및 예측, 인간과 기기 간 상호작용, 자율주행 자동차, 군사 · 민간용 로봇 등을 개발하는 차이나 브레인(China Brain) 프로젝트를 13차 5개년 계획(2016 ~ 2020)에 포함하여 추진하였다. 이제 마치 인터넷이 그랬던 것처럼 인공지능은 우리의 소통 방식을 변화시키는 것은 물론 경제와 산업의 지평 · 사회 · 문화를 조금씩 변화시키고 있다.

4) 개인의료정보의 활용

현재 우리나라 개인의료정보는 국민건강보험공단, 건강보험심사평가원 등과 같은 기관과 병원에서 대부분의 기록을 갖고 있다. 이러한 개인의료정보에 대한 관심은 보험회사, 건강 관련 업체 등 기업에서 높다고 하겠다. 특히 국민건강보험공단이 전 국민을 대상으로 건강검진을 실시하여 생성된 건강검진기록은 기업의 입장에서는 데이터로 확보할 경우에 엄청난 이익을 얻을 수 있다.

최근의 정보통신기술의 발전과 유전자 관련 등 첨단생명공학의 발전으로 인해 개별 기업 간 그리고 국가 간 기술의 차이는 점차 줄어들고 있다. 이제는 누가 얼마나 많은 정보를 갖고 이를 활용하느냐에 따라 기업의 성패가 달려 있다. 이러한 상황에서 개정된 데이터 3법(「개인정보보호법」, 「정보통신망 이용촉진 및 정보보호 등에 관한 법률(약칭, 정보통신망법)」, 「신용정보의 이용 및 보호에 관한 법률(약칭, 신용정보법)」)이

2020년 8월 시행되었다. 기존에도 의료데이터 등 개인정보를 활용한 서비스 제공에 대한 수요는 많았지만, 개인정보의 정의 및 이용에 관한 규율이 불분명하고 포괄적이어서 의료기관 및 헬스 케어 회사 등이 적절히 활용하는 데 법적 · 실무적인 장애가 있었다. 개정법의 내용 중 가장 눈에 띄는 것은 '개인정보'의 개념을 명확히 한 것이다. 종래 「개인정보보호법」은 개인정보를 살아 있는 개인에 관한 정보로서 성명, 주민등록번호 및 영상 등을 통하여 개인을 알아볼 수 있는 정보라고 규정하되, 해당 정보만으로는 특정 개인을 알아볼 수 없더라도 다른 정보와 쉽게 결합하여 알아볼 수 있는 것을 포함한다고 정하고 있었다. 개정법은 이와 같은 '개인정보'의 개념을 유지하면서도, '시간 · 비용 · 기술 등 모든 수단을 합리적으로 고려할 때 다른 정보를 사용해도 더 이상 개인을 알아볼 수 없는 정보(익명정보)'는 법 적용에서 배제된다는 점을 명확히 하여 개인정보에 해당하는지 여부에 관한 판단 기준을 제시하였다. 아울러 개정법은 '가명정보' 개념을 도입하였다. 개정법은 가명정보를 '개인정보의 일부를 삭제하거나 일부 또는 전부를 대체하는 등의 방법으로 추가 정보 없이는 특정 개인을 알아볼 수 없도록 처리(가명처리)하여, 원래의 상태로 복원하기 위한 추가 정보의 사용 · 결합 없이는 특정 개인을 알아볼 수 없는 정보'로 정의하고, 가명정보의 처리에 관한 여러 특례규정을 신설하여 통계작성, 과학적 연구, 공익적 기록보존 등을 위하여 정보 주체의 동의 없이 가명정보를 처리할 수 있는 근거 규정을 마련하였다. 또한 개정법은 '당초 수집 목적과 합리적으로 관련된 범위 내에서 정보 주체에게 불이익이 발생하는지 여부, 암호화 등 안전성 확보에 필요한 조치를 하였는지 여부 등을 고려하여 대통령령이 정하는 바에 따라 정보 주체의 동의 없이 개인정보를 이용 · 제공할 수 있다'고 규정하여, 종래보다 개인정보를 이용 · 제공할 수 있는 범위 또한 확대하였다.

이상과 같이 개정법은 개인정보 개념체계를 명확히 하고, 가명정보 개념을 도입하는 등 기업 및 의료기관 등이 개인정보를 활용할 수 있는 법률적 근거를 마련하여 데이터 활용의 가능성을 제고하였다는 의미가 있다. 의료기관 및 헬스 케어 분야에서도 인공지능 및 빅데이터를 활용한 연구 · 개발이 활발한 만큼, 향후 종래보다 의료데이터 활용 범위가 확대될 것으로 예상된다. 다만 개정법상 가명정보 처리 규정은 '통계작성, 과학적 연구, 공익적 기록보존 등'을 위하여 정보 주체의 동의 없이 가명정보를 처리할 수 있다고 정하고 있을 뿐이고, 정보 주체의 동의를 받은 범위를 벗어난 개인정보 이용 · 제공의 구체적인 허용 기준에 대하여 대통령령에 위임하고 있다. 그러나 최근 개정된 시행령을 통해 볼 때, 개인의료정보의 활용 측면에서 한계가 있는 것으로 보인다.

4. 첨단 생명공학기술의 발전

1) 생명공학의 의의와 발전

생명공학(Biotechnology, 이하 'BT')은 생물이 가지고 있는 고유한 기능을 높이거나 개량하여 필요한 물질을 대량으로 생산해 내거나 유용한 물질을 만들어내는 기술을 말한다. 즉 BT는 바이오 기술, 생물공학, 의생명과학이라고도 번역할 수 있는데, 생물학(Biology)과 기술(Technology)이 결합한 용어이다. BT를 바탕으로 한 산업을 '바이오산업'이라 부르는데, 앞으로 전 세계의 인구구조가 초고령사회로 이어질 것이라는 점에서 부가가치가 높은 황금알을 낳는 산업으로 인식되고 있다. 바이오산업이 가장 발달한 분야가 의약 분야라 할 수 있다. 특히 그동안 치료가 어려운 것으로 인식되었던 당뇨나 암의 치료약을 생물을 이용하여 만들게 되면서 인류의 생명을 더욱 연장시키게 될 것으로 보인다.

넓은 의미의 생명공학은 동물, 식물, 미생물 등 생명체에 대한 연구를 통해 얻은 지식을 바탕으로 생명체의 고유한 능력을 활용하여 인간의 삶에 유용하게 쓰일 수 있는 물품을 만드는 기술 분야라고 정의할 수 있다. 이러한 생명공학은 20세기 들어서면서 유전학(genetics), 분자생물학(molecular biology) 등의 놀라운 발달에 힘입어 과거와는 다른 새로운 첨단생명공학이 발달하게 되었다. 특히 1953년 왓슨과 크릭이 DNA 이중나선 구조를 발견한 이후 생명과학은 급속히 진보하고 있다. 2003년 인간게놈프로젝트(HGP: human genome project)의 완성은 새로운 첨단생명공학에 대한 사회적 기여를 높여 주었다. 또한 유전학과 분자생물학의 발달은 DNA와 RNA를 원하는 부위에서 자를 수 있는 기술, 원하는 염기 서열을 가진 DNA와 RNA를 만들 수 있는 기술, 짧은 시간 내에 방대한 유전정보를 읽어 내고 해독할 수 있는 고성능 컴퓨터와 수학적 방법론, 반도체 생산 기술을 응용하여 극소량의 검체로도 유전정보를 분석할 수 있는 DNA 칩 등이 발달하여 오늘날에는 한 생명체의 유전정보를 모두 읽어 해독해 낼 수 있음은 물론, 이를 바꾸는 것도 가능해졌다. 위와 같은 기술을 산업에 접목하여 우리가 원하는 형질을 가진 생명체를 만들어 내는 등의 방법으로 응용할 수 있는 새로운 학문인 유전공학(genetic engineering)이 1970년에 등장하였다. 유전공학을 통해 인간의 유전자를 삽입하여 인슐린을 생산하는 효모, 줄기에는 토마토가 열리고 뿌리에는 감자가 열리는 신종 식물, 인간 유전자를 지닌 질병 모델 동물 등의 생산이 가능해졌다.

의학 영역에서 1970년대 개발된 인슐린은 유전자 재조합 기술로 만들어진 의약품으로서 당뇨병 치료를 위한 획기적인 계기를 제공함으로써 유전공학의 유용성을 널리 인식하게 되었다. 1990년대에는 유전자 치료법이 개발되었고 유전자 검사를 통해 질병을 조기 진단하는 것은 물론 질병 소인을 찾아내 예방하고, 개인의 체질에 맞는 약물을 처방하는 등 소위 '맞춤의료'의 길이 열렸다.[32]

2) 맞춤의료를 위한 생명공학의 적용

(1) 줄기세포

개체 발생은 수정란의 발생 조절 과정을 통해 진행되며, 조직 형성에서 조직을 구성하는 세포, 즉 특정 유형과 기능을 지닌 세포로 분화할 이들 세포는 미분화된 세포로부터 유래한다. 정자와 난자가 수정하여 수정란(fertilized egg)을 형성하면 수정란은 바로 분열을 시작하여 여러 개의 세포로 이뤄진 덩어리가 된다. 수정 후 4~5개월째 되면 상실배는 두 층

---

32) 권복규 · 김현철, 『생명윤리와 법(제3판)』, 이화여대 출판문화원, 2014, 15-16쪽.

으로 분리되어 내부에서 덩어리를 이루는 내세포 덩어리와 바깥쪽에서 이를 둘러싸는 영양세포로 나뉜다. 이 단계를 배반포(blastocyst)라고 부른다. 배반포 단계에서 내세포 덩어리를 꺼내어 배양 접시 위에 올려놓고 세포 배양기에서 잘 배양하면, 죽지 않고 계속 분열하는 전분화능(pluri-potent)을 가진 줄기세포(stem cell)가 된다. 이러한 자가재생 능력 때문에 줄기세포를 불멸의 세포(immortal cell)라 지칭하기도 한다. 일반적으로 이 줄기세포는 배아에서 유래했기 때문에 배아 줄기세포(embryonic stem cell)라고 부르는데, 살아있는 수정란에서 줄기세포를 추출하면 수정란을 죽이는 결과가 되므로 윤리적인 이유로 현재 임상에서는 사용이 제한되고 있다.[33] 줄기세포에는 이러한 전분화능을 가진 줄기세포 이외에도 특정한 세포와 조직으로만 분화 가능한 성체 줄기세포(adult stem cell)도 있다. 성숙한 조직과 기관을 가지고 있는 성체에 존재하는 줄기세포로 제대혈, 골수, 혈액, 지방, 태반 등에서 분리된다. 골수 이식이나 조혈모세포 이식 등은 성체 줄기세포를 이용한 치료로서 잘 알려진 것이다. 이처럼 줄기세포는 상대적으로 발생이 덜 된 미분화된 세포로 특정 조직세포로 분화할 수 있는 능력을 지닌 세포를 말한다. 최근에는 피부 등 체세포에 유전자를 집어넣어 역분화를 일으켜 줄기세포를 만드는 유도 전분화능 줄기세포(iPSc: induced pluri-potent stem cell)에 대한 연구도 활발히 이루어지고 있다. 이 유도 전분화능 줄기세포는 배아를 활용하지 않고도 전분화능 줄기세포를 만들 수 있으므로 생명윤리 논란을 피할 수 있

---

33) 박웅양, “정밀의학과 유전체 정보 활용”, 『4차 산업혁명과 병원의 미래』, 청년의사, 2018, 89쪽.

는 대안으로 인식되고 있다.

이러한 줄기세포는 미래 재생의료(regenerative medicine)의 실현 가능성을 보여준다. 줄기세포는 원하는 세포나 조직으로 분화할 수 있으므로 병에 걸리거나 죽은 조직에 투입하면 그 조직을 되살릴 수 있다. 즉 줄기세포는 특정 조건 또는 특정 환경에서 다양한 조직세포로 분화되는 능력이 있어 각종 질병을 치유할 수 있다. 이를 세포치료(cell therapy)라고 부르는데, 예를 들어 도파민 분비 세포를 못 쓰게 된 파킨슨병 환자에게 이 세포로 분화되는 줄기세포를 넣어 주면 병을 치료할 수 있다. 또한 심근경색증과 같이 심장 근육에 산소가 제대로 공급되지 않아 죽은 조직에 심근세포로 분화되는 줄기세포를 심어 주어 병을 고칠 수 있다. 이처럼 줄기세포는 직접 치료용으로 사용하는 것 외에도 신약 후보 물질을 시험하는 효과적인 인체 대체 모델로도 가치가 있다. 여러 갈래로 분화할 수 있는 줄기세포에 새로운 약물 후보 물질을 넣어 그 작용을 살펴보면 신약의 개발 기간을 대폭 단축할 수 있다. 또 줄기세포를 이용하여 다양한 세포와 조직으로 어떻게 분화하는지를 살펴보면 암 등의 질병이 어떻게 발생하는지에 대한 실마리를 찾을 수 있다. 따라서 앞으로 줄기세포를 활용한 치료방법이 다양하게 나올 것으로 기대된다.

(2) 유전자 치료

질병의 예방이나 치료를 위해 유전적 변이를 일으키는 행위를 유전자 치료(gene therapy)라고 한다. 어떤 질병이 유전자의 변이로 인해 일어난다면 문제가 되는 유전자를 바꿔 주는 방법으로 치료할 수도 있다. 유전자 치료에는 목표가 되는 세포를 추출해서 특정 유전자를 넣은 다음 이 세포를 다시 주입하는 체외(ex-vivo) 유전자 치료와 목표가 되는 조직에 특정 유전자를 바로 주입해서 치료 효과를 노리는 체내(in-vivo) 유전자 치료가 있다. 암이나 후천성 면역결핍증(AIDS), 그리고 단일 유전자 질환 등이 현재 유전자 치료의 주된 목표가 되고 있다.[34] 또한 최근에는 동식물 DNA 부위를 자르는 데 사용하는 인공 효소로 유전자의 잘못된 부분을 제거해 문제를 해결하는 유전자 편집(Genome Editing) 기술을 이용한 유전자 치료법이 개발되고 있다. 유전자 편집은 직접적인 염기서열 조작을 통해 각 유전자가 실제 단백질로 만들어지는 모든 단계를 조절할 수 있는 효과적이면서도 위험성 높은 기술이다.[35] 유전자 가위라고도 하는 이 기술은 손상된 DNA를 잘라내고 정상 DNA로 갈아 끼우는 기술을 말한다. 특히 최근에 개발된 크리스퍼(CRISPER) 유전자 가위 기술은 유전자 편집의 대상이 되는 DNA의 상보적 염기를 지니는 RNA를 지닌 크리스퍼가 표적 유전자를 찾아가서 '카스9'라는 효소를 이용하여 DNA 염기서열을 잘라내는 방식으로 작동된다. 이러한 새로운 기술로 말미암아 표적 암 치료가 널리 행해지고 있다.

(3) 유전자 검사

유전자 검사(genetic analysis)는 질병의 진단 및 치료, 예후의 판정, 의학 연구 및 신원 확인 등의 목적으로 유전자를 검사하는 것을 의미한다. 예

34) 권복규 · 김현철, 『생명윤리와 법(제3판)』, 이화여대 출판문화원, 2014, 232쪽.

35) 조주희, "디지털 헬스 기술 개괄", 『4차 산업혁명과 병원의 미래』, 청년의사, 2018, 52쪽.

전에는 유전질환이나 일부 종양의 진단 및 돌연변이 등 유전자의 이상이나 결손 여부를 알기 위해서 염색체 검사를 해야 했다. 그러나 요즘은 DNA 염기 서열 분석 방법이 발달하여 적은 비용으로 손쉽게 유전자 검사를 할 수 있게 되었다. 최근에는 유전자 검사 기법의 효율성이 높아지면서 질병 치료와 관계없이 상업적으로 유전자 검사를 하는 기업들이 늘어나고 있다. 이를 DTC(Direct to Consumer) 유전자 검사라고 부른다. 이 밖에도 유전자 검사는 자궁에 착상하기 전에 원하지 않는 유전 형질을 가진 배아를 제외하기 위해 시행하는 착상 전 유전자 검사(PIGD: pre-implantation genetic diagnosis)와 양수천자 등을 사용해서 자궁에 있는 태아의 유전자 검사를 하는 산전 유전자 검사(PNGD: prenatal genetic diagnosis)도 있다. 착상 전 유전자 검사를 한 뒤에는 이상이 없는 배아만을 골라 자궁에 착상을 시도하게 된다. 때로는 부모가 원하는 특정 유전 형질을 가진 배아만을 선택해서 착상하기도 하다. 그 대표적인 예가 2000년 8월 신장병의 일종인 판코니 증후군(Fanconi syndrome)을 앓고 있는 누나에게 골수를 이식하기 위해 선별적으로 태어난 '아담'이라는 남자 아기다. 이러한 아기를 '맞춤 아기(designer baby)'라고 하는데, 이러한 시술은 윤리적 논란이 야기된 바 있다.

5. 의료기기 · 웨어러블 헬스 케어 기기의 발전

1) 의료기기와 웨어러블 헬스 케어 기기의 구분과 발전

의료기기(醫療機器, medical instrument)는 기기, 기구, 재료, 물질 또는 기타 품목으로서 단독 사용이나 조합 사용으로, 또한 적용을 위해 필요한 소프트웨어를 포함하며, 제조자가 인체에의 사용을 의도하고, 사용 목적이 질병이나 장애의 진단, 예방, 조정, 치료, 경감에 있다. 해부학(解剖學, anatomy) 또는 생리학적 현상을 조사하며, 약학(藥學, pharmacy), 면역학(免疫學, immunology) 또는 신진대사의 수단을 체내 또는 체표에서 사용하지 않지만 기능을 보조하기 위해 이러한 수단을 사용하는 기기를 의미한다. 이러한 의료기기는 인체에 미치는 잠재적 위험성의 정도에 따라 4개의 등급으로 분류한다. 1등급은 인체에 직접 접촉되지 않고, 잠재적 위험성이 경미한 의료기기를 말하고, 2등급은 생명의 위험성이 적어 잠재적 위험성이 낮은 의료기기를 말한다. 3단계는 인체 내 일정 기간 삽입되어 사용되거나 잠재적 위험성이 높은 의료기기가 이에 해당한다. 4단계는 인체 내 영구적으로 이식되는 의료기기로써 예컨대 심장 및 중추혈관계에 직접 삽입되는 형태이다. 또한 의료기기는 크게 진단기기와 치료기기로 구분할 수 있다.

웨어러블 헬스 케어 기기는 용어의 해석상 웨어러블 기기와 헬스 케어 기기의 특성을 혼합한 형태로 볼 수 있다. 웨어러블 기기(wearable device)는 사람의 몸에 입거나 걸쳐서 컴퓨터를 사용할 수 있는 것으로 정의할 수 있다. 웨어러블 기기 개념에는 컴퓨팅 기능이 가능한 애플리케이션도 포함된다. 휴대가 가능(portable)하거나 사람의 피부에 부착해서 사용(attachable), 사람 몸에 넣거나 먹을 수 있는(eatable) 기기들을 포괄한다. 작은 배터리와 디스플레이 한계에도 향후 인간, 사물, 기기를 연결시키는 주요 기술로 발전 가능성이 높다.

이러한 웨어러블 기기는 통상적으로 헬스 케어 기기와 유사한 개념 또는 동일한 개념으로 사용되는 것으로 보인다. 그러나 엄밀하게 해석하면 헬스 케어와 IT기술이 결합되면 많은 사람들이 더 자유롭게 의료 서비스를 이용 가능해진다는 점에서 점차 의료의 영역으로 넓혀질 수 있는 개념으로 보는 것이 적절하다. 현 시점에서는 단순한 건강 생활정보 형태의 데이터로 축적되어 직접적인 의료와의 연관성이 적은 경우가 다수이지만, 점차 질병의 치료, 예방, 건강 관리 과정을 모두 포함하는 헬스 케어의 영역으로 확대될 것이 자명하기 때문이다.

특히 의료기기 역시 웨어러블 형태로 점차 발전하고 있다는 점에서 의료기기와 웨어러블 헬스 케어 기기가 중첩 또는 동일한 개념으로 인식될 수 있다. 한편 의료기기 중 웨어러블 형태의 기기를 개인 건강관리 기기로 정의할 수 있는데, 현재 건강관리를 위해 건강 생체신호를 측정하는 (의료)기기, 식품의약품안전처의 승인이 필요한 기기가 있다. 다만, 웨어러블 헬스 케어 기기는 의료기기의 4단계 중에서 1단계 또는 2단계의 수준으로 보는 것이 현 단계에서는 적절하다고 본다. 따라서 현재의 웨어러블 헬스 케어 기기도 의료기기로서의 허가 요건을 충족하면, 낮은 단계의 의료기기는 가능할 것이다. 향후에는 웨어러블 형태의 의료기기가 보다 증가할 것으로 보인다.

모바일 인터넷이 상용화되고 통신 속도가 고속화되면서 인간과 사물, 기기의 연결 대상과 범위가 급속도로 확산되는 초연결사회의 도래는 웨어러블 기기의 활용 가능성을 높여주고 있다. 기존 인터넷이 사람과 사람을 연결시켰다면, 모바일 기기는 사물인터넷을 통해 사람과 사물의 연결을 가능하게 하였다. 여기에서 웨어러블 기기는 사람과 사물, 공간의 연결을 가능하게 하는 것으로 건강증진 개선을 위해 신체에 착용되어 생체신호 측정과 모니터링하는 기기로 분류할 수 있다. 또한 착용 형태에 따라 아래와 같이 구분할 수 있다. 포터블 기기에 해당하는 것은 간편하게 휴대할 수 있는 스마트글라스, 스마트워치, 팔찌 형태의 스마트밴드와 같은 기기들이다. 어태처블 기기는 몸에 부착한 상태로 사용하는데, 체온이나 운동에너지로 작동하면서 심박수 등 생체신호 데이터를 지속적으로 측정하는 센서 기능과 네트워크 기능이 통합될 것으로 예상된다. 웨어러블 기기의 궁극적인 단계는 인체에 이식하거나 복용할 수 있는 기기로써 전자문신, 캡슐형 기기로 개발 중이다.

이러한 다양한 형태의 웨어러블 기기를 통합하기 위해서는 새로운 개념의 콘텐츠 플랫폼 환경이 필요할 것으로 예상되며, 이 시장을 둘러싼 경쟁이 새로이 부각되고 있다. 웨어러블 기기 운영체제 시장을 선점하기 위해 구글, 애플, 삼성 등 세계적인 IT 업체들이 새로운 모델을 출시하며 경쟁하고 있다.

2) 의료기기의 웨어러블 기기화 방향 및 추이

고령사회에서 초고령사회로 급속히 진행되고 있는 현 시점에서 국민의 삶의 질에 대한 관심이 급증하고 있다. 건강하게 노년을 보내는 것이 본인과 가족은 물론 사회와 국가의 입장에서도 중요한 이슈가 되고 있다. 이에 따라 기존의 질병에 대응하는 패러다임이 치료에서 진단 및 예방으로 전환되고 있다. 특히 융 · 복합 기술이 요구되는 의료기기 산업은 헬스케어 산업의 대표적인 핵심 분야로 부상하고 있다. 양질의 일자리 창출 등에 유리한 산업이라는 점에서 정부는 의료기기를 헬스 케어 산업의 신성장 동력으로 성장시키기 위한 R&D 투자전략 및 투자 포트폴리오의 개선 노력을 경주하고 있다. 정부 부처별로도 경쟁적으로 의료기기 R&D 사업을 수행하고 있어 부처별 역할 부담의 필요성도 제기되고 있다. 기존에 진행 중인 의료기기 산업의 지원을 지속적으로 하면서 보다 효율적인 지원 방안을 모색할 필요가 있다. 특히 국내 의료기기 산업은 일부 선진국을 추격하는 단계에 머물러 있어, 국내외 환경변화 대응을 위한 영세한 국내 의료기기 산업 구조의 변화와 한-미, 한-EU 등 FTA 체결 확대에 대응하기 위한 사업화 투자 전략이 필요하다. 정부가 보다 적극적으로 의료기기의 업체의 기술 수준과 세계시장과의 경쟁 수준을 파악하여 인허가를 신속하게 진행하는 방안을 강구해야 할 것이다.

해외 의료기기 시장은 고령사회 또는 초고령사회 도래 및 웰빙 확산과 중국, 인도 등의 후발공업국의 급성장에 따른 고급 의료 서비스 수요 증가로 의료기기 시장이 크게 확대되는 추세이다. 또한 의료기기 산업은 대표적인 자본 · 기술형 산업으로 기술력과 마케팅 능력을 보유한 소수의 다국적 기업이 독과점하는 형태로 구성되어 있음을 주목해야 한다. 예컨대, 미국의 존슨&존슨, GE, 독일의 Simens, 네덜란드의 필립스 등 10대 기업이 세계시장을 좌지우지하는 상황이다. 최근의 의료기기 시장은 의료기기의 휴대화 · 소형화 추세가 빠르게 이루어지고 있다. 데이터의 활용과 분석에 기반한 디지털 기술이 핵심적 역할을 하면서 원격진료, IT 기업의 헬스 케어 사업 참여 확대가 이뤄지고 있다. 국민 개개인이 건강을 관리하면서 데이터를 축적할 수 있는 의료기기의 웨어러블화를 위해서라도 보다 면밀한 계획의 수립과 적극적인 정책의 추진이 필요하다. 특히 원격진료는 병원에서의 검사 없이 이루어지게 되므로 의료기기의 웨어러블화는 아주 기본적이라 할 것이다.

6. 만성질환 치료와 디지털 헬스 케어

1) 건강관리 생태계의 변화와 디지털 헬스 케어

디지털 헬스 케어는 개인의 건강과 의료에 관한 정보, 기기, 시스템, 플랫폼을 다루는 산업 분야로서 건강 관련 서비스와 의료 IT가 융합된 종합 의료 서비스이다. 그리고 개인맞춤형 건강관리 서비스를 제공, 개인이 소유한 휴대형, 착용형 기기나 클라우드 병원정보시스템 등에서 확보된 생활습관, 신체검진, 의료이용정보, 인공지능, 가상현실, 유전체정보 등의 분석을 바탕으로 제공되는 개인 중심의 건강관리 생태계이다. 즉 디지털 헬스 케어는 정보통신기술과 보건의료를 연결하여 언제 어디서나 예방,

진단, 치료, 사후 관리의 보건의료 서비스를 제공하는 것으로 정의할 수 있다. 이처럼 디지털 헬스 케어는 각종 정보기술(IT)을 활용하여 언제 어디서나 건강관리를 받을 수 있는 원격의료 서비스라는 점에서 스마트 헬스 케어(Smart Health Care)라고도 한다. 앞으로 의료 서비스는 병원 중심의 치료 서비스에서 개인과 의료인이 상호 긴밀하게 협력하여 질병의 예방, 관리, 건강증진 등을 제공하는 디지털 헬스 케어 트렌드로 급속히 변화할 것이다.

우리 사회가 초고령사회로 진행하면서 가족 형태 역시 변화하였고, 1인 가구가 급증하고 있다. 이미 독거노인 등에 대한 돌봄 또는 건강관리 문제가 중요한 이슈로 부각되었다. 특히 독거노인 등은 소득 수준이 낮은 경우가 다수이어서 이들의 질병 관리는 보다 부담이 클 수밖에 없다. 굳이 독거노인이 아니라고 하더라도 가족의 경제활동에 부담이 되지 않으면서 건강을 관리할 수 있는 시스템의 구축은 필요하다. 특히 고령자의 만성질환 패턴을 살펴보면, 주기적인 건강검진과 운동 등 활동 강화, 콜레스테롤 조절 등 혈압 관리 문제 등이 주요 이슈로 부각되는데, 종합적인 만성질환 프로그램을 통한 관리가 필요함을 시사하고 있다.

2) 디지털 헬스 케어를 활용한 만성질환 치료

사회계층이 낮을수록 지역사회 1차 의료기관을 통한 만성질환 관리가 필요하며, 상급병원 쏠림 현상이 심해지고 있는 상황에서 1차 의료기관의 역할을 확대해 저소득층의 의료 접근성을 높여 건강 불평등을 해소할 필요가 있다. 먼저 만성질환의 종합적인 관리를 위해서는 환자나 고령자의 행동 변화를 유도해내야 한다. 환자나 고령자의 행동 변화를 위해 ICT 의료기기, 웨어러블 의료기기를 활용해 일상생활에서의 건강관리를 유도해야 한다. 즉, ICT 융합기술을 활용해 고령자나 환자 스스로 건강을 관리할 수 있는 환경을 구축해야 한다. 이러한 시스템의 구축을 통해 다양한 헬스 케어 기기 또는 의료기기를 통해 측정한 환자의 데이터가 병원과 의사에게 전달되도록 함으로써 언제 어디서나 검사와 진료가 가능해질 수 있다.

또한 의료기기를 활용한 만성질환자의 지속적인 모니터링이 필요하다. 이는 1차 의료기관을 중심으로 이루어져야 한다. 이때, 거동이 불편한 환자가 병원에 쉽게 갈 수 없는 상황을 고려하여 왕진 진료 시스템을 적절히 도입할 필요가 있다. 이미 서울 등에서 시범사업으로 왕진 진료가 이루어지고 있으므로, 필요한 수요에 따라 전국으로 확대가 가능하다고 본다. 아울러 이동이 어려운 환자를 병원으로 이동할 수 있도록 하는 시스템을 공적 영역에서 검토할 필요가 있다. 병원에서 이러한 서비스를 제공할 경우 환자 유인 등을 금지한 의료법 위반이 되므로 건강보험공단 또는 지자체 중심의 서비스 제공도 고려할 수 있을 것이다. 궁극적으로 보건의료 서비스와 정보통신기술의 융합으로 1차 의료기관 중심의 효율적 의료전달체계의 개선이 이루어져야 한다. 아울러 다양한 스마트 헬스 케어 즉 디지털 헬스 케어 제품의 적절한 활용을 통한 만성질환 예방이 필요하다. 스마트 헬스 케어 제품으로 만성질환을 관리할 경우에 운동량의 증가, 생활습관 개선 등 건강 행태의 변화를 가져올 수 있을 것이다. 이는 고령자의 만성질환 관리에 효과적일 뿐만 아니라 의료비 감소와 만성질환 예방 효과도 가져올 수 있다. 만성질환에 대한 디지털 헬스 케어 분야는 이제 단순히 의료 차원이 아니라 BT(bluetooth) 및 IT 부문에 각각 굉장한 산업적 파급효과를 일으킬 수 있어 차세대 성장동력사업으로의 발전도 예상할 수 있다. 이와 같은 디지털 헬스 케어 기기를 통한 건강관리는 앞에서도 말한 바와 같이 1차 의료기관의 역할 확대를 통해 이루어져야 한다. 저소득층의 의료 접근성을 높이면서 효율적으로 이들 환자의 건강을 관리하고 예방하기 위해서는 주치의 제도를 통해 적절한 의료수가를 보장할 필요도 있다. 다만 디지털 헬스 케어를 보완하고 발전하기 위해서는 의료법 개정이 수반되어야 한다.

III. 디지털 헬스 케어의 법적 쟁점

Ⅲ. 디지털 헬스 케어의 법적 쟁점

제1절 의료, 보건의료, 그리고 헬스 케어, 디지털 헬스 케어의 개념

인공지능, 원격의료, DTC(Direct-To-Consumer) 유전자 검사 서비스, 개인의 유전체 정보, 빅데이터, 디지털 치료제(Digital Therapetics)[1] 등은 의료계뿐만 아니라 산업계에서도 중요한 이슈가 되고 있다. 의료에서의 새로운 치료법 및 진단기술은 윤리적인 문제와 법적인 문제를 야기하기도 한다. 어쩌면 건강한 삶을 영위하고자 하는 인간의 욕구와 혁명적인 의료기술의 발전 앞에 기존의 윤리와 법적인 문제는 서서히 잊히고 혁신적인 의료행위는 우리의 일상생활 속에 소리 없이 녹아들지도 모른다. 하지만 현재의 직접적인 법적인 문제를 도외시하고 혁신적인 의료의 진보를 마냥 누릴 수는 없다. 디지털 헬스 케어의 법적 쟁점도 여전히 기술 발전으로 인한 삶의 질 향상이라는 보랏빛 미래와 권리 침해 우려의 양면이 공존한다. 예컨대 기술의 진보에 부응하기 위해서는 열거주의적인 포지티브 규제를 해소해야 하지만 개인정보 유출의 우려는 피하기 어렵다. 「개

---

1) 디지털치료제는 먹는 약이나 주사제가 아니다. 치료제라고 표현하고 있으나 약이 아니라 기술이다. 즉, 소프트웨어나 하드웨어를 활용하여 질병을 예방하거나 치료하는 기술을 말한다. 2017년 미국 FDA는 최초의 디지털치료제라고 할 수 있는 리셋(reSET)을 세계 최초로 허가하였다.

인정보보호법」을 준수하면서 보건의료 데이터의 활용도를 높이는 방안, 디지털 헬스 케어와 의료행위의 경계를 정하는 것 등은 여전히 쉽지 않다.

보건의료와 의료의 개념부터 살펴보자. 현행 의료법에서는 의료에 관하여 직접 정의하지 않고 있으며, 보건의료기본법에서는 '보건의료'를 국민의 건강을 보호 · 증진하기 위하여 국가 등이 행하는 모든 활동이라고 규정한다(법 제3조 제1호). 즉 질병의 사후적 치료방법인 수술, 치료뿐만 아니라 검사, 문진 등과 같이 예방 및 치료 전 활동을 포함하며 이외에도 건강증진을 위한 다양한 활동도 포함하는 개념으로 이해된다. 이와 같이 보면 보건의료(Health Care)는 의료와 관련된 개념 중 가장 포괄적인 개념으로 의료행위(Medical Practice)와 보건지도(Health guidance)를 포함하는 개념이다. 한편, 예방의학에서는 사람을 직접적 대상으로 하는 것(Personal Health Services)과 생활환경을 건강에 적합하도록 조성하기 위한 환경보건 서비스(Environmental Health Services)로 대별하면서 전자를 의료 서비스로 본다. 특히 의료라는 용어가 진료만을 의미하는 것으로 오인되는 것을 피하기 위해서 건강을 위한 사회조치를 포괄하는 개념으로는 흔히 보건의료가 사용되고, 의료는 보건의료에서 환경보건을 제외한 것을 의미한다.[2] 정리하면, 의료(Medical Treatment or Medical Care)는 질병의 진단, 치료, 관리, 예방, 처방, 수술과 같은 행위를 포함하지만 질병의 진단과 처방, 치료 등을 중심으로 하며, 이를 의료행위라고 하여 전문 의료인만이 의료행위를 할 수 있도록 하고 있다. 이에 비해 헬

2) 유승흠 외, 『예방의학과 공중보건』, 계축문화사, 1998, 603-604쪽.

스 케어는 넓은 의미의 건강관리(Care of Wellness)에 해당하는 상위 개념으로 의료행위뿐만 아니라 운동, 식습관, 체중감량과 같은 일상적인 건강관리 등을 포함하는 개념이다.[3] 따라서 헬스 케어는 의료와 중복되는 영역과 의료 이외의 영역도 함께 포괄하고 있다. 의료인이 디지털 기술을 활용하여 질병을 진단하고 치료하는 행위는 의료의 영역으로 볼 수 있지만 의료인이 아니면서 디지털 기술을 활용하여 헬스 케어를 구현할 경우, 의료행위에 해당하는지 여부가 문제된다. 또 헬스 케어 기기도 보건 당국의 인허가가 필요한 의료기기와 구분된다. 예컨대, IBM '왓슨 포 온콜로지(Watson for Oncology)'의 의료기기 해당 여부도 논란이 되었으나 한국과 미국에서는 의료기기가 아닌 것으로 분류되었다.

디지털 헬스 케어는 좁은 의미로는 4차 산업혁명의 핵심 산업으로 보건의료 빅데이터와 인공지능을 포함한 신의료기술과 정밀의료기술을 의미하지만 넓은 의미로는 ICT로 대표되는 '디지털적 수단'을 활용한 개인 건강과 질병 관리 서비스[4]로 E-헬스 케어, U-헬스 케어, S-헬스 케어, M-헬스 케어도 모두 디지털 헬스의 발전과정이라 할 수 있다. 구체적으로 살펴보면 다음과 같다.

① 가장 먼저 나온 개념이 E(Electronic)-헬스 케어이다. 이것은 인터넷과 보건의료의 만남으로 보건의료의 산업적 측면이 강조되기 시

---

3) 최윤섭, 『디지털 헬스 케어: 의료의 미래』, 클라우드나인, 2020, 39쪽.

4) 이진수, "디지털 헬스케어 플랫폼과 주요기업 동향", 『보건산업브리프』 제140호, 한국보건산업진흥원, 2014, 2-3쪽.

작하였다. '인터넷'을 수단으로 하여 의료소비자와 공급자, 정책입안자 등 이해관계자를 대상으로 때와 장소를 가리지 않고 보건의료 서비스 및 보건의료정보를 제공하여 의료에 대한 접근성 향상, 비용절감과 이를 통한 의료산업 발전을 도모하고자 하였다.[5] 특히 의료기관과 컴퓨터서버 연결을 통한 의료정보 전달 시스템이 중심을 이루며, 이에 따라 의료정보학, 의료컴퓨팅, 원격의료, 원격건강관리 등을 내용으로 한다.

② U-헬스 케어는 의료 서비스와 유비쿼터스(Ubiquitous)를 합한 것으로 데이터베이스 기반 생체계측 및 건강 모니터링 기술 등을 통하여 건강 이력을 관리함으로써 예방, 진단, 치료, 사후 관리 등의 보건의료 서비스를 제공하는 것이다. 원격환자 모니터링과 같이 '언제 어디서나' 이용 가능한 건강관리 및 의료 서비스[6]를 말한다. 따라서 환자의 질병에 대한 원격 관리를 하는 의료기기 및 관련 의료서비스 분야와 일반인을 대상으로 한 건강유지 서비스까지 포괄한다.[7]

③ M(Mobile)-헬스 케어는 모바일 폰, PDA 등과 스마트 웨어러블 디바이스 등 모바일 기기 및 무선기술을 통해 제공되는 보건의료 서

5) 정영철 외, 『국내 e-Health 발전에 따른 정책대응방안연구』, 한국보건사회연구원, 2005, 65쪽.

6) 지경용 외, 『유비쿼터스시대의 보건의료』, Jinhan M&B, 2005, 21쪽.

7) 강성욱, "유헬스 시대의 도래", 『삼성경제연구소 CEO Information』 602, 삼성경제연구소, 2007, 1쪽.

비스 및 건강 관련 정보를 말한다.[8)]

④ S(Smart)-헬스 케어는 E-헬스와 U-헬스를 포괄하면서 여기서 한 발 더 나아가 치료 및 질병관리는 물론 예방적 건강관리와 웰니스를 위한 서비스를 포괄하는 개념이다.[9)] 병원, ICT기업, 보험사 및 서비스 기업이 하나로 연계되어 개인건강기록에 따른 맞춤 서비스를 복지와 안전 분야까지 확대한 것이다.[10)] 의료 서비스와 건강관리 서비스 모두를 제공하여 상시적 케어 서비스에 필요에 따른 의료 서비스를 포함한다.[11)] 이로써 이용자 집단이 의료인, 환자, 일반인으로 점차 확장되고 있다.[12)]

---

8) 우혜경 · 심은영 · 조영태, "빅데이터와 모바일 헬스: 공공보건학적 가치와 향후 과제", 『통계연구』 특별호, 통계청통계개발원, 2016, 98쪽.

9) 박근수, "스마트헬스케어서비스 활성화 방안 연구", 『e-비지니스 연구』 제16권 제6호, 국제e-비즈니스학회, 2015.

10) 이종원 외, 『스마트 헬스 케어 산업군 분석 및 통계조사』, 산업통상자원부, 2015, 15쪽.

11) 한국정보화진흥원, "스마트 공공보건의료 서비스 도입 방안", 『한국정보화진흥원 IT 정책연구시리즈 7』, 2011, 6쪽.

12) 조혜선, "원격의료 확대의 의의 및 조건에 대한 법정책적 연구", 『IT와 법 연구』 15, 경북대 IT와 법연구소, 2017, 252쪽.

제2절 디지털 헬스 케어와 의료법상 의료행위

1. 의료행위 개념은 디지털 헬스 케어에 장애가 되는가?

소위 제4차 산업혁명이라 일컬어지는 인공 지능, 사물 인터넷, 빅데이터 등의 최첨단 정보통신기술이 가져온 혁신이 사회 · 경제 · 문화 등 여러 분야로 영향을 넓혀가고 있는데, 보건의료 영역에서도 디지털 헬스 케어[13]의 형태로 나타나고 있다. 이러한 신산업으로 엄청난 잠재력을 지니고 있을 뿐만 아니라 국민의 건강과 복지의 증진에 큰 기여가 기대되는 디지털 헬스 케어가 과연 전통적인 의료행위 개념에 포섭될 수 있는지, 그리고 현재 관련 규정을 통해서 엄격하게 규제하는 것이 타당한 것인지에 대해 살펴볼 필요가 있다. 현행 의료법은 핵심적 개념인 의료행위를 명확히 규정하고 있지 않으면서도 의료행위의 면허주의와 형사처벌을 규정하고 있어 장애요인으로 작용할 여지가 있다. 대법원은 이러한 실정법상 규정의 불명확성을 보완하기 위해 판례를 통해서 의료행위의 개념을 정립해 가고 있지만, 명확한 개념적 요소나 판단 근거를 제시하지 못하고 구체적 사안에서 사회통념에 따라 판단하고 있는 문제점으로 지적된다. 이하에서는 의료법상의 의료행위 개념에 대한 논의와 판례를 검토한 후에 새로운 디지털 헬스 케어 환경에 부합하도록 의료행위 개념을 명

13) 디지털 헬스 케어가 이전의 IT 기반 보건의료와 다른 점은 IT의 단순한 도입 · 적용을 넘어 ICT와 헬스 케어 산업의 융합을 통해 의료 서비스의 효율성 증대와 함께 새로운 부가가치를 창출한다는 점이라고 한다. 박정원, "제4차 산업혁명, 디지털 헬스 케어의 등장과 규제", 『월간 공공정책』 제142호, 한국자치학회, 2017, 67쪽.

확히 법제화하는 방안에 대해 살펴보자.

2. 의료법상의 의료행위

1) 의료법상 의료행위 개념

일반적으로 의료법에 따라 규제되는 의료행위는 '의학의 전문적 지식을 기초로 하는 경험과 기능으로써 질병의 예방이나 치료 등을 하는 것'으로 정의되면서, 그 핵심적 요소로 사회적으로 승인되고 있는 의학의 실천, 즉 질병의 치료 · 예방 등을 위하여 의학을 환자에게 응용하는 것을 들고 있다.[14] 의료법에서는 의료행위의 개념과 관련하여 제12조에서 단지 '의료인이 하는 의료, 조산, 간호 등 의료기술의 시행(이하 "의료행위"라 한다)'이라고 규정한 후에 여러 규정에서 의료행위라는 개념을 사용하고 있다. 특히 의료법은 의료인이 아니면 누구든지 의료행위를 할 수 없도록 하면서 위반한 자에 대하여 무면허의료행위죄를 적용하여 형사처벌하고 있다(의료법 제87조). 이러한 포괄적이고 추상적인 개념규정으로 인해 의료행위의 구체적인 내용과 범위는 무면허의료행위와 관련된 사건에서 법원의 판례나 행정부의 유권해석을 통해서 정립되어 가고 있는 실정이다.[15] 디지털 헬스 케어와 같은 새로운 유형의 보건 및 의료 관련

---

14) 이덕환, 『의료행위와 법』, 현문사, 2010, 11쪽.

15) 이상돈 · 김나경, 『의료법강의』, 법문사, 2013, 2쪽. 2011년 제3기 민법개정위원회와 2014년 제4차 민법개정위원회에서 의료계약을 민법상의 전형계약의 하나로서 편입

행위들에 대한 적절한 규제를 위해서는 의료행위 개념을 구체적으로 정립하여 구체적으로 어떤 행위가 의료행위에 해당하는 것인지 여부를 판단할 수 있는 명확한 기준이 제시될 필요가 있다.

2) 의료행위 개념의 특성과 유형

의료법은 의료행위가 가지는 생명 · 신체에 대한 위험성을 이유로 규제대상으로 보아 '의료인이 하는 의료, 조산, 간호 등 의료기술의 시행'이라고 규정하고 있는데, 이것은 행위 자체보다는 행위 주체의 측면에서 의료행위를 파악하는 것으로 볼 수 있다.

(1) 의료행위의 특성

일반적으로 의료행위가 가지는 특수성으로 위험성, 예측곤란성, 재량성, 비공개성을 들고 있다.[16] 이에 대해 분설(分說)하면 다음과 같다.

① 위험성

의료행위는 자연과학을 기초로 하는 사실행위로 인간의 생명과 건강

하는 것에 대한 논의가 있었다(자세한 내용은 박수곤, "의료계약의 민법편입과 과제", 『민사법학』 제60호(2012.9), 한국민사법학회; 윤석찬, "의료계약의 민법전 도입 가능성", 『재산법연구』 제36권 2호(2019.8), 한국재산법학회 참조). 의료계약은 일상에서 빈번하게 체결되는 계약 유형이지만, 지금까지 그 법적 성질을 혼합계약으로서 다루어 졌다. 한편 독일에서는 2013년부터 환자권리법(Patientenrechtegesetz)에 근거하여 진료계약(Behandlungsvertrag)이 민법전으로 도입되었으나, 그 세부적 내용은 이미 판례에서 확립된 개념과 내용들을 수용한 것으로 평가받고 있다. 진료계약은 "의료적 처치(medizinische Behandlung)를 환자에게 승낙한 의료행위자와 자연인으로서의 환자 사이에 체결되는 계약"으로 규정한다(독일 민법 제630a조).

16) 이덕환, 『의료행위와 법』, 현문사, 2010, 11쪽 이하.

을 위하여 이루어지나 물리적 · 화학적 작용에 의한 인간의 신체에 대한 침습을 수반한다. 수술은 물론 약물의 투약도 부작용이 나타나거나 합병증을 유발할 수도 있다. 즉, 의료행위는 생체 기능의 변화를 불가피하게 수반하므로 위험성이 내재되어 있다.

② 예측곤란성

기계와 달리 사람의 신체는 예측하기 어려운 생물학적 특성이 있으며, 의료의 대상이 되는 질병도 실제에 나타나는 증상은 달리 나타날 수 있다. 또한 환자의 구체적 증상에 대한 치료방법도 개인차로 말미암아 다르게 반응하기도 한다. 인체의 기능은 장기계통 기능의 단순한 병렬이 아니고 복잡하게 얽혀 있는 입체적 구조에 의한 것이기 때문에 의료상의 침습에 대한 생체 반응이 개별적이면서도 복잡하게 다양성을 띠게 되는 것이다. 따라서 의학의 원칙이 개인 모두에게 획일적으로 적용될 수 없으며, 현대 의학에서도 개인 간의 차이는 규명되어야 할 이지의 영역으로 존재하여 의료행위에는 실험적인 요소가 있음을 부인할 수 없다.

③ 재량성

의사의 치료는 성질상 고도의 전문적 의학 지식과 기술이 적용되는 영역으로 환자에 대한 진단이나 치료방법을 둘러싸고 의사들 사이에서도 미묘한 견해 차이가 있을 수 있다. 질병의 증상과 반응에 대한 정확한 예측이 곤란하므로 의료행위에서는 의사에게 얼마간의 재량권을 인정하지 않을 수 없다. 의사에게 의료행위에 대한 재량권을 인정하는 것이 치료를 회피할 수 없는 의사를 곤혹스럽게 하지 않고 의학의 발전에 기여하므로 궁극적으로 환자의 이익에도 부합하는 것으로 정당화될 수 있다. 하지만, 재량의 범위에 관하여는 의료의 본질을 어떻게 규정하느냐에 따라 많이 달라질 수 있을 것이다. 또한 이러한 의사의 재량권은 사용하려는 치료법에 따르는 위험과 그 치료법을 사용하지 않을 경우에 질병의 치료가 곤란한 정도를 비교형량하여 환자의 생명의 유지 내지 건강 상태의 개선을 목적으로 신중하게 행사하여야 할 것이다.

④ 비공개성

의료행위는 복잡 · 다양하고 고도로 전문성을 띠는 한편, 의료의 실험과정도 공개되지 아니하여 일반인이 접근하기 어려운 것이다. 이러한 의료행위의 밀실적인 성격으로 인하여 환자 측의 의료에 대한 정보를 취득할 기회가 제한되고, 의료행위에 대한 법적 책임을 묻는 것도 곤란하게 된다. 또한 의료행위의 비공개성은 의사와 환자 사이의 신뢰관계를 파괴하고 상호 불신과 오해를 초래하고 있으며, 나아가 의료라고 하는 밀실작업을 치외법권지대화하는 풍토를 조장하고 피해자의 보호를 저해하고 있다.

(2) 의료행위의 유형

의료법상 의료행위의 유형은 ① 의료인 중 의사 직역이 행하는 최협의의 의료행위(의료법 제2조 제2항 제1호), ② 같은 법 제2조 제2항 제1호의 의료 외에도 제2호의 치과 의료와 제3호의 한방 의료를 포괄하는 협의의 의료행위(보건단속특별조치법 제5조의 규제범위), ③ 의료인인 의사, 치과의사, 한의사, 조산사, 간호사가 행하는 의료기술을 총칭하는 광의의

의료행위(의료법 제12조)로 세분할 수 있다.

3) 의료행위 개념에 대한 판례의 태도

법규의 불명확성으로 인해 의료행위 개념은 판례에 의해 실질적으로 형성되고, 구체적인 행위가 의료행위에 해당하는지 여부가 확정되고 있는 실정이다. 대법원은 "의료행위의 내용에 관한 정의를 내리고 있는 법 조문이 없으므로 결국은 구체적 사안에 따라 이를 정할 수밖에 없고, 의학의 발달과 사회의 발전 등에 수반하여 변화될 수 있는 것이어서, 의료법의 목적, 즉 의학상의 전문지식이 있는 의료인이 아닌 일반 사람에게 어떤 시술행위를 하도록 함으로써 사람의 생명, 신체상의 위험이나 일반 공중위생상의 위험이 발생할 수 있는 여부 등을 감안한 사회통념에 비추어 의료행위의 내용을 판단하여야 한다"고 판시한 바 있다.[17]

(1) 의료행위 개념에 대한 판례의 변화

① 의료행위 개념의 확대

대법원은 의료행위의 범위를 확대하는 경향을 보이고 있다. 초기에 대법원은 곰보 수술, 눈 쌍꺼풀 수술, 콧날 세우기 등 미용성형 수술과 관련하여 "질병의 예방 또는 치료행위가 아니므로 의학상 의료행위에 속하는 것이라 할 수 없으므로 치과의사는 물론 일반 의사도 위와 같은 미용성형 수술을 그들이 본래의 의료행위로서 실시하는 것이 아님이 명백하다"고

---

17) 대법원 2009.5.14. 선고 2007도5531 판결.

판시하면서 '질병의 예방과 치료'에 해당하는지를 기준으로 의료행위를 판단하였다.[18] 그러나 이후 대법원은 '질병의 예방과 치료에 관한 행위' 뿐만 아니라 '의료인이 하지 않으면 보건위생상 위해가 생길 우려가 있는 행위'까지 의료행위의 범위를 넓게 해석하고 있다.[19] 구 의료법 제25조(현행법 제27조)와 관련하여 "의료행위라 함은 의학적 전문지식을 기초로 하는 경험과 기능으로 진찰, 검안, 처방, 투약 또는 외과적 시술을 시행하여 하는 질병의 예방 또는 치료행위 및 그 밖에 의료인이 행하지 아니하면 보건위생상 위해가 생길 우려가 있는 행위를 의미한다"고 하였다.[20] 헌법재판소도 "의료행위에는 반드시 질병의 치료와 예방에 관한 행위에만 한정되지 않고, 그와 관계없는 것이라도 의학상의 기능과 지식을 가진 의료인이 하지 아니하면 보건위생상 위해를 가져올 우려가 있는 일체의 행위가 포함된다"고 하여 확장된 의료행위 개념을 지지하고 있다.

한편, 의료행위 개념의 확장이 가져오는 문제점으로는 의료행위의 판단 기준의 명확성이 결여되어 있다는 것이 지적된다. 즉 대법원은 구체적

18) 대법원 1972.3.28. 선고 72도342 판결. 그러나 2년 뒤 대법원은 미용성형수술도 '의료행위'에 포함되는 것으로 입장을 변경하였다(대법원 1974.11.26. 선고 74도1114 전원합의체 판결).

19) 백경희, "치과 의료행위의 내용과 범위에 관한 소고", 『법학연구』 제27권 제2호, 2016, 충북대 법학연구소, 298-299쪽; 선종수, "의료법상 의료행위의 개념과 그 판단 기준: 대법원 2016.7.21. 선고 2013도850 전원합의체 판결을 중심으로", 『의생명과학과법』 제17권, 원광대 법학연구소 의생명과학법센터, 2017, 15쪽.

20) 대법원 2004.1.15. 선고 2001도298 판결에서 안마나 지압이 의료행위에 해당하는지를 판단하면서 그것이 단순한 피로회복을 위하여 시술하는 데 그치는 것이 아니라 신체에 대하여 상당한 물리적인 충격을 가하는 방법으로 어떤 질병의 치료행위에까지 이른다면 이는 보건위생상 위해가 생길 우려가 있는 행위, 즉 의료행위에 해당한다고 보았다.

사안에서 의료행위에 해당하는지 여부를 판단함에 있어서 '의료법의 목적, 즉 의학상의 전문지식이 있는 의료인이 아닌 일반 사람에게 어떤 시술행위를 하도록 함으로써 사람의 생명, 신체상의 위험이나 일반 공중위생상의 위험이 발생할 수 있는 여부 등을 감안한 사회통념에 따른다'고 하면서 그 기준을 구체화하는 단계로까지는 이르지 못하고 있다.

② 의료행위의 면허 범위에 대한 완화

의료기술의 눈부신 발전과 새로운 의료기기들의 등장으로 의료인들의 직역별 경계가 모호해지거나 사실상 업무 범위가 중첩되면서 의료인이 면허 범위 외의 의료행위를 하는 경우에 그에 대한 형사 처분과 관련하여 면허 범위가 사회적 이슈로 부각된 바 있다.[21] 종래 대법원은 의료인에 의한 무면허 의료행위 사례에서 면허 범위를 엄격하게 판단하였다.[22] 그러다가 최근 들어서는 비교적 완화하여 적용하는 경우들이 보인다. 대표적인 예로, 2016년 치과의사가 환자들의 눈가와 미간의 주름을 제거하는 보톡스 시술을 한 행위가 의료법상 무면허 의료행위에 해당하는지 문제된 사안에서, "치아, 구강 그리고 턱과 관련되지 아니한 안면부에 대한 의료행위라는 이유만으로 치과 의료행위의 대상에서 배제할 수는 없고, 치과대학이나 치의학전문대학원에서는 악안면에 대한 진단 및 처치에 관

---

21) 정도희, "의료인의 "면허된 것 이와의 의료행위"와 규제완화: 대법원 2016. 7. 21. 선고 2013도850전원합의체 판결을 중심으로", 『형사정책』 제29권 제1호, 한국형사정책학회, 2017, 131쪽.

22) 노태헌, "의료행위에 관한 용어정리 및 판례분석", 『의료법학』 제11권 제2호, 대한의료법학회, 2010, 67쪽.

하여 중점적으로 교육하고 있으므로 치과의사의 안면에 대한 보톡스 시술이 의사의 동일한 의료행위와 비교하여 사람의 생명 · 신체나 일반 공중위생에 더 큰 위험을 발생시킬 우려가 있다고 보기도 어렵다"는 것을 이유로 무면허의료행위죄가 성립하지 않는다고 판시하였다.[23]

서양의학(양의)에서는 면허 범위뿐만 아니라 해묵은 갈등 영역인 한의와 양의 간 면허 범위에 대한 해석에도 변화의 움직임이 있다. 과거 헌법재판소는 한의학과 서양의학은 그 학문적 기초가 서로 달라 학습과 임상이 전혀 다른 체계에 기초하고 있음을 이유로 한의사가 한방의료행위에 해당하지 않는 의료행위를 하는 경우 의료법 제27조 본문 후단의 면허된 것 이외의 의료행위로 판단하였다.[24] 그러나 2013년 한의사가 의료기기인 안압측정기, 청력검사기 등을 이용하여 시력, 안질환, 청력검사를 한 후, 그 결과를 토대로 한약 처방을 한 사안에서 "의료법은 한의사와 의사의 업무 영역과 면허 범위를 구별하는 이원적인 체계를 취하고 있지만, 이 사건 기기들을 이용한 검사는 자동화된 기기를 통한 안압, 굴절도, 시야, 수정체 혼탁, 청력 등에 관한 기초적인 결과를 제공하는 것으로서 보건위생상 위해를 가할 우려가 없고, 위 기기들의 작동이나 결과 판독에 의사의 전문적인 식견을 필요로 한다고 보이지 않는 점, 한의대의 경우에도 한방진단학, 한방외관과학 등의 교육을 통해 전통적으로 내려오던 한의학을 토대로 한 기본적인 안질환이나 귀질환에 대한 교육이 이루어지

23) 대법원 2016.7.21. 선고 2013도850 전원합의체 판결.

24) 헌법재판소 2013.2.28. 선고 2011헌바398 결정; 헌법재판소 2010.7.29. 선고 2008헌가19 결정 등.

고 있고, 이에 대한 한의학적 해석을 바탕으로 침술이나 한약 처방 등 한방의료행위 방식으로 치료가 이루어지고 있어, 이 사건 기기들의 사용이 의사만의 전문적인 영역이라고 보기는 어려운 점에 비추어 보면, 청구인들이 이 사건 기기들을 사용하여 한 진료행위는 한의사의 면허된 것 이외의 의료행위라고 보기는 어렵다"고 보았다.[25]

(2) 판례에 따른 의료행위의 판단 기준

대법원의 판례에 따른 의료행위의 판단 기준은 질병, 치료 등의 행위이며, 의료인의 면허를 가지고 있어야 하며, 의료인이 행하지 않으면 보건위생상 위해를 발생할 우려가 있는 행위이어야 한다.

① 질병, 치료 등의 행위

판례에서는 의료행위를 "의학적 전문지식을 기초로 하는 경험과 기능으로 진찰, 검안, 처방, 투약 또는 외과적 시술을 시행하여 하는 질병의 예방 또는 치료행위"라고 판시하고 있다. 따라서 의료행위의 판단 요소로 질병의 예방이나 치료행위를 들 수 있는데, 이는 의학의 전문지식을 기초로 하는 진찰, 검안, 처방, 투약 또는 외과수술 등의 경험적, 기능적 행위를 의미한다. 진찰은 환자의 용태를 관찰하여 병상과 병명을 규명 · 판단하는 작용으로 그 진단 방법으로는 문진, 시진, 청진, 타진, 촉진, 기타 각종의 과학적 방법을 사용하여 검사할 수 있으며, 치료행위는 이러한 진단에 의하여 밝혀진 질병에 적합한 약품을 처방, 조제, 공여하거나 시

25) 헌법재판소 2013.12.26. 선고 2012헌마551 결정.

술하는 것이다.

② 의료인에 의한 행위

원칙적으로 의료행위는 의료인에게만 허용되므로 의학적 전문지식과 자격을 취득한 의료인이 아닌 자는 할 수 없다. 비의료인은 의사의 전체 시술과정 중 일부의 행위라 하더라도 그 행위만으로도 의료행위에 해당하는 행위가 금지되며, 설사 그 행위에 관하여 의료인과 같은 수준의 전문지식이나 시술 능력을 갖추었다고 하더라도 의료행위를 할 면허 또는 자격이 없는 한 동일하다. 다만, 간호사, 간호조무사, 의료기사 등에 관한 법률에 의한 임상병리사, 방사선사, 물리치료사, 작업치료사, 치과기공사, 치과위생사의 면허를 가진 자가 의사, 치과의사의 지도하에 진료 또는 의학적 검사에 종사하는 행위는 허용된다. 또한 의사면허가 없는 자가 단순히 의사의 보조자로서 그 감독과 지시에 따라 따른 경우라면 이를 무면허 의료행위가 아니다. 헌법재판소는 "의료기사 등은 의사의 지도를 받아서 의료행위가 가능하고 의료기사제도의 입법목적이 의사의 진료행위를 지원하는 업무도 국민의 보건과 관련되어 있는 이상 일정한 자격자로 하여금 담당하게 함으로써 위험을 예방하려는 것이므로, 의료기사가 국민을 상대로 독자적으로 업무를 수행할 수 없도록 하고 반드시 의사의 지도하에서만 업무를 수행하도록 한 것은 그 입법목적에서 비추어 당연하다"고 판시하였다.

③ 의료인이 행하지 않으면 보건위생에 위해를 가할 우려가 있는 행위

대법원은 보건위생상 위해를 가할 우려가 없는 경우에는 의료행위에

해당하지 않는다고 판단하고 있다. 예컨대 환자들에게 질병을 낫게 해달라고 기도하게 한 다음 환부나 다른 신체 부위를 손으로 쓰다듬거나 만져주는 방법으로 시술하였다면 이러한 행위는 사람의 생명, 신체나 공중보건위생에 무슨 위험을 초래할 개연성은 없다고 판단하여 의료행위에 해당하지 않는다고 보았다.[26] 또한 판례에 따르면, "무자격자가 행하는 의료행위의 위험은 추상적 위험으로도 충분하므로 구체적으로 환자에게 위험이 발생하지 않았다 하여도 사람의 생명, 신체 또는 공중보건상의 위해가 있다"라고 하여, 의료행위는 사람의 생명, 신체나 공중위생에 대하여 현실적 · 구체적 위해를 가하는 것이 아니더라도 '그러한 위해를 가할 우려'가 있으면 그 자체가 규제대상이 된다.[27]

4) 의료법상 의료행위 개념의 문제점

의료법에서 무면허 의료행위를 금지하기 시작한 초기에는 '업'을 중심으로 금지해 오다가 이후 '의료', '치과의료' 등 행위 중심으로 금지 형식을 취하다가 1973년 전부개정 때부터 현행과 같이 '의료행위'를 금지하는 것으로 변화하였다. 이와 같은 법문언의 개정과 판례의 변화 과정을 거치면서 유사개념과의 관계와 의료행위 개념이 불명료해지고 혼란스러워진 측면이 있다.[28] 또한 의료법 제12조 및 제27조를 논리적으로 해석하면 결

26) 대법원 1992.3.10. 선고 91도3340 판결.

27) 대법원 1993.8.27. 선고 93도153 판결.

28) 박정연, "의료행위 개념의 법제화 시론", 『서울법학』 제26권 제3호, 서울시립대 법학연구소, 2018, 364쪽.

국 의료인 면허가 없는 자의 행위는 의료행위가 아니어서 무면허자에 의한 무면허 의료행위 자체가 성립되지 않는 등 그 해석상 모순이 발생한다는 지적도 있다.[29)]

의료행위의 개념은 사회의 관념과 의학의 발전에 따라 변화하는 발전적 개념이라고 할 수 있지만, 의료행위에 대한 개념은 무면허의료행위와 관련하여 죄형법정주의의 전제가 되는 기본 개념이며, 단순히 이론적으로 접근하여 불확실한 상태로 남겨둘 수 없는 개념으로 입법적으로 명확히 해결해야 하는 개념이라고 할 수 있다. 그런데 의료법에서는 명문의 규정이 없고 대법원은 판례를 통해 의료행위라 함은 '의료인이 아니면 보건위생상 위해가 생길 우려가 있는 행위' 또는 '의학적 전문지식이 없는 자가 이를 질병의 예방이나 치료에 사용함으로써 사람의 생명, 신체나 공중위생에 위해를 발생할 우려가 있는 행위'라고 개념 정의하고 있다.

하지만 이러한 개념 정의에 대하여 다음과 같은 문제점을 지적할 수 있다.[30)]

첫째, 의료행위는 자연과학을 기초로 하는 사실행위로서 그 목표는 인간의 생명과 건강을 위한 것이지만, 물리적 혹은 화학적 작용으로 인간의 신체에 대한 침습을 수반한다. 즉, 의료행위의 내재적인 특성으로 행위의 주체와 상관없이 사람의 신체에 대한 위험성을 야기할 가능성이 존재한

---

29) 장철준, "의료행위와 기본권: 헌법 해석적 접근", 『의료법학』 제15권 제1호, 대한의료법학회, 2014, 19쪽.

30) 이인영(a), "의료행위의 현대적 의의와 과제", 『법과 정책연구』 제7권 제1호, 한국법정책학회, 2007, 43쪽 이하.

다. 의학적 전문지식을 가지고 있는 의사가 시술하는 경우에도 사람의 생명, 신체나 공중위생에 위해를 발생할 우려가 있는 행위를 하는 한 위해가 발생할 가능성은 여전히 존재한다.

둘째, 일반적이고 추상적인 위험을 야기할 수 있는 행위에 대하여 공공의 필요성에 의하여 일정한 요건을 구비한 의료인 집단에게만 허용하는 것이라고 한다면, 그 이면에는 일정한 의료행위에 대한 치료 능력과 요건이 충분히 가능함에도 불구하고 해당 의료인의 면허 외의 범위라고 하여 허용하지 않고 무면허의료행위로서 제한 내지 처벌받는 경우를 상정할 수 있다. 이것은 넓은 의미의 의료행위를 행할 수 있는 보건의료인으로서 의사 이외에 다른 보건의료인에게도 의료적인 서비스의 자격 요건으로 면허를 두고 있는 현행 제도하에서는 각각의 범위에 대한 필요한 자격요건을 분명하게 명시하여야 한다는 난점을 안고 있다.

셋째, 면허란 강학상 허가를 뜻하는 것으로 어떤 행위가 일반적으로 금지되어 있으나 특정한 경우에는 그 금지가 해제되는 것을 말한다. 의료행위는 인간의 생명과 직결되어 있기 때문에 일정 수준 이상의 의학지식과 기술을 지닌 사람에게 국가에서 일정한 자격시험을 시행하여 합격한 사람에 한하여 면허를 주는 것이다. 일반적으로 금지되었다는 것은 부자유 즉, 구속의 의미를 가지고 있었는데, 이를 필요한 요건이 구비된 사람에게 허용한다는 것은 그 자유가 회복되는 의미를 가지며, 결코 권리의 행사를 인정하거나 특혜를 부여하는 것은 아니다. 따라서 기존의 대법원의 태도 내지 개정 법률안에서의 의료행위의 개념은 보건위생상의 위해가 생길 우려가 있는 행위라는 한계 설정이 포괄적으로 넓게 형성되어 있어서 국가가 금지해제의 면허를 부여한 범위 영역이 보건의료인 중 특히 의사에게만 유독 폭넓게 인정된다는 지적이 가능하다.

3. 디지털 헬스 케어와 의료행위 개념

1) 디지털 헬스 케어와 의료패러다임의 변화

21세기에 접어들면서 보건의료는 새로운 전환기를 경험하고 있다. 이전의 보건의료는 환자를 대상으로 질병을 치료하여 기대수명을 높이는 것에 초점을 두고 상당한 성과를 거두었다. 그러나 21세기에는 보건의료 분야에서 고령화, 기대수명과 건강수명과의 차이, 의료비의 증가 등과 같은 새로운 문제가 대두되기 시작했다. 의학의 발전으로 노인 사망률이 낮아졌을 뿐만 아니라 저출산으로 인해 전체 인구에서 고령 인구가 차지하는 비율이 증가하면서 의료비가 급증하였다. 늘어난 고령층은 다른 연령군에 비해 건강 상태가 상대적으로 열악하고 만성 질환 및 신경계 질환을 갖고 있는 비율이 높아서 전체 의료비의 증가로 이어지기 때문이다.

이렇게 고령층의 증가와 이로 인한 의료비의 급증으로 자연스럽게 건강수명(Health Life Expectancy)[31)]을 주목하게 되었다. 지금까지 보건의

---

31) 건강수명(健康壽命, Healthy Life Years, HLY)은 기대수명 중 질병이나 부상으로 고통받은 기간을 제외한 건강한 삶을 유지하는 기간을 의미한다. 건강수명 지표는 Eurostat가 연산하는 유럽의 구조적 지표이다. 건강 예측으로 알려진 인구 건강의 요약 측정 기준들 가운데 하나이며, 하나의 지표로 전반적인 인구 건강을 표현하기 위해 사망률과 이환율 데이터를 합쳐 놓은 건강 측정치들을 합성한다. Robine, Summarizing health

료가 단순히 수명의 양(量)인 기대수명의 연장에 초점이 있었다면, 이제는 삶의 질, 즉 건강하게 오래 사는 수명의 질(質)인 건강수명을 중시하게 되었다. 아무리 기대수명이 늘어나더라도 건강수명이 같이 늘어나지 않는다면, 전체 의료비 증가를 막을 수 없을 뿐만 아니라 질병 기타 건강상의 장애로 인해 개인의 삶의 질은 낮아질 수밖에 없다. 이러한 건강수명의 중시로 보건의료 패러다임의 전환이 요구되는데, 그 핵심은 보건의료가 환자 중심의 질병치료에 국한되는 것이 아니라 일상의 건강관리까지 산업의 가치사슬 내로 포섭하는 것이다.[32]

(1) 의료소비자의 적극적 역할

전통적 의미에서의 의료는 진단 · 치료 · 사후관리에 중점을 두어 의료기관이 의료전달체계에서 핵심적 기능을 담당하고, 환자들의 역할은 상대적으로 주목받지 못하였다. 환자들은 수동적 존재로서 치료의 대상으로 취급되었으며, 의료정보 역시 전문 의료인이 생산하고 접근할 수 있었다. 이러한 의료 환경에서 의료인과 환자 사이의 정보 비대칭성은 당연시되었다.

그러나 디지털 헬스 케어는 스마트헬스(smart health), 모바일헬스(m-health)를 포괄하는 광의의 개념으로, 건강 상태에 대한 정보를 수집하고 이를 효율적으로 관리하는 개인 맞춤형 건강관리 및 의료 서비스를 의미하며,[33] 중심축을 의사로부터 의료 서비스에 대한 수요자인 환자 또

---

status. In: Pencheon/Guest/Melzer/Gray, *Oxford Handbook of Public Health Practice*, 2nd ed. Oxford, Oxford University Press, 2006, pp.160-168.

32) 박정원 · 심우현, “디지털 헬스 케어 규제 개선방안에 관한 연구”, 『규제연구』 제27권 제1호, 한국규제학회, 2018, 36쪽.

는 의료소비자에게로 이동시키고 있다. 즉 오늘날 보건의료는 단순히 질병의 치료가 아닌 사전진단, 사전치료, 건강유지로 그 영역이 확장되고 있으며, 개인 맞춤형 의료로 의료의 패러다임의 전환이 이루어지고 있다.[34] 또한 전자건강기록(EHR: electronic health record)의 구축과 이에 대한 환자의 접근이 디지털 헬스 케어에서는 중요시되고 있다. 독일에서는 2017년부터 전자적 환자기록에 관한 법(EPDG: Bundesgesetz über das elektronische Patientendossier)이 시행되어 기록보호와 안정성은 물론, 의료행위의 효율성과 질적 향상을 꾀하고 있다.[35]

(2) 원격의료의 활성화

의료 현장에서 의료인에 의해 활용될 수 있는 디지털 헬스 케어로는 원격의료(telehealth)가 주목받고 있다. 원격의료는 의료인과 환자 간의

33) 이진수, "디지털 헬스케어 플랫폼과 주요기업 동향", 『보건산업브리프』 제140호, 한국보건산업진흥원, 2014, 2쪽.

34) 박정원 · 심우현, "디지털 헬스 케어 규제 개선방안에 관한 연구", 『규제연구』 제27권 제1호, 한국규제학회, 2018, 40쪽.

35) Aebi-Müller et al., *Arztrecht*, Stämpfli Verlag, 2016, S. 480 ff. 전자적 환자기록에 관한 법(Bundesgesetz über das elektronische Patientendossier, EPDG)에서는 전자적 환자기록(ePatientendossier)의 내용과 그 처리를 위한 요건들을 구체적으로 규정하고 있다. 같은 법 제2조 a에서 전자적 환자기록은 환자의 치료과정으로부터 분산 저장된 진료기록뿐만 아니라 환자가 스스로 생성한 정보로 구체적인 진료에서 이용할 수 있는 잠재적인 기록을 뜻한다. 여기에는 전자적 기록만이 포함되는 것은 아니다. 예를 들면 다른 의료인의 진료를 위해서 종전의 진료기록을 출력하여 전달되는 자료도 전자적 환자기록에 해당한다, Dörr, "Current Challenge for the Law: Disclosure Dilemmas in Predictive Medicine", in: Pfleiderrer George et al. (Hrsg.), *Knowing One's Medical Fate in Advance, Challenges for Diagnosis and Treatment, Philosophy, Ethics and Religion*, Basel, 2012, S.130.

원격상담 및 원격진료(처방포함), 의료인 간의 원격자문, 원격판독 등 여러 유형으로 세분화될 수 있으며, 특히 ICT를 적용한 부착형 장비의 발달로 말미암아 의료인이 쉽게 환자의 상태를 원격으로 모니터링하고 사후 조치를 하는 것도 기술적으로 가능하게 되었다. 또한 디지털 헬스 케어는 의료인의 의사결정 과정에 도움을 줄 수 있다. 이미 국내 일부 병원들이 자체 전자건강기록(EMR: Electronic Health Record)[36]을 활용해 임상의사결정지원시스템(CDSS: Clinic Decision Support System)을 구축하여 사용 중에 있다.[37] 향후 인공지능(AI)과 기계학습(machine learning) 기술의 발달을 통해 임상의사결정지원시스템은 더욱 진일보할 것으로 예상되지만, 아직까지는 통합된 전자건강기록의 부재, 의료정보 표준화와 공유에 대한 가이드라인 부재 등이 임상의사결정지원시스템의 기술 발전 및 도입의 장애물로 지적된다.[38]

---

36) 미국에서는 Obama care의 일환으로 2014년까지 병원의 의무기록시스템을 전산화하도록 권고하였으며, 그 결과 2001년에 18%였던 외래 EHR 사용률이 2013년에는 78%까지 증가하였다고 한다. 송윤섭 · 강영남, "4차 산업혁명을 이끄는 보건 의료 빅데이터의 활용과 전망", 『한국멀티미디어학회지』 제21권 제4호, 한국멀티미디어학회, 2017.12, 26쪽.

37) 현재 세브란스병원, 삼성서울병원, 서울대병원, 아산병원, 창원 파티마병원 등에서는 자체적으로 외부기업을 통해서 개발한 CDSS를 사용 중에 있다. 다만, CDSS에 대한 병원의 인식과 사용은 극히 일부에 한정되어 있으며, 국내 일부의 병원들은 항생제처방, 수혈처방, 중복처방 등의 약물처방의 적정성을 판단하고, 약물투입 시에 기존에 복용 중인 약물과의 상호작용 등을 고려하여 투입 여부를 판단하는 데 사용하고 있다. 세부적인 내용은 정득영, "ICT 기술을 활용한 임상의사결정지원시스템(CDSS) 연구 동향", 『정보통신기술진흥센터 주간기술동향』(2016.5.18.), 생명공학정책연구센터, 2016, 30쪽 이하 참조.

38) 정득영, "ICT 기술을 활용한 임상의사결정지원시스템(CDSS) 연구 동향", 『정보통신기술진흥센터 주간기술동향』(2016.5.18.), 생명공학정책연구센터, 2016, 24쪽.

(3) 디지털 의료기기의 사용

혁신적 융합기술을 이용한 디지털 헬스 케어 제품이 시장에 출시되고 있는 반면, 정부의 의료기기 판단 기준은 일률적이고 경직되어 기술 발전의 속도를 따라가지 못하고 있다. 그 결과 위해도가 낮은 디지털 헬스 케어 제품이 의료기기로 분류되어 「의료기기법」상의 엄격한 규제의 대상이 되기도 하고, 혁신적인 융합기술을 이용한 신제품은 의료기기에 해당하는지도 불분명하여 잠재적인 위해도에 따른 규제대상 · 비규제대상의 결정에 어려움이 있다. 따라서 혁신적인 신제품에 대해 관계부처의 자의적인 해석 가능성을 배제하고 명확한 판단을 제공해 줄 수 있는 제도 · 기관을 마련해야 함과 동시에, 신제품에 저위해도를 가진 비규제대상인 경우 규제를 유연하게 조절할 필요가 있다. 2014년 4월에 유럽연합 집행위원회(Die Europäische Kommission)는 모바일 헬스서비스(Mobile-Health-Dienste)에 대한 공청회를 개최하고 청서[39]를 발간하였다. 개정 독일 「의료기기법」(Medizinproduktegesetz) 제3조에 따라 모바일 앱과 같은 소프트웨어도 의료기기로 분류되고 있는데, 의료기기 여부를 판정함에 있어 핵심적 요소는 소프트웨어의 목적성(Zweckbestimmung)으로, 질병의 진단, 치료계획, 당뇨나 혈압의 측정을 위한 것인 때에는 해당 소프트웨어도 의료기기가 된다.[40] 유럽연합법원(CJEU: Court of Justice of the European Union)에서도 뇌파측정 소프트웨어인 'ActiveTwo'를 제조업

---

39) http://europa.eu/rapid/press- release_IP-14-394_de.htm

40) Heimhalt/Rehmann, "Gesundheits- und Patienteninformationen via Apps", *MPR* 2014, S. 201 f.

자가 명시적으로 의료기기나 의료행위에 투입할 것을 의도하지 않고 연구 목적으로 제공하였다고 하더라도 의료기기에 해당하는 것으로 판시한 바 있다.[41]

2) 디지털 헬스 케어와 전통적 의료행위 개념의 수정 필요성

현행 의료법상의 의료행위 개념은 의료행위 주체에 중점을 두고 다루어져 왔다. 이는 위해 가능성이 있는 의료행위에 대한 효율적인 관리 · 감독이 가능하도록 해주었으나, 의료인에 의한 독점적인 지위를 인정하는 수단으로서 활용된 측면도 있다. 의료법 제27조와 제87조는 행위규제 및 형사 처분에 관한 규정이지만 사전적 측면에서는 사실상 관련 업종에 대한 진입 규제적 성격을 가지기 때문이다. 무면허 의료행위 금지 규정은 의료의 질 보장 혹은 국민의 생명과 건강 보호 및 보건위생상 위해 방지에 그 목적이 있는 것이므로 새로운 디지털 헬스 케어 환경을 통해서 오히려 국민의 건강을 증진시킬 수 있는 기회를 박탈하는 것은 부당하다.

보건의료산업의 디지털 전환(digital transformation)과 정보통신기술과의 융 · 복합화는 피할 수 없는 흐름이 되고 있으며, 이를 기존의 의료행위와 구분하여 '디지털화된 의료행위' 또는 'ICT 기반의 의료행위'로 새롭게 규정지을 필요성이 대두되고 있다.[42]

---

41) EuGH, Urteil vom 22.11.2012, Rs. C-219/11, *MPR* 2012, 191 ff. - Brain Products GmbH/BioSani.

42) Heimhalt/Rehmann, "Gesundheits- und Patienteninformationen via Apps", *MPR* 2014, 198 f.

4. 디지털 헬스 케어와 의료행위 개념의 법제화 논의

1) 의료행위 개념의 법제화 필요성

기술 발전과 함께 건강 증진을 위한 다양한 국민적 수요가 확대되고 관련 직종이 생겨나고 있음에도 불구하고 이러한 자들이 수행하는 업무 영역이 의료행위의 범위에 포함되는지 불분명한 채로 두는 것은 해당 업종 조사자의 직업의 자유를 과도하게 제한하는 것이다. 또한 헬스 케어 서비스 산업 발전을 촉진하고 소비자의 선택권을 보장하며 관련 서비스 업종 간 건전한 경쟁을 통해 전체 서비스 수준을 향상시키기 위해서는 의료행위의 개념과 범위가 정해질 필요가 있다. 국제의료기기 관련 법 포럼(IMDRF: International Medical Device Regulators Forum), 유럽집행위원회(Europäische Kommission), 영국 의료기기 규제청(MHRA: Medicines & Healthcare products Regulatory Agency), 미국 FDA 등에서도 과학기술의 혁신에 따른 의료 관련 법률의 개정 및 통일화를 위해 다각적인 노력을 기울이고 있다.[43] 따라서 빠르게 발전하는 의료기술의 특성을 감안할 때 의료행위 개념을 법률 문언에 의해 바로 의료행위 여부가 판단될 정도로 일의적으로 규정하는 것이 현실적으로 불가능하다고 하더라도 의료법상 무엇이 금지되고 허용되는지에 대한 예측 가능성은 입법에 의해 확보되어야 할 것이다.

다만, 의료행위의 개념은 고정불변인 것이 아니라 의료기술의 발전과

---

43) Gassner, "MedTech meets M-Health", *MPR*2015, 74 ff.

시대 상황의 변화, 의료 서비스에 대한 수요자의 인식과 필요에 따라 달라질 수 있는 가변적인 것이므로[44] 유동성과 개방성을 고려하여 법제화되어야 할 것이다.

2) 법제화의 방식

(1) 입법형식

의료행위 개념을 법제화하는 방식으로는 의료행위의 개념 요소를 제시하여 포괄적으로 규정하는 방식과 의료행위의 예시를 구체적으로 열거하는 방식이 있다. 전자는 의료행위의 판단에 있어 유연하게 대처할 수 있으며, 의료기술의 발전에 따라 새롭게 등장하는 의료 영역까지 포섭할 수 있다는 점에서 장점을 가지며, 후자는 구체적인 행위 유형을 열거하는 것은 의료행위 해당 여부에 대한 판단을 명확히 함으로써 국민들에게 예측 가능성을 부여할 수 있다는 점에 장점이 있다.[45]

2007년 의료법 전부개정 과정에서 의료행위 개념의 법제화 방식에 대한 논의가 진행된 바 있다. 2007년 의료법 개정안 제4조는 "의료행위"란

---

44) 대법원 2016.7.21. 선고 2013도850 전원합의체 판결. 다만 해당 판결에서는 "의료행위의 종류가 극히 다양하고 그 개념도 의학의 발달과 사회의 발전, 의료 서비스 수요자의 인식과 요구에 수반하여 얼마든지 변화될 수 있는 것임을 감안하여, 법률로 일의적으로 규정하는 경직된 형태보다는 시대적 상황에 맞는 합리적인 법 해석에 맡기는 유연한 형태가 더 적절하다는 입법 의지에 기인한다"고 하여 의료행위 개념의 입법화를 반대를 뒷받침하는 논거로 제시하고 있다. 의료행위 개념의 법제화를 주장하더라도 의료행위의 가변성과 개방성에 대한 고려는 반드시 필요하다고 본다.

45) 곽명섭, "의료행위 개념의 법제 논의과정에 대한 고찰", 『법과 정책연구』 제7권 제1호, 한국법정책학회, 2007, 72-73쪽.

의료인이 관련 전문지식을 근거로 건강증진 · 예방 · 치료 또는 재활 등을 위하여 행하는 통상의 행위와 의료인이 하지 않으면 건강상 위해가 생길 우려가 있는 그 밖의 행위로 규정하였다. 또한 현실적 서비스 욕구에도 불구하고 근거가 없어 무자격자에 의하여 남발되고 있는 유사의료행위에 대한 합법화의 근거를 마련하는 규정을 두고 있으며, 법률안 제113조에 의하면 "의료인이 아닌 자가 행하여도 보건위생상 위해가 생길 우려가 없는 경우에는 제5조에 불구하고 유사의료행위를 할 수 있다고 규정하고 있다. 유사의료행위의 종류, 유사의료행위자의 자격 및 업무 범위 등 유사의료행위에 필요한 사항은 따로 법률로 정한다"고 규정하고 있다. 하지만 의료행위와 관련된 개정안 규정은 관련 단체의 반발에 따라 곧 삭제되었다.

의료행위의 정의를 규정함에 있어서 한국표준 의료행위 분류체계(KCPM: Korean Classification of Procedures in Medicine) 등재를 요건으로 하여 한국표준 의료행위에 열거된 행위로 제한할 것인지 문제되었다. 한국표준 의료행위는 최소한 의료기관에서 행해지는 필수적인 의료행위들을 정리하고 일정한 기준에 따라 분류한 것으로, 의료행위 판단 기준이 보다 명확해질 수는 있다. 하지만 한국표준 의료행위 분류체계에 열거된 행위로 제한할 경우에는 새로운 의료기술 발전을 저해하며, 등재 결정 권한기관에 지나치게 권한이 집중될 수 있다는 우려가 제기되었다. 또한 한국표준 의료행위에 치의학 및 한의학 부분은 분류체계가 없다는 점, 간호사 및 조산사의 진료보조행위가 의료행위에서 제외될 수 있다는 점 등을 이유로 결국 채택되지 못하였다.[46]

포괄적 정의 방식은 법원이 의료행위 해당 여부에 대한 판단하게 된다는 점에서 지금의 방식과 큰 차이가 없을 뿐만 아니라 자의적 법해석으로 인해 명확성과 예견 가능성을 저해한다는 문제점이 있다. 그에 반해 행위 유형을 열거하는 방식은 예측 가능성 확보와 규제법규의 명확성에서는 장점을 지니지만, 의료현장에서 이루어지는 복잡하고 다양한 모든 의료행위를 열거하는 것은 현실적으로 불가능하고, 의료기술 발전에 따라 새롭게 등장하는 의료행위 유형을 시의 적절하게 반영하는 것이 용이하지 않다는 단점이 있다. 또한 한국표준 의료행위 분류체계는 건강보험 수가제도와의 관계에서 의료기관에서 수행되는 행위 유형을 목록화한 것이기 때문에 비의료인에 의해 수행될 경우 보건위생상 위해가 발생할 우려가 있는 행위나 현재 의료기관에서 실시되고 있지 않지만 의학적 전문성에 기반한 다양한 행위들을 포섭할 수 없다는 점에서 한계가 있다.

(2) 외국의 입법 방식

이하에서는 의료행위에 대한 미국, 독일, 프랑스, 일본의 입법 방식을 간략히 살펴본다.

① 미국

미국은 법률에 행위 유형이 보다 구체화되어 있다. 연방법 차원에서 정의규정은 없지만, 다양한 개념 요소를 유기적으로 결합하여 주마다 의

---

46) 곽명섭, "의료행위 개념의 법제 논의과정에 대한 고찰", 『법과 정책연구』 제7권 제1호, 한국법정책학회, 2007, 73쪽.

료행위(Practice of Medicine)의 개념을 확정지음으로써 무면허 의료행위의 개념의 예측 가능성을 확보하고 있다.[47] 대체로 ① 진단(Diagnosis), 처치(Treatment), 예방(Prevent), 치료(Cure),[48] ② 의사로서 자신을 드러내는 것(Holding Oneself Out to the Public),[49] ③ 보수, 선물, 또는 보상을 받으려는 의사, ④ 자격부여(Attaching a Title), ⑤ 의료기관을 유지하는 것(Maintaining an Office), ⑥ 수술(Performing Surgery), ⑦ 약의 사용, 관리 또는 처방, ⑧ 그 밖의 다양한 개념요소들 중에서 복수의 행위유형을 결합하여 개별 주법으로 규정하고 있는 것으로 보인다.[50]

위의 개념요소들을 종합적으로 결합하여 미국의 주 법률은 다양하게 의료행위(practice of medicine)에 대해 정의하고 있다. 그러나 대부분의 주의 경우 이와 같이 7개의 개념요소들을 전부 다 사용하여 의료행위를 정의하지 않는다. 기본적인 개념요소 중에서 ① 진단, 처치, 예방, 치료, ② 의사로서 자신을 공공연히 드러내는 것, ⑥ 수술의 시행(Performing

---

47) Cohen, "A Fixed Star in Health Care Reform: The Emerging Paradigm of Holistic Healing", *Arizona State Law Journal*, Spring 1995, p.98.

48) 모든 주에서는 의료행위를 진단(diagnosis), 처치(treatment), 예방(prevention), 치료(cure), 상담 (advice), 처방(prescribe)과 같은 단어를 부분적으로 사용하면서 개념정의하고 있다. 이러한 단어들은 주로 질병, 상해, 정신적 심리적 상황이라는 용어와 결합하여 사용하고 있다. 뉴욕주의 예를 들면 의료행위는 질병, 고통, 상해, 신체장애 또는 물리적 조건을 위해 진단, 처치, 수술, 또는 처방하는 것을 말한다.

49) 대부분의 주들은 의료행위의 정의를 하는 데 있어서 국민들에게 의료인(medical practitioner)으로서 자신을 공공연히 드러내는 것을 포함하고 있다. 몇몇 주는 의료행위에 부수해서 의무를 부담하는 공적인 전문직(publicly professing)으로서 정의하고 있다.

50) 이인영(a), "의료행위의 현대적 의의와 과제", 『법과 정책연구』 제7권 제1호, 한국법정책학회, 2007, 32쪽.

Surgery), ⑦ 약의 사용, 관리 또는 처방의 조합을 많이 가지고 있고, ④ 자격부여(Attaching a Title)의 요건도 24개의 주가 채택하고 있다. 예컨대 오리건주의 법률규정에 의하면 만약에 다음의 행위의 한 또는 그 이상을 행하는 자는 의료행위를 행하는 자라고 해야 한다. a. 이 주내에서 의료행위를 행하도록 자격을 부여받았다는 것과 같은 방식으로 사람들에게 공공연히 드러내는 것, b. 직접 또는 간접적으로 받을 보상을 위하여 의료를 제공하거나 약을 처방하는 것, c. 외과적 수술을 제공하거나 행하려고 착수하는 것, d. 어떠한 방법이나 도구로서 질병을 진단, 치료, 처치를 제공하거나 착수하는 것, e. 사람의 이름 앞에 의사라는 명칭을 사용하는 것을 말한다.

주법률에서 의료행위를 개념 짓는 요소로서 아주 드물게 규정하고 있는 것은 ③ 보수, 선물 또는 보상을 받으려는 의사와 ⑤ 의료기관을 유지하는 것이다. 하지만 많은 주에서 의료행위를 간략하게 정의하고 있다. 예컨대, 뉴욕주의 경우 교육법 제6521조에 규정하고 있는데, 의료전문가의 행위(practice of the profession of medicine)는 인간의 질병, 고통, 장애 또는 신체적 조건에 대한 진단, 처치, 수술 또는 처방을 말한다고 규정하여 간략하게 용어 정의를 하고 있다. 웨스트버지니아주의 경우에도 의료행위와 수술의 시행은 질병, 고통, 상해, 신체장애 또는 다른 신체적이거나 정신적 조건을 위해 진단하거나 처치 또는 수술, 처방하는 것을 의미한다고 규정하고 있다.

② 독일

「연방의사규정(Bundesärzteordnung)」 제2조 제5항에서 '의사 자격면허를 가진 자의 의사직업과 관련된 의술(Heilkunde)의 시행'이라고 하여 추상적으로나마 의료행위의 개념을 정의하고 있다. 의술의 시행은 신체적 손상, 통증, 질병의 완화, 치료, 진단을 위한 모든 직업적 영업적 행위를 의미함(Heilpraktikergesetz 제1조 제2항). 법원은 환자가 의술을 시행하는 인상을 받은 경우에는 의료행위에 해당한다고 보았다.[51] 「연방의사규정」에 의하면 의사의 직무는 영업이 아니며, 그 직무는 본질상 자유로운 직업이고(제1조 2항), 의사의 직무를 수행하기를 원하는 사람은 의사로서의 면허를 필요로 한다고 규정하고 있다. 의사 또는 여의사라는 직업 명칭은 오로지 의사로서 면허를 얻었거나, 의사의 직무수행을 위한 법률에 따라 권한을 부여받은 사람에게만 사용이 허용된다고 규정하고 있다(제2조a).

결국, 독일의 판례상 의료행위의 개념 역시 의사의 행위이고, 행위의 내용이 사회적으로 의료인의 행위라고 인정되는 것이어야 하고, 그 행위의 대상이 환자이어야 한다.[52]

③ 프랑스

프랑스의 경우 공중보건법(Code de la Sante Publique)의 제1편에는 의사 · 치과의사, 조산사를 제2편에서는 간호사를 규정하고 있으며, 기타

---

51) BVerwGE 23, 140 ff.; BVerwGE 35, 308 ff.; BVerwGE 66, 367 ff.

52) BGH NJW 1980, 1904.

보건의료종사자(안마사, 운동요법사, 족병치료사, 시력교정사 등)에 대해서도 각 편에서 규정하고 있다. 프랑스 공중보건법 제1편 의사 · 치과의사 · 조산사의 경우 의료행위 시의 일정한 자격과 요건을 구비하지 않으면 어떤 경우에도 의료행위를 제공할 수 없다고 규정하고 있다(제L.356조). 그리고 제L.372조 불법의료행위와 제L.373조 불법치과 의료행위에 관한 규정을 두어 의사로서 의료행위 수행에 요구되는 면허, 증서, 자격증을 소지하지 아니하는 자 또는 일정한 요건을 충족하지 아니한 자가 전문 의료행위를 한 경우 등에는 제L.375조에 의하여 형사처벌을 받거나, 제L.376조에 따라 5천 프랑에서 6만 프랑에 달하는 벌금형 또는 10일에서 3개월에 이르는 징역형에 처해지며, 재범인 경우 2만 프랑에서 12만 프랑에 달하는 벌금형 또는 1개월에서 6개월에 달하는 징역형에 처해진다. 모든 경우에 있어 불법의료행위에 사용된 기자재는 몰수할 수 있다.

④ 일본

일본의 의료법 제1조의 5에 의하면 병원이란 의사 또는 치과의사가 의업 또는 치과업을 행하는 장소이며, 병원 또는 진료소의 개설자는 병원 또는 진료소가 의업을 하는 경우 의사에게, 치과업을 하는 경우 치과의사에게 이를 관리시키지 않으면 안 된다(제10조). 이를 위반하는 경우에는 10만 엔 이하의 벌금에 처한다(제74조). 일본 의사법 제17조는 "의사가 아니면 의업을 해서는 아니 된다"고 규정하고 제31조에서 무면허 의료행위를 처벌하고 있으며, 이 규정에 대하여 "의학적 지식과 기능을 가지지 아니한 자가 행할 때 생리상 위험이 있는 정도에 달하는 경우에는 이를 의료행위라고 인정함이 상당하다"는 취지의 일본 최고재판소 판결이 유지되고 있다(日本 最高裁判所 昭和30(1955.5.24.)).

⑤ 검토

다른 국가의 경우에도 의료행위 개념을 법률에 명확히 규정하거나 행위유형을 구체적으로 열거한 예는 많지 않으며 심지어 개념에 관한 일반 규정조차 두지 않은 경우도 있다. 이는 의료행위의 유형화의 현실적 제약과 의료행위 개념에 대한 개방적이고 유연한 해석이 필요했기 때문인 것으로 보인다. 결국 의료행위 개념의 법제화에 있어서는 법적으로 허용되는 범위에 대한 예측 가능성을 충족시키면서도 동시에 의료행위 개념의 개방성을 어떻게 확보하는지가 가장 중요한 요소라고 할 수 있다.[53] 이를 위해서는 의료행위 개념 규정을 기본적으로 포괄적인 정의규정으로 두는 방식을 취하되, 개별 구성요소의 의미가 구체적이고 합리적으로 함께 제시되어야 할 것이다.

3) 의료행위 개념의 구성요소와 기준

(1) 의학적 목적과 방법

의료행위 개념의 법제화에 있어서는 행위 주체의 입장에서 정의된 의료행위의 개념인 현행 의료법 규정과 판례의 내용을 행위적 요소로 전환할 필요가 있다. 의료행위 개념은 의학적 '목적'과 '방법'을 그 구성요소로 한다.[54] 먼저 의료행위의 목적은 '질병의 치료, 진단, 예방 및 재활로 이

53) 박정연, "의료행위 개념의 법제화 시론", 『서울법학』 제26권 제3호, 서울시립대 법학연구소, 2018, 378-379쪽.

해한다. ‘질병의 치료’란 발생한 질병의 치유 또는 완화하는 것을 의미하며, ‘질병의 예방’은 질병을 일으킬 수 있는 위험인자를 조절하여 질병이 일어나거나 재발하지 않도록 하는 것이다. 그밖에 치료나 예방 목적이 아닌 질병의 진단이나 재활 역시 의료행위의 목적에 포함시켜야 한다. 다음으로 의료행위의 방법은 ‘의학적 전문지식을 활용하는 행위로서 진찰, 검안, 투약, 처방, 수술 등 전통적인 의료의 전형에 해당하는 것’을 의미한다. 다만, 의료행위의 범위를 질병의 치료, 진단, 예방 및 재활을 목적으로 하는 행위의 실질에 국한하면 통상의 임상 의료로 전환되기 전의 혁신적인 의료기술을 의료법상 의료행위에 포섭할 수 없는 등 한계가 발생할 수 있어 해당 행위의 사회적 의미와 영향력을 종합적으로 고려할 필요가 있다.[55)]

질병 예방에 관한 다양한 행위나 서비스들을 모두 의료행위로 포함시키는 것에 대하여는 의문스러운 점이 있는데, ‘예방’ 개념을 어떻게 해석하는지에 따라 질병 예방의 행위가 과도하게 확장될 여지도 있다. 또한 질병 예방을 위한 보건의료계획의 수립이나 통계 및 정보 관리, 일반적 건강 상태를 증진하기 위한 다양한 서비스나 건강기능식품의 제조 및 판매행위까지 의료행위의 개념에 포섭될 가능성이 있다. 이러한 이유에서

---

54) 노태헌, “의료행위에 관한 용어정리 및 판례분석”, 『의료법학』 제11권 제2호, 대한의료법학회, 2010, 14쪽.

55) 이인영(a), “의료행위의 현대적 의의와 과제”, 『법과 정책연구』 제7권 제1호, 한국법정책학회, 2007, 46–47쪽; 선종수, “의료법상 의료행위의 개념과 그 판단 기준: 대법원 2016.7.21. 선고 2013도850 전원합의체 판결을 중심으로”, 『의생명과학과법』 제17권, 원광대 법학연구소 의생명과학법센터, 2017, 22쪽.

예방 목적의 행위인 경우라도 '특정' 질병으로 한정하거나 적어도 일정한 범위로 질병군을 한정해야 할 필요가 있다. 특정 질병과 관련된 경우라도 방법에 있어서 개별적 구체적 행위로서 의학적 전문지식과 경험을 기초로 전형적인 의학적 방법론을 사용하는 경우로 제한되어야 한다.

최근 들어서 주목받고 있는 건강관리 서비스 분야에 대해서도 검토할 필요가 있다. 전체적인 건강 상태를 개선함으로써 결과적으로 다양한 질병의 발병률을 감소시키는 것이라면 이는 질병의 치료와 예방을 목적으로 하는 당연의료행위에서 제외시키는 것이 타당하다. 예컨대 특정 질병과 무관하게 전체적인 건강상태 개선을 위하여 소프트웨어 기술을 활용해 식단이나 운동방법 등을 제공하는 경우라면 '질병의 예방' 목적에 해당하지 않고 의학적 방법으로 보기 어렵다. 또한 그 자체로 보건위생상 위해 가능성 역시 부정되어 의료행위 개념에서 배제하는 것이 마땅하다.[56]

(2) 보건위생상 위해 가능 영역의 객관화

당연의료행위로 판단되지 않더라도 일정한 기준에 따라 의료행위 영역을 확대하여 비의료인에 의한 행위를 금지할 필요가 있다. 대법원이 '의료인이 하지 않으면 보건위생상 위해 우려가 있는 경우'에 대해서까지 의료행위의 개념을 확대하고 있는 것은 국민의 건강보호와 증진이라는 의료법 제27조의 입법 취지, 의료기술의 발전적 성격과 규제 필요성에 비추어 불가피한 측면이 있다. 다만, 이러한 구성요소 역시 보다 객관화된

---

56) 박정연, "의료행위 개념의 법제화 시론", 『서울법학』 제26권 제3호, 서울시립대 법학연구소, 2018, 381쪽.

판단 기준을 제시하여 법제화를 시도할 수 있다. 즉, 의료 목적과 의학적 방법에 따라 의제의료행위 범위가 일차적으로 정해지면 보건위생상 위해 가능성 판단 기준이 최종적인 의료행위 해당 여부를 결정하는 역할을 하도록 하는 것이다.

일차적으로 의료 목적과 의학적 방법에 따라 의제의료행위 범위가 정해지고, 최종적으로는 보건위생상 위해 가능성으로 의료행위 해당 여부를 결정하여야 한다. 의료행위를 행위의 목적과 방법에 따라 분류해 보면 크게 당연의료, 보완대체의료, 비의료시술, 확장된 의료로 구분할 수 있다. 협의의 당연의료행위(①)에 대응하는 의제의료행위는 질병의 진단, 치료, 예방 등 협의의 당연의료와 동일한 목적으로 이루어지는 보완대체의료(②), 질병의 진단, 치료, 예방의 목적은 아니지만 전통적인 의료방식

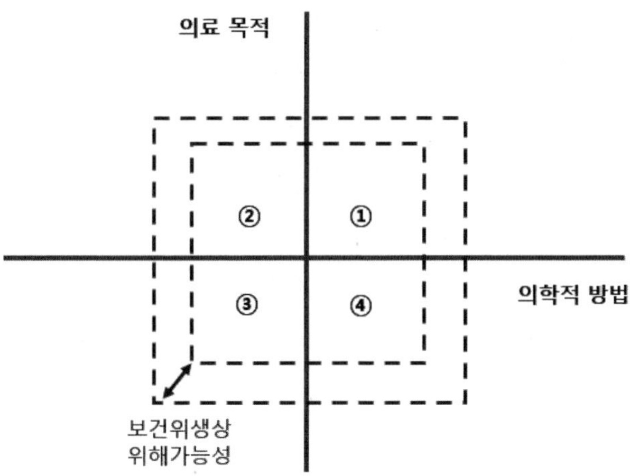

<그림> 의료행위의 유형화[57]

57) 박정연, "의료행위 개념의 법제화 시론", 『서울법학』 제26권 제3호, 서울시립대 법학연구소, 2018, 382쪽.

에 의해 이루어지는 확장된 의료(④), 문신과 같이 확장된 의료의 보완 대체적 의미인 '비의료시술'(③) 등 다양한 형태를 포함하는 개념(②+③+④)이다.[58)]

기술 발전과 행위의 수단 등을 고려하여 보건위생상 위해가능성이 없는 경우에는 아예 의료행위의 영역에서 제외시켜야 할 것이다. 즉, 소프트웨어와 ICT를 활용한 비교적 단순한 형태의 건강관리 서비스는 인체에 대한 침습성이 없어 보건위생상 위해 가능성을 인정하기 어려워 의료행위로부터 제외됨이 마땅하다. 다만, 이러한 서비스라도 구체적인 서비스 방식이나 다른 보건의료기술과의 결합 등을 감안하여 의료행위로서 의료법상 무면허 의료행위 금지규정에 따라 규제할 것인지 별도의 면허제도를 둘 것인지에 대해서는 논의가 필요하다.

(3) 업무성

의료행위의 개념 설정에 있어서 반복 · 계속의 의사인 '업무성'을 요건으로 할 것인지가 문제된다. 현행 의료법상 무면허 의료행위 금지규정이 업무성이나 타인성을 요건으로 하는지에 대해 판례의 입장은 명확하지 않지만, 1962년 의료법하에서 법문언상 '업'이 아닌 '의료' 등 행위 중심으로 금지하던 당시에 문제된 사안이나[59)] 1973년 '의료행위'에 대한 금지규정으로 개정된 이후에 발생한 사안에 있어서도 업무성을 요건으로 하는

58) 노태헌, "의료행위에 관한 용어정리 및 판례분석", 『의료법학』 제11권 제2호, 대한의료법학회, 14-15쪽.

59) 대법원 1980.7.22. 선고 80도1404 판결; 대법원 1983.6.14. 83도939 판결 등.

듯한 판시가 있다.[60)]

헌법재판소는 의료법 제27조의 입법 취지에 대해 '의료행위는 가장 존귀한 사람의 생명이나 신체를 다룬 일로서 (의료인의) 교육과정을 거치지 못한 사람은 이를 하지 못하게 함으로써 사람의 생명, 신체나 공중위생에 대하여 위해를 발생케 할 우려가 있는 의료행위 그 자체를 미리 방지하기 위한 것'이라고 판시하였다.[61)]

한편 형벌법규의 구성 요건을 확대해석하는 것은 금지되므로, 반복계속의 의사 없이 단지 1회에 그친 행위에 대해서도 무면허 의료행위로 처벌한다는 것은—비록 위법성 판단 단계에서 비로소 정당행위로 취급된다고 하더라도—일반인의 법감정에도 맞지 않는다고 보아야 한다. '업'이 아닌 '행위' 중심으로 금지규정이 개정된 이후에도 여전히 반복 계속성을 요하는 취지의 판시가 있었다는 점을 고려하면 반복계속의 의사, 즉 업무성이 있는 경우에만 처벌 대상으로 삼는 것이 적절하다. 결론적으로 '업무로서(반복계속의 의사로)' 비의료인이 의료행위를 한 경우 및 의료인이라도 면허 범위 외의 의료행위를 한 경우만 의료법상 무면허 의료행위에 해당하는 것으로 보아야 한다. 즉, 의료행위 개념에서 업무성을 요건으로 한다면, 타인성 여부는 현실적으로 거의 문제되지 않으리라 생각된다. 자신에 대하여만 계속 · 반복의 의사로 의료행위를 하는 경우는 상정하기 어려우며, 자신에 대하여 1회 의료행위를 하다가 적발된 경우라도 반복

60) 대법원 1984.12.26. 선고 84도2771 판결.

61) 헌법재판소 1996.10.31. 선고 94헌가7 결정.

계속의 의사가 있는 경우에는 무면허 의료행위를 처벌하면 되기 때문이다. 이 경우 보건단속특별조치법상 업무성이 있는 경우 가중 처벌하는 것과의 관계에서 문제가 제기될 수 있으나, 의료행위 개념 규정이 신설되면 관련 법률도 함께 제 · 개정되어야 할 것이다.

(4) 의료행위 해당성의 판단 절차 도입

의료기술의 발전과 의료행위 개념의 발전적 성격에 비추어 의료행위 해당 여부에 대한 판단 주체와 절차규정을 입법할 필요가 있다. 의료기기로부터 시사점을 찾아보자. 의료기기 규제에 있어서도 예측 가능성 확보의 문제가 발생하는바, 「의료기기법」상 정의규정(제2조)만으로는 해당 기기가 의료기기인지 여부가 명확히 판단되기 어려운 경우가 많다. 식약처 고시인 「의료기기 허가 · 신고 · 심사 등에 관한 규정」 제60조에서는 의료기기 해당성 여부에 대한 검토 신청과 회신 기간 등에 대하여 규정하고 있다. 제조업자 등의 질의에 대해 식약처가 의료기기법 제2조 제1항에 따른 의료기기 정의규정, 등급분류와 지정에 관한 의료기기법 제3조 및 '의료기기 품목 및 품목별 등급분류에 관한 규정'에 따라 의료기기 해당성 여부를 사전에 판단해 줌으로써 규제 여부에 대한 예측 가능성을 보완하고 있다.

의료행위 개념이나 판단 기준을 법률에 규정하더라도 특별히 윤리나 사회인식과 가치 등을 고려할 필요가 있거나 의료행위의 특수성에 비춰 실정 법규만으로 의료행위 판단 여부를 결정하기 곤란한 부분이 있을 수 있다. 또한 사회인식의 변화와 의료과학기술의 발달로 인해 우리가 인식하지 못했던 영역에 대해서까지 의료행위로 받아들이는 경향을 보이고 있다. 나아가 사회인식과 의료윤리적인 측면을 고려하여 해당 업무의 수행자를 제한하거나 행위 자체를 규제할 필요성도 있다. 예컨대 유전자 복제나 냉동난자와 같이 고도로 발달한 현대 의학은 지금까지 인간이 생각해왔던 윤리적인 문제와 철학적인 기반마저 바꾸어 버리는 결과를 가져오고 있다.[62] 따라서 의료행위 판단 기준의 입법은 윤리와 가치의 문제를 포함하여 사회 전반에 대한 영향을 종합적으로 고려해야 한다.

의료행위 개념의 법제화는 판단 절차의 법제화와 함께 고려되어야 한다. 사회인식과 의료윤리, 의료행위의 특수성 등을 반영하여 무면허 의료행위 규제대상으로 할 것인지에 대한 합의를 도출하기 위한 절차를 입법하는 것이 필요하다. 다만 의료행위 해당성의 판단을 단순한 자문기구가 할 수 있도록 할 것인지 아니면 심의 · 의결기구가 담당하여 그 결과에 일정한 구속력을 부여할 것인지, 나아가 이러한 판단결과의 합리성을 확보하기 위한 조직구성은 어떻게 할 것인지 등은 앞으로 고민해야 할 문제이다.[63]

(5) 행위수단으로서 의료기기의 해당성 판단과 시사점

문진, 촉진, 시진과 같은 전통적인 진단도 가능하기 때문에 의료행위에서 그 수단인 의료기기가 필수적인 요소는 아니지만, 오늘날 대부분 의료

62) 범경철, “의료행위 개념의 확대”, 『의료법학』 제5권 제1호, 대한의료법학회, 2004, 674쪽 참조.

63) 박정연, “의료행위 개념의 법제화 시론”, 『서울법학』 제26권 제3호, 서울시립대 법학연구소, 2018, 387–388쪽.

행위에서 의료기기가 활용되고 있다. 이러한 이유에서 의료행위의 개념과 의료기기와의 관련성이 문제된다. 사용된 수단이 의료기기인지 아닌지에 따라 의료행위 여부가 바로 결정되는 것은 아니다. 또한 의료기기는 행위가 아닌 유체물 및 일부 소프트웨어에 대한 개념이라는 점에서 의료행위와 근본적인 차이점이 있다. 그러나 의료기기는 기본적으로 의료용 목적을 가지고 있어 이를 특히 업무에서 사용하는 경우 해당 업무나 활동 역시 의료행위로 판단받을 가능성이 크다. 판례에서도 '척추바로갖기 운동본부'라는 간판을 걸고 근육이완기구인 전기마사지기(드라이브) 3대와 엑스레이필름 판독기 1대, 척추 모형 등의 시설을 갖춘 다음 척추 등 부위에 이상이 있는 환자들이 찾아오면 엑스레이 필름과 환자의 진술에 따라 이상 부위를 확인하여 드라이브로 그 부위를 문지르고 아픈 부위를 손바닥으로 누른 후에 팔, 다리를 최대한으로 구부리게 손으로 잡아 주었다가 놓아주는 운동을 약 30회 내지 40회간 반복하여 실시함으로써 인체의 골격구조 특히 척추에 나타나는 이상 상태를 교정하는 방법으로 신경생리기능의 회복을 꾀하였다면 이는 인체의 근육 및 골격에 위해를 발생할 우려가 있는 의료행위에 해당한다 할 것이다"고 하였다.[64]

---

64) 대법원 1989.1.31. 선고 88도2032 판결. 그에 반하여 "피고인이 영험을 받아 자신의 손에 치유능력이 있다고 하여 공소사실과 같이 찾아온 환자들의 환부를 손으로 누르고 쓰다듬거나 관절 부위를 잡고 굽히고 펴는 등의 방법으로 시술을 하였다고 하더라도 이러한 정도의 행위는, 그 치료효과의 유무는 별론으로 하고, 사람의 생명, 신체나 공중보건위생에 무슨 위험을 초래할 개연성이 있다고 할 수 없으므로, 이를 앞에서 본 의료행위의 개념에 속하는 것으로 볼 수는 없고(위 대법원 1992.3.10. 선고 91도3340 판결 참조), 달리 피고인이 의료행위를 하였다고 인정할 만한 아무런 증거가 없다"고 판시한 바 있다(대구지법 상주지원 1993.12.23. 선고, 93고합100, 형사부판결).

대법원은 의료기기법상 '의료기기'에 해당하기 위한 요건을 다음과 같이 판시한 바 있다. 의료기기법 제2조 제1항은 의료기기를 사람이나 동물에게 단독 또는 조합하여 사용되는 기구 · 기계 · 재료 또는 이와 유사한 제품으로서 질병을 진단 · 치료 · 경감 · 처치 또는 예방할 목적으로 사용되는 제품(제1호), 상해 또는 장애를 진단 · 치료 · 경감 또는 보정할 목적으로 사용되는 제품(제2호), 구조 또는 기능을 검사 · 대체 또는 변형할 목적으로 사용되는 제품(제3호), 임신을 조절할 목적으로 사용되는 제품(제4호) 중 어느 하나에 해당하는 제품으로서 약사법에 따른 의약품과 의약외품 및 장애인복지법 제65조에 따른 장애인보조기구 중 의지 · 보조기를 제외한 것이라고 정의하고 있는데, 어떤 기구 등이 의료기기법상 의료기기에 해당하기 위해서는 그 기구 등이 객관적으로 의료기기법 제2조 제1항 각호에서 정한 성능을 가지고 있거나, 객관적으로 그러한 성능을 가지고 있지 않더라도 그 기구 등의 형태, 그에 표시된 사용 목적과 효과, 그 판매 대상과 판매할 때의 선전, 설명 등을 종합적으로 고려하여 위 조항에서 정한 목적으로 사용되는 것으로 인정되어야 한다.[65]

식품의약품안전처의 「의료기기와 개인용 건강관리(웰니스)제품 판단기준」에 따르면, 건강 상태 또는 건강한 활동의 유지 및 향상을 목적(일상적 건강관리용)으로 사용되거나 건강한 생활방식과 습관을 유도하여 만성질환 또는 그 상태의 위험이나 영향을 줄이거나 유지할 목적(만성질환자 자가관리용)으로 사용되는 것으로 사용자의 안전에 미치는 위해도

65) 대법원 2018.8.1. 선고 2015도10388 판결.

가 낮은 경우를 개인용 건강관리제품으로 보아 규제대상에서 제외하고 있다.[66] '일상적 건강관리용' 제품이란 일반적인 건강 상태 또는 건강한 활동의 유지 또는 향상과 관련 있는 경우이다. 즉, 어떤 질병이나 상태를 언급하지 않고 일반적인 건강 상태와 관련된 기능 및 상태의 유지 및 향상을 목적으로 하는 제품을 말한다. '만성질환자 자가관리용'은 건강한 생활방식 및 습관을 유도하여 만성질환 또는 상태의 위험이나 영향을 줄이거나 유지하는 데 도움이 되는 경우이다. 식약처는 업무로서 사용하는 것이 아닌 '개인적으로 사용하는 것에 한해' 의료용 목적이 아니며 위해도가 낮은 것으로 판단하고 있다는 점이 주목된다. 따라서 자가관리의 목적이 아닌 한 위해도가 낮더라도 의료기기로 판단될 수 있는바, 의료행위 개념에 있어서 업무성이나 타인성을 요건으로 할 것인지에 대해서 이를 참고할 필요가 있다.

5. 의료행위 개념의 개방성과 규제의 명확성의 조화

현행 의료법상의 의료행위 개념은 의료행위 주체에 중점을 두고 다루어져 왔다. 이는 위해 가능성이 있는 의료행위에 대한 효율적인 관리 · 감독이 가능하도록 한 긍정적인 측면을 도외시할 수는 없지만, 의료인에 의한 독점적인 지위를 인정하는 수단으로서 활용된 측면도 있다. 결국 제4

66) 식품의약품안전처, 『의료기기와 개인용 건강관리(웰니스)제품 판단기준』, 2015.7, 5–6쪽.

차 산업혁명으로 영향으로 도래한 디지털 헬스 케어의 혜택은 경직된 의료법 규정이나 판례의 해석이란 암초에 좌초되어 의료시장에 등장하는 것조차 가로막혀 있는 실정이다.

의료행위와 비의료행위의 경계에서 전통적으로 논의되던 유사의료행위 외에도 ICT를 활용한 디지털 헬스 케어 서비스의 확대로 의료법상 규제 대상과 규제의 목적에 대한 근본적인 재고가 필요한 시점이다. 현행 의료법이 의료행위에 대한 개념 규정을 사실상 포기하고, 실질적으로는 입법의 흠결로 볼 수 있는 영역을 언제까지 법원의 법해석에 의존하게 하는 것이 가능하며 또 바람직한 것인지 의문이다. 기술 발전과 보건의료 환경의 변화를 고려하면 의료행위 개념의 유동성과 개방성을 긍정할 수 밖에 없지만, 규제 법규로서의 명확성과 예측 가능성을 확보하기 위한 입법적 노력은 반드시 요구된다. 더불어 의료행위의 개념에 관한 법원의 해석이 과련 의료법상 규제 목적에 부합하는 것이며 다양한 서비스에 대한 국민적 수요를 충족시키는 해석인지에 대한 비판적인 시각과 발전적인 논의가 필요하다.

제3절 원격의료

1. 코로나19와 원격의료

2020년 글로벌 팬데믹이 선언된 코로나19와 더불어 원격의료에 관한 논의는 새로운 국면을 맞이하였다. 정부에서는 병원 방문을 최소화하기 위해 '전화 진료'를 허가한 것이다. 물론 소극적인 형태의 원격의료를 허용한 것이 처음은 아니다. 2015년 메르스(중동호흡기증후군) 사태 때도 원격의료를 한시적으로 허용한 바 있다. 다만 당시에는 강북삼성병원 등 일부 병원에 국한하였고, 모든 의료기관을 대상으로 원격의료를 허용한 것은 이번이 처음이다. 이에 따라 가벼운 감기 등을 앓는 환자는 의료기관에 직접 가지 않고도 전화로 문진을 받고 의사는 거주지 인근 약국으로 처방전을 발행하였으며, 자가격리자 · 만성질환자 · 노약자 등의 경우 의사의 판단하에 대리처방도 가능하게 하였다. 코로나19 경증환자와 무증상 환자가 입소했던 생활치료센터에서도 화상전화와 앱으로 상담과 진료가 진행되었으며, 특히 서울대병원이 운영했던 경북 문경의 생활치료센터에서는 화상진료 외에도 직접 촬영한 흉부 엑스레이가 실시간으로 서울대병원으로 전송되었다.

정부가 이런 정책을 실시한 것은 재난 사태 속에서 검사와 시술이 필요 없는 경증과 만성질환자는 감염 위험을 감수하면서까지 병원을 방문할 필요가 없으며, 감염병의 위기 속에서 환자를 감당해야 하는 병원이 코로나19에 감염되어서는 안 된다고 판단했기 때문이다. 해외의 글로벌 원격의료업체는 코로나19로 전례 없는 호황을 맞기도 했다고 한다. 코로나19 진원지인 중국에서는 후베이성 등 주요 지역 정부가 시민을 대상으로 외출금지 명령을 내리면서 원격의료 서비스를 찾는 사람이 급증했으며, 프랑스에서도 원격의료업체 '메다비즈'는 팬데믹 코로나 이후 이용자 수가 매주 평균 150%씩 늘었다고 하고, 미국에서도 원격의료 서비스 이용자 수가 불어나면서 뉴욕증시에 상장된 원격의료업체 '텔라닥 헬스'의 주가가 올해 들어서만 63% 상승했다고 한다.[67]

우리나라는 1988년 처음으로 원격의료 시범사업을 시작한 바 있다. 그로부터 32년이 지났지만 찬반양론만 무성할 뿐 여전히 제자리 걸음이다. 한쪽에서는 정보통신기술의 발달과 함께 원격의료사업을 추진하고 활성화하는 것은 산업입국 측면에서 국가의 중요한 과업이며, 과학기술이 국민에게 양질의 의료 서비스하는 혜택으로 돌아갈 것이라고 하면서 그 사업의 추진을 촉구하는 반면 다른 한편에서는 대면을 전제로 하지 않는 의료행위는 여전히 위험하며 그러한 위험을 감수하면서까지 이 사업을 추진할 필요는 없다고 한다. 의료법에서는 2002년 3월 의사와 의료인간 원격의료제도를 신설하였고 2014년 9월 의료 취약지의 의료 접근성을 높이고 만성질환자 관리를 강화하기 위하여 원격의료 사업을 다시 시행하기도 하였다. 20대 국회에서도 원격의료 활성화를 위하여 여러 건의 의료법 개정안이 제출되었지만 성안되지는 못하였다. 이들 중 대표적인 2016년 6월 발의 의료법 일부개정안(의안번호 2000397)에서는 원격의료는 주로 재진환자나 경증환자로 한정하는바, 그 질병에 있어서도 고혈압, 당뇨병

---

67) 한국경제신문(2020.3.9.), "[취재수첩] 외국선 코로나로 원격의료 뜨는데…".

등과 같은 만성질환, 섬벽지 거주자, 거동이 어려운 노인, 장애인 등을 대상으로 하고 담당기관도 의원급 기관이 담당하는 것으로 되어 있다. 수술 후 유지 관리를 위한 경우 및 교정시설 재소자, 군인 등의 경우에는 의원급 기관과 병원급 의료기관도 함께 원격의료를 할 수 있도록 하고 있다.

2. 원격의료의 의의와 찬반 논의

1) 원격의료의 의의와 유형별 구분

WHO는 "원격의료를 떨어진 장소에서 모든 의료분야전문가들이 정보통신기술을 이용하여 질병이나 부상의 예방, 진단, 치료, 의료공급자 교육, 지역사회와 주민들의 건강 향상을 위한 유용한 정보와 의료 서비스를 교환하고 공급하는 행위"라고 정의한다.[68] 과거에는 Telemedicine의 의미로 많이 쓰였으나 최근에는 의료 서비스 외에 건강관리 등을 포함한 Telehealth(원격보건)의 의미로 쓰이는 경우도 많다. 이 외에도 E-health, M-health, U-health, S-health, Remote health 등 유사한 개념이 있다.[69]

---

68) WHO(2010), *Telemedicine: opportunities and developments in member states. Report on the second global survey on eHealth.*

69) 앞에서도 설명한 바 있지만 유사 개념들을 다시 정리해 보면 E(Electronic)-헬스 케어는 의료기관과 컴퓨터서버 연결을 통한 의료정보 전달 시스템을 중심으로 한 개념으로 의료정보학, 의료컴퓨팅, 원격의료, 원격건강관리 등을 내용으로 한다. U-헬스 케어는 의료 서비스와 유비쿼터스(Ubiquitous)를 합한 것으로 데이터베이스 기반 생체계측 및 건강 모니터링 기술 등을 통하여 건강 이력을 관리하고 에이전트하는 것이다. S(Smart)-헬스 케어는 E-헬스와 U-헬스에서 더 나아가 치료 및 질병관리는 물론 예방적 건강관리와 웰니스를 위한 서비스를 포괄하는 개념이다. 박근수, "스마트헬스케

원격의료는 다양한 행위를 포함할 수 있는데, 현행 의료법의 규정 수준인 원격자문(제34조), 원격모니터링(원격감시), 원격진찰, 원격처방, 원격수술 등이 그것이다. 먼저 원격자문에 대해 살펴보면, 의료법 제34조 제1항은 다음과 같이 규정하고 있다. "의료인(의료업에 종사하는 의사 · 치과의사 · 한의사만 해당한다)은 제33조 제1항에도 불구하고 컴퓨터 · 화상통신 등 정보통신기술을 활용하여 먼 곳에 있는 의료인에게 의료지식이나 기술을 지원하는 원격의료를 할 수 있다." 여기서 '제33조 제1항에도 불구하고'라 함은 의료행위를 의료기관 내에서만 하도록 하고 있는 원칙을 말하는 것이다. 또 원격의료를 할 수 있는 자(원격지 의료인)는 의사, 치료의사, 한의사에 한정되는데, 원격지에서 원격 지원을 받으며 직접 의료를 담당하는 자(현지 의료인)도 이에 한정되는가에 논란의 여지가 있으나 규정상 차이로 보건대 여기에는 의사, 치과의사, 한의사뿐만 아니라 의료법상 통상의 의료인인 조산사, 간호사도 포함되는 것으로 이해된다.[70] 원격의료를 하는 자(원격지 의료인)는 직접 대면하여 진료하는 경우와 같은 책임을 지도록 하여 원격의료라고 하여 책임이 감경되지 않도록 엄격히 하고 있으며, 다만 현지 의료인도 의사, 치과의사, 한의사인 경우에는 원격지 의료인에게 과실이 있다고 명백히 입증할 수 없는 한 현지 의사에게 책임이 있는 것으로 보고 있다(제34조 제3항, 제4항). 현지

어서비스 활성화 방안 연구", 『e-비지니스 연구』 제16권 제6호, 국제e-비즈니스학회, 2015.

70) 이한주(a), "원격의료의 현실화 문제와 개선방안", 『한국의료법학회지』 제26권 제2호, 한국의료법학회, 2018, 34-35쪽.

의료인이 조산사나 간호사인 경우에는 원격지 의료인에게 과실이 있다고 명백히 입증할 수 없는 경우에도 원격지 의사가 책임을 져야 한다고 해석하는 것은 원격지 의료인에게 지나친 가혹한 해석이라는 견해[71]도 있으나, 입법자는 원격의료는 리스크가 큰 행위로 보고 그에 대한 엄격한 책임을 부여한 것이며, 의사, 치과의사, 한의사와 조산사, 간호사의 의료적 전문성에 차이를 인정한 규정이라고 보여지므로 법규정이 개정되지 않는 한 그렇게 해석할 수밖에 없다고 판단된다.

원격모니터링에 대해서 살펴보면, 고혈압이나 당뇨병과 같은 만성질환자가 자신의 혈압이나 혈당에 관한 정보를 의사에게 전송하고 의사는 모니터를 통해서 이를 확인하는 것이 여기에 해당하는데 이러한 행위를 의료행위라고 판단하는 한 현행 의료법상으로는 허용되지 않는 행위가 된다. 여기서 판단의 관건은 환자가 스스로 자신의 의료적 정보를 전송하는 행위가 '의료행위'에 해당할 수 있는가 하는 점이다. 판단건대 환자 스스로가 의료적 정보를 전송하는 것은 의료행위가 아니라고 보여진다. 환자 스스로가 아니라 정보시스템 관리자 등 다른 사람이 그런 정보를 제공한다면 (환자의 동의를 받더라도) 별도의 문제를 발생시킬 수 있다. 왜냐하면 의료법에서는 의료정보를 전송할 수 있는 자도 의료인 등으로 한정하고 있기 때문이다(의료법 제21조의2 제1항).

원격진찰 혹은 원격진료에 대해서 살펴보면, 원격지 의사가 정보통신매체를 활용하여 환자와 상호 소통함으로써 환자의 병증을 진단하는 것

---

71) 강의성 · 최종권, "현행법상 원격의료의 허용범위에 관한 법적 고찰", 『중앙법학』 제17권 제4호, 중앙법학회, 2015, 137쪽.

이다. 여기서는 의료법상 의료행위가 '대면성'을 전제로 하는 것인가가 중요한 판단의 근거이다. 의료에 있어 진찰은 모든 의료행위의 출발점이면서 일정한 경우 종국점이 될 수도 있어 의료에 있어 가장 핵심적인 부분이다. 원격의료가 찬반양론에 부딪히는 곳도 바로 여기이다. 이에 관해서는 해당 항목에서 구체적으로 서술한다.

원격처방은 원격진료의 연장선상에서 이해된다. 원격진료를 거치지 않고 원격처방을 하는 경우는 상정되기 어렵기 때문이다. 원격처방은 원격진료를 통하여 환자의 병증을 진단하고 약물 투여 등의 처방을 원격으로 하는 것이다. 원격지 의사와 환자 간에 이루어지는 원격처방은 원격진료의 경우와 동일한 이론 전개가 가능하다. 그러나 원격지 의사와 현지의료인 간에 원격자문이 이루어지고 현지 의료인이 조산사나 간호사인 경우 현지 의료인이 원격처방을 할 수 없다. 의료법에서는 직접 진찰한 의사, 치과의사, 한의사만이 처방전을 발행할 수 있도록 하고 있기 때문이다(제17조). 여기서도 '직접'이 직접 대면을 의미하는 것인지가 관건이다. 이점에 대해서도 해당 항목에서 구체적으로 서술한다.

2) 의료의 공공성과 원격의료 찬반논의

원격의료는 ICT기술이 보건의료에 적용된 대표적인 예에 속한다. 원격의료는 2002년 의료법에 도입된 이래 지금까지 해묵은 찬반논쟁을 하고 있다. 찬성 논거는 헬스 케어의 산업적 발전의 측면과 이것이 결국은 국민의 질병 치유와 건강 유지에 획기적인 도움이 될 것이라는 것이고 반대 논거는 환자의 질환을 예방하고 질환이 발생했을 때 이를 진단하여 적절한 처방과 치료를 통하여 건강한 삶을 유지할 수 있도록 한다는 '의료의 본질'에 반한다는 것이다. 그런데 흥미롭게도 찬성 논거와 반대 논거는 다음과 같은 공통점을 갖는다. 의료의 목적이 결국 '질병의 치유와 건강'이라고 하는 점 그리고 이것은 모두 국가의 책무라고 주장하는 점이다. 말하자면 원격의료에 찬성하는 견해도 반대하는 견해도 그 바탕에 '의료의 공공성'이라는 근본적 가치를 가지고 있으며 이것을 구현하는 방법에 대한 생각을 달리하는 것이라고 생각된다.

우선 찬성 견해의 논거는 의료사각지대 해소, 환자의 편의성 증대 등 원격의료를 통한 의료의 공공성 실현과 의료 산업 발전을 통한 정보통신 산업의 발달로 요약된다. 특히 IT 강국 중에서 원격의료가 현실적으로 제한되어 있는 나라는 우리나라뿐이며, 인터넷 사용자가 인구수보다 많고 스마트폰 앱 사용량 세계 1위, 스마트폰 보급률 세계 4위인 우리나라에서 실질적인 원격의료가 이루어지지 않고 있는 것은 매우 부자연스럽고 비경제적인 현상이라고 한다.[72] 구체적으로 살펴보면 다음과 같다.

헌법 제36조 제3항에는 보건권을 규정하고 있고 이에 따라 모든 국민은 국가로부터 의료 서비스를 받을 권리를, 국가는 이에 대한 책무를 갖는다. 이것으로부터 의료 서비스의 공공성이 도출된다. 즉 의료라는 서비스는 국가의 책무에 의해 공급될 필요가 있으며, 모든 국민은 적어도 국가가 제공하는 의료 서비스에 관한 한 평등한 급부를 받아야 한다(의료의 보편성). 그런데 인구수가 적은 지방의 경우 병상수나 양질의 의료 인력

72) 최용전(b), "원격의료의 법적 정당성과 미국 각 주의 원격의료제도의 헌법적 근거에 관한 연구", 『토지공법연구』 제86집, 한국토지공법학회, 2019, 315쪽.

이 부족한 것이 현실이며, 대도시와 지방 간 의료 서비스 질의 차이도 부인하기 어렵다. 그 해결방안으로서 원격의료가 제안되는 것이다.[73] 특히 우리나라는 ICT가 급진적으로 발전하고 있는 ICT 강국이며, 특히 인공지능과 빅데이터를 주요한 도구로 하는 4차 산업혁명에서는 단순히 '정보에 대한 접근성'에 그치지 않고 정보를 활용한 '서비스에 대한 접근성'을 확보하고 있는바, 그 대표적인 활용이 의료 서비스이다. 4차 산업 혁명 시대에 가장 발전 가능성이 높은 분야가 의료 분야이고 그 대표적인 활용이 원격의료라는 것이다. 빅데이터와 인공지능의 상용화로 의료산업과 의료 서비스 분야에도 많은 영향을 끼치고 있으며 원격의료 서비스를 위한 기술적 기반을 다 갖추고 있는데 의료 영역만이 ICT 발전의 요구를 외면할 수는 없다고 한다. 또한 이와 관련하여 전자의무기록의 작성 보관 허용(의료법 제23조 제1항), 의료정보를 의료기관 외부에 위치한 클라우드 컴퓨팅 시스템에 보관할 수 있도록 고시를 개정하여 의료정보플랫폼을 형성할 수 있도록 하고 있는 점 등 원격의료 서비스의 기반을 갖추고 있는 점도 지적한다.

또한 이러한 의료의 공공성은 민간의료기관에도 책임을 부담시킬 수 있는 것이어서 민간의료는 공공의료의 부족한 부분을 보충해야 하며 원격의료가 그것을 감당하는 방식이 될 수 있다는 것이다. 〈표 1〉 공공의료기관 비중 추이에서 보는 바와 같이 국내 공공의료기관의 수와 병상수는 꾸준히 증가하고 있으나 그 비중을 볼 때 거의 제자리걸음하고 있다.

73) 이한주, "원격의료제도 현실화 문제와 개선방안", 『한국의료법학회지』 제26권 제2호, 한국의료법학회, 2018, 25쪽 이하.

<표 1> 공공의료기관 비중 추이 (2018.12월 기준)

연도별	기관수 / 병상수	공공의료기관	공공(비중)*
2012	기관수	200	6.1%
	병상수	60,005	11.7%
2013	기관수	201	5.8%
	병상수	59,650	10.8%
2014	기관수	211	5.7%
	병상수	62,943	10.7%
2015	기관수	212	5.8%
	병상수	61,650	10.4%
2016	기관수	220	5.8%
	병상수	62,991	10.3%
2017	기관수	221	5.7%
	병상수	64,385	10.2%
2018	기관수	224	5.7%
	병상수	63,924	10.0%

※ 보건복지부 2019년 국정감사 제출 자료.
※ 산출방법: 공공의료기관수(병상수) / 병원급 이상 의료 기관수(병상수)
※ 공공의료기관: 보건소(보건의료원 포함), 보건지소, 보건진료소 등 공공보건기관 제외

2018년 기준 기관수는 5.7%, 병상수는 10.0%에 불과하여 공공의료기관에만 의지해선 국민 전체의 건강을 담보하기는 어렵고 민간의료기관이 그 부족한 부분을 감당하지 않으면 안 된다.

건강권을 보장하기 위한 기본 요소의 관점에서 원격의료의 활용 가능성을 주장하는 견해도 있다.[74] 건강권 보장을 위한 요소로는 이용 가능성, 접근성, 수용성, 품질성 등이 있다. 이용 가능성은 양적, 질적인 측면

74) 김철주 · 홍세영, "독일의 원격의료 법제와 제도에 관한 연구", 『사회법연구』 제36호, 한국사회법학회, 2018, 281쪽 이하.

에서의 이용의 용이성뿐만 아니라 기능성의 확보를 포함하는 개념이다. 원격의료는 정보통신수단을 통한 비대면을 전제하므로 시간적, 장소적 제한으로부터 자유롭기 때문에 이용 가능성이 높다. 접근성은 물리적 접근성뿐만 아니라 경제적, 정보적 측면에서 차별되지 않을 것을 의미하기도 한다. 원격의료가 도서 벽지 등 지리적 취약지역을 대상으로 한다는 점에서 접근성에 유리하다. 또한 만성질환자의 경우 외래 진료를 위해 반복적으로 병원에 출입해야 한다는 점을 고려하면 원격의료는 환자가 병원에 예속되지 않고 독립된 생활을 할 수 있다는 점에서 서비스 품질성을 확보할 수 있다. 수용성은 의료 서비스 방식에 대한 수용 가능성을 의미한다.

그런데 이러한 건강권 기본요소에 따른 설명은 반대로 비판적 의견도 충분히 가능하다. 예컨대 이용 가능성에 대해서는 원격의료의 주된 대상이 노인 등 의료취약자이고 이들이 정보통신기기의 활용에 어려움을 느끼는 존재라는 점을 고려하면 오히려 이용 가능성이 떨어진다는 비판도 있을 수 있으며, 접근성에 관해서도 고령자 등 의료취약자는 대개 경제취약자이기도 해서 아무래도 비용이 수반되는 정보통신기기의 사용이 어려울 수 있다. 또한 서비스품질성에 대해서도 비대면 방식에 의한 의료서비스의 제공이 대면 방식에 의한 것보다 품질이 좋을 수는 없다고 비판할 수 있다.

다음으로 반대 견해의 논거는 다음과 같다. 원격의료의 범위는 여러 가지가 있지만 현재 논의되는 수준은 원격으로 환자를 진료하고 치료하는 것까지인데, 원격진료는 의사의 진찰 능력을 저해할 수 있고 정확한 진단을 할 수 없어 대면진료를 대신하기는 어렵다는 점,[75] 의사 아닌 정보통신기술자가 의료행위 내지 그 유사한 행위를 할 수 있다는 점, 단순 만성질환자에 국한하여 사업을 진행한다고 하지만 단순 만성질환자라고 단정할 만한 환자는 없다는 점, 원격의료를 활용해야 할 만큼 의료 접근성이 취약하지 않다는 점,[76] 의료민영화로 연결되어 의료비 부담이 가중되고, 거대 자본을 중심으로 하는 대형의료기관으로서의 쏠림이 심화될 수 있다는 점[77] 등은 의료의 공공성을 훼손할 수 있다. 대형의료기관으로의 쏠림 현상은 의료시스템의 대도시 쏠림 현상과 연결되는 것이어서 도시와 벽지 간 의료 서비스 격차 해소라는 본래의 목적과 부합하지 않게 되며, 이와 더불어 원격의료를 위해 데이터를 전송받을 때 데이터유출의 가능성이 높다는 점 등을 들고 있다.

반대 견해에서는 기본적으로 '원격의료'에서 의료보다 '원격'이 강조되는 것을 우려한다. 즉 원격의료가 의료의 관점이 아니라 ICT산업정책으로 추진되는 것에 대한 반감이다.[78] 의료의 기술은 종국적으로 의료의 본질에 부합하는 것이어야 한다. 그런데 '원격'이 강조됨으로써 의료의 본질을 훼손할 수 있다는 것이다. 그것이 종전의 의료의 방법이든, ICT를

75) 이종구, "미국 원격의료에 관한 최근 동향과 의료법 개정안 검토", 『법학논총』 제40권 제4호, 단국대 법학연구소, 2016, 13쪽.

76) 조승국, "중소벤처기업부의 원격의료 추진, 이제 솔직히 말하자", 『의료정책포럼』 제17권 제4호, 대한의사협회 의료정책연구소, 2019, 48-49쪽.

77) 이한주, "의료 서비스 격차해소를 위한 원격의료제도의 필요성과 개선방안", 『인권법평론』 제21호, 전남대 공익인권법센터, 2019, 258쪽.

78) 이규식, "의료체계 발전과 원격의료", 『의료정책포럼』 제14권 제3호, 대한의사협회 의료정책연구소, 2016, 37쪽 이하.

이용한 신기술이든 마찬가지로 의료의 본질에 어긋나서는 안 되며, 의료의 본질을 지키고 수호해야 할 책무는 국가에게 있다. 과학기술을 이용한 의료 그 자체를 반대하는 것은 아니다. 예컨대 첨단의학장비를 이용한 검사, 로봇이나 VR을 이용한 수술, 알코올중독이나 마약중독 치료를 위하여 애플리케이션을 디지털치료제로 이용하는 것 등은 의료에 대한 유용한 과학의 활용이다. 또 과학 기술은 의료의 본질을 흔들거나 훼손해서는 아니 되며 의료에 더해지는(add) 정도로 작동해야지 의료(특히 진료)를 대체하는 것이어서는 아니 된다. 이 견해에서는 원격의료의 다양한 유형 중 특히 원격진료에 대하여 우려를 표시한다. 환자가 자신의 질환에 대한 징후를 설명하는 것만으로는 질병을 파악하기에 충분하지도 않을뿐더러 오진의 가능성도 있으며, 의사는 시진(視診), 청진(聽診), 타진(打診), 촉진(觸診)뿐만 아니라 오감(五感)을 통하여 환자로부터 질병의 징후를 모두 찾아내려고 노력하면서 진료를 한다. 따라서 영상장비와 대화에만 의지하는 원격진료로는 정확한 진단을 하기가 어렵다는 것이다. 이러한 견해는 단순 만성질환자에 국한하여 원격진료를 하는 경우에도 마찬가지라고 한다. 왜냐하면 그것이 단순 만성질환인지 중한 병원 예비증상이나 합병증상인지는 영상장비와 대화에만 의지할 때는 정확히 알 수 없기 때문이다. 또한 원격의료의 찬성 논거인 '의료 접근의 취약성'에 대해서도 교통이 발달하여 지역적 거리는 상당히 극복되어 있으며, 지방의 경우에도 1차 의료기관이 확대되어 있어 의료 취약지는 점차 감소하는 추세라고 한다. 오히려 의료 취약지에 거주하는 고령자 등의 환자들의 경우 청력 감소 등으로 원격의료장비를 활용하는 것이 적합하지 않을 수 있다.

따라서 원격의료라는 방식으로 의료 접근의 취약성을 해결하는 것보다는 지역 공공의료기관이 의료 취약지를 주기적으로 관리하고 이송시스템 등을 활성화하는 방법을 통하여 공공의료기관의 인프라를 확충하는 방법이 더 우선되어야 한다고 한다. 원격의료에서 '원격'을 강조한다는 말은 ICT 산업의 발전에 방점을 두고 있는 것이기도 하다. 원격의료가 정보통신기술과 그 산업계에 의해 주도되면서 의료계가 점차 배제되고, 의사 아닌 ICT 기술자에 의해 의료행위 유사한 것이 행해질 수 있으며, 나아가 ICT 산업을 주도하고 있는 거대 자본의 이해관계와도 관련이 있음을 부인하기 어렵다. 이런 이유로 원격의료를 중소벤처기업부에서 추진하는 것은 적절치 못하다고 인식한다.

그런데 여기에는 다음과 같은 이유도 있다. 의료행위에 대한 판단은 매우 보수적이다. 그것은 인체는 매우 소중하며 잘못된 진료행위는 돌이킬 수 없는 결과를 가져올 수도 있다는 점, 즉 의료행위가 갖는 민감성, 책임성 때문일 것이다. 따라서 국가는 이 민감한 행위에 대한 책임을 최대한 지고자 한다. 이러한 입장은 헌법재판소 결정에서도 등장한다. "…의료행위의 특성상 가사 어떤 시술 방법에 의하여 어떤 질병을 상당수 고칠 수 있었다고 하더라도 국가에 의하여 '확인되고 검증되지 아니한 의료행위'는 항상 국민보건에 위해를 발생케 할 우려가 있으므로 전체국민의 보건을 책임지고 있는 국가로서는 이러한 위험발생을 미리 막기 위하여 이를 법적으로 규제할 수밖에 없는 것이다…."(헌법재판소 2010.7.29. 선고 2008헌가19 결정). 확인되고 검증되지 아니한 의료행위에 대해서는 어떤 형태로든 규제할 수밖에 없다는 것이다.

3. 주요 외국의 원격의료

1) 미국

(1) 서

미국은 원격의료 분야에서 가장 앞장선 나라라고 알려져 있다. 미국은 넓은 국토로 인한 대도시와 시골 간의 의료 접근성 격차, 너무 비싼 의료 비용 등의 문제 등을 해결하기 위하여 1990년대부터 원격의료를 적극적으로 육성해 왔다. 또한 「원격의료동등법(State Telemedicine Parity Laws)」을 통해 원격의료도 대면의료와 마찬가지의 보험혜택을 받을 수 있게 되었고 이를 기반으로 다양한 원격의료 기업이 성장해 왔다.[79] 우리나라에서는 원격의료(의료법상 허용되는 원격자문)가 활성화되어 있지도 않거니와 원격의료가 논의되는 현실적 수준에서도 지역적으로는 고도의 의료 서비스 수급이 쉽지 아니한 도시 벽지에 사는 주민, 질환에 관해서는 고혈압 · 당뇨 등 만성질환자에 국한되지만 미국에서의 원격의료는 이미 일상으로 녹아 있다. 예컨대 미국의 대표적인 원격의료기업 '텔라닥(Teladoc)'은 다음과 같은 방식으로 원격의료 서비스를 제공하고 있다. 이 기업은 소속 직원에게 의료 서비스를 제공하고자 하는 회사를 대상으로 하는 원격진료 솔루션을 제공하는 것을 주된 업무로 한다. 이 회사가 갖는

79) 많은 주(州)에서 대면의료 서비스와 마찬가지로 원격의료 서비스에 대해서도 보험급여를 제공하도록 요구하는 「원격진료 사보험자 동등법(private-payer parity laws)」을 두고 있다. 다만 이 법에서는 원격의료 서비스를 보험급여의 대상으로 하도록 규정하고 있지만, 원격의료 서비스의 경우 대면의료 서비스와 동등한 서비스를 제공하도록 강제하는 것은 아니다.

가장 큰 경쟁력은 의료 접근성을 손쉽게 확보하는 것이다. 미국에서는 대면진료를 받으려면 평균 20일을 기다려야 하는데, 텔라닥을 통하면 24시간 중 언제라도 10분 내에 진료를 받을 수 있다. 이런 서비스는 코로나19와 같은 감염병이 창궐하는 시기에는 더욱 유용한 솔루션으로 평가되고 있다.

(2) 미국에서의 보건권과 원격의료의 법적 근거

주지하다시피 미국연방헌법은 사회권, 사회국가원리를 직접 명문으로 채용하고 있지 않기 때문에 사회권으로서의 보건권에 대한 헌법적 근거를 찾을 수는 없으며, 프라이버시권 차원에서 '신체를 훼손당하지 않을 자유'로부터 보건권을 도출한다. 따라서 미국에서는 기본적으로 '자기 부담 하에' 의료 서비스를 받게 된다. 미국에서의 보건권은 쉽게 말하면 자기 부담 하에 의료 서비스를 받게 될 권리를 국가로부터 방해받지 않을 자유를 말하는 것이기 때문에 개인의 소득 수준과 지불 능력에 따라 의료 서비스에 접근하게 되며, 공보험으로서 의료보험이 발달하지 않은 것도 바로 이러한 이유이다. 다만 미국에는 메디케어프로그램과 메디케이드프로그램을 운영하고 있으며 국민개보험제도 개혁을 하고 있다. 미국이 자유주의적 시장주의를 표방하는 것[80]과 헌법상 자유권 중심의 기본권 구조를 가지고 있는 것은 매우 밀접한 관련이 있다. 미국이 다른 나라보다 원격의료 분야에서 별다른 규제 없이 선도적인 발전 상태를 보이고 있는

80) 이상경, "미국의 사회보장급부권 논의와 복지 실현의 헌법적 방법", 『공법연구』 제42권 제2호, 한국공법학회, 2013, 20쪽.

데는 이런 배경을 가지고 있기 때문이다.

연방헌법에서 보건권을 직접 규정하지 않은 결과 연방의회의 입법권 대상에도 보건권의 구현을 위한 법률은 빠져 있다. 법률은 헌법을 구체화하는 법이기 때문이다. 따라서 보건권을 직접 규정하는 법률이 아니라 조세권 기타 헌법상 다른 권리를 구현하는 법률로서 간접적으로 건강권을 구현하는 방법을 취하고 있다. 조세권을 이용하여 의료접근권을 강화한 예로는, 오바마케어정책의 하나로 2014년 시행된 보험적정부담법(Affordable Care Act)에서는 연방의회가 조세권한에 근거하여 일반 국민들에게 민영 의료보험에 가입할 것을 강제하고 있다. 또 의사들을 규제하고 의료과실의 판단 근거를 제공함으로써 간접적으로 국민의 건강권에 접근하는 건강관리증진법(Health Care Quality Improvement Act of 1986)도 있다.[81)]

또 공적으로 의료 서비스를 제공하는 방식으로는 주로 고령자를 위한 프로그램인 메디케어(Medicare: 연방에서 부담하여 운영하는 프로그램)와 저소득층을 위한 메디케이드(Medicaid: 연방과 주가 공동으로 부담하여 운영하는 프로그램)가 있다.

연방헌법과는 달리 알래스카주, 미시시피주, 미시건주, 하와이주, 루이지애나주, 와이오밍주, 노스캐롤라이나, 뉴욕주 등 상당수의 주 헌법(State Constitutions)에서는 건강에 관한 규정을 두고 있으며, 이들 주 헌법에서는 주정부의 건강권 보장 의무와 시행을 위한 입법과 그에 대한 계

81) 정규원(a), "미국의 의료체계와 의료법체계", 『법과정책연구』 제3권 제1호, 한국법정책학회, 2003, 7-8쪽.

획 등을 설정하도록 규정하고 있다.

미국의 사회안전망으로서 사회보장제도를 규정하고 있는 기본법인 사회보장법(Social Security Law)에서는 고령자를 대상으로 하는 메디케어 프로그램에서 원격지 의사와 환자 간 원격통신시스템을 이용하여 제공된 원격 서비스에 대해 보험급여를 제공하도록 규정하고 있다. 1935년에 제정된 사회보장법은 이미 1965년 65세 이상 고령자를 대상으로 의료보험급여를 제공하는 메디케어프로그램을 도입한 바 있으며, 2000년 개정된 이 법 제1834조 (m)항에서는 진료를 하는 의료인(practitioner)과 환자(beneficiary)가 같은 장소에 있지 않더라도 원격통신시스템을 통하여 제공된 의료 서비스에 보건복지부는 보험급여를 제공하도록 규정하고 있다. 여기서도 원격의료 서비스를 할 수 있는 범위는 고령자를 대상으로 한 메디케어 서비스 및 기타 승인된 원격보건 서비스(Telehealth service)에 한정된다. 또 원격 서비스를 할 수 있는 의료인(practitioner)도 미리 승인을 받아야 한다. 즉 원격의료만을 위한 별도의 면허(license)가 필요하다. 또한 환자가 원격의료 서비스를 받는 장소도 미리 승인된 장소[82]이어야 한다. 이와 함께 원격의료의 근거가 되고 있는 법으로는 「균형재정법(Balanced Budget Act of 1997)」(이 법에서는 원격상담에 한하여 보험급여를 인정하였다[83]), 「공공건강서비스법(Public Health Service Act)」,

---

82) 원격의료를 받는 장소는 환자의 집에서 할 수 있는 것이 아니라 개원의 사무실, 병원, 거점병원(Critical Access Hospital), 농촌진료소(Rural Health Clinics), 연방헬스센터(Federally Qualified Health Centers), 병원(혹은 거점병원)에 부속된 인공투석센터(Hospital-based or CAH-based Renal Dialysis Centers), 전문요양시설, 지역정신보건센터(Community Mental Health Centers) 등 장소가 제한되어 있다.

「원격 건강 개선 및 확장법(Telehealth Improvement and Expansion Act of 2010)」, 「원격 건강 혁신 및 개선법(Telehealth Innovation and Improvement Act of 2017)」 등이 있다.[84] 「균형재정법」은 원격의료가 의료의 실효적인 서비스를 가능하게 하였다. 따라서 원격의료가 실행되는 직접적인 근거가 된 법률이라고 할 수 있다. 「균형재정법」이 제정되기 전에는 원격의료 서비스에 메디케어 서비스에 의한 비용 지불이 과연 적절한가에 대한 논란이 있었으나 「균형재정법」 제정 이후에는 이러한 논란이 종식되었다. 왜냐하면 「균형재정법」에서는 메디케어 서비스에 원격의료를 포함시켰기 때문이다. 즉 보건의료전문가가 부족한 지역에 대해서는 원격의료 서비스(원격상담)에 대해 보험급여를 할 수 있도록 한 것이다. 「균형재정법」 제정 이후에는 누가 원격의료 서비스를 받을 수 있는지, 원격의료 서비스는 어디까지 할 수 있는지, 원격의료 서비스에 대한 보험급여는 어떻게 받을 수 있는지 등에 대한 구체적인 안이 나오기 시작했으며, 다양한 형태의 원격의료 서비스가 시도되기 시작하였다. 2018년의 「원격의료동등법(State Telemedicine Parity Laws)」은 원격의료도 대면의료와 마찬가지의 보험혜택을 받을 수 있게 하였으므로 원격의료 서비스가 상당히 확대된다.

---

83) 김진숙 · 오수현, "원격의료 정책 현황 비교 분석 연구: 미국, 일본, 한국을 중심으로", 『보건경제와 정책연구』 제24권 제1호, 한국보건경제정책학회, 2017, 8쪽.

84) 최용전(a), "미국 원격의료제도의 현황과 시사점", 『법학논총』 제40권 제2호, 단국대 법학연구소, 2016, 201쪽.

(3) 미국에서의 원격의료의 개념

미국에서 연방법률 차원에서 원격의료를 직접 정의한 것은 없다. 그러나 대부분의 주 법률에서는 원격진료(Telemedicine)와 원격보건(Telehealth)을 널리 원격의료의 범주에 포함시키고 있다. 여기서 원격진료(Telemedicine)는 임상 서비스의 전달을 의미하고,[85] 원격지 의사와 환자간의 양방향 소통이 이루어질 것을 전제로 한다. 이에 비해 원격보건(Telehealth)은 앱 등의 의료기기를 통한 활동 추적, 건강 상태 정보의 수집과 전달을 위한 모니터링 등을 의미한다. 미국에서는 원격지에서의 통신이 이루어지는 방식에 더 주목한다. 생중계(live) 혹은 대화형(interactive) 통신을 기본 요소로 한다. 미국에서 대표적인 원격의료 서비스 방식은 실시간 영상상담(videoconferencing), 원격환자모니터링(remote patient monitoring), 데이터 저장과 전달(store and forward of data)의 3가지이다. 흥미로운 것은 전자우편, 전화, 팩스를 원격지 간 통신의 수단에서 제외하고 있다는 점이다.[86] 고령자를 대상으로 하는 메디케어프로그램에서는 원격보건(telehealth)을 쌍방향(two-way), 시청각(audiovisual), 실시간 상호작용(real-time interactions)만을 포함하도록 법으로 정의하고 있다.

---

85) Center Connected Health Policy(2018), *STATE TELEHEALTH LAWS & REIMBERSEMENT POLICIES*, p.4.

86) 최용전(b), "원격의료의 법적 정당성과 미국 각 주의 원격의료제도의 헌법적 근거에 관한 연구", 『토지공법연구』 제86집, 한국토지공법학회, 2019, 318-321쪽.

(4) 미국의 원격의료 현황

원격의료 서비스를 허용한다고 하여 모든 형태의 원격의료 서비스를 허용하는 것은 아니며 이용대상, 이용조건, 사후 관리 등에서도 매우 엄격하다. 전술한 바처럼 미국에서의 원격의료 서비스 유형은 크게 원격모니터링(telemonitoring), 저장 및 전달(store and forward), 실시간 원격의료(interactive telemedicine) 3가지로 대별된다. 실시간 원격의료는 주로 화상을 통한 상담(Videoconferencing)을 의미한다. 2020년 1월 발표된 OECD 원격의료 보고서(Bringing health care to the patient: An overview of the use of telemedicine in OECD countries)[87]에 따르면 미국의 경우 메디케이드 서비스는 미국의 49개 주와 컬럼비아 특별구에서 실시간 화상상담 형태의 원격의료 서비스에 대해서만 의료비를 지불하고 있으며, 원격모니터링은 20개 주에서만 허용하고, 데이터의 저장 및 전달 서비스는 11개 주에서만 허용하고 있다고 한다. 메디케어 서비스는 대부분 농촌지역의 원격의료 서비스 제공에 중점을 두는데, 실시간 화상상담 서비스만 허용하고, 데이터의 저장 및 전달의 경우는 알래스카와 하와이에서 시범사업으로만 허용하고 있다. 또한 31개 주에서는 「원격진료동등법(state telemedicine parity laws)」 등 민간보험에 대한 원격의료 관련법이 있어 개인이 민간보험에 가입되어 있는 경우 원격의료 서비스는 대면진료 서비스와 동등하게 취급된다.

---

87) https://www.oecd-ilibrary.org/docserver/8e56ede7-en.pdf?expires=1597707248&id=id&accname=guest&checksum=4DDA7E9FD0FFA47815702AAD57765F2C (검색일: 2020.8.19.)

또한, 2016년 미국의사협회(American Medical Association, AMA)의 의사진료벤치마크설문조사(Physician Practice Benchmark Survey, PPBS)[88] 데이터를 통하여 미국에서의 원격의료 이용 현황을 살펴보면 다음과 같다. 이 조사는 주별 최소 20시간 환자 케어를 제공하고, 레지던트 과정을 수료했고, 연방정부 직원이 아니며, 50개 주 또는 워싱턴 DC 중 한 곳에서 진료하는 의사를 대상으로 하며, 여기서 원격의료 서비스의 방식은 대표적인 3가지 방식인 화상회의(videoconferencing), 데이터 저장과 전달(store and forward of data), 원격모니터링(remote patient monitoring)으로 한다.

이 설문에서는 원격진료를 '의료인과의 직접적인 만남(in-person encounter)을 대신하는 기술의 사용'이라고 정의하고 원격진료가 진료에 사용되었는지 여부와 진료에 관한 5가지 기능(환자와의 상호작용에 관한 3가지 작용(① 진단 또는 치료, ② 환자 추적관찰, ③ 만성질환자 관리)과 다른 의료인과의 상호작용에 관한 2가지 작용(④ 전문 상담, ⑤ 2차 의견 청취)) 중 어느 하나를 사용하는지를 물었다. 다만 여기서 원격진료 사용과 보험급여(reimbursement)의 연계에 대해서는 묻지 않았다. 설문 결과 2016년 15.4%의 의사가 환자와의 상호작용을 위해 원격진료를 이용하여 진료했으며 11.2%는 다른 의료인과의 상호작용을 위해 원격진료를 이용하였다. 5가지 기능의 이용률은 11.2%(진단 또는 치료)에서 6.5%(2차 의견 청취)로 다양하게 나타났다. 데이터에서 구한 3가지 원격진료 방식 가

88) https://www.ama-assn.org/about/research/physician-practice-benchmark-survey (검색일: 2020.8.19.)

운데 화상상담이 가장 많았고 12.6%의 의사가 이것을 진료에 사용했다. 원격모니터링의 사용률 의사의 7.3%, 데이터 저장과 전달의 사용률은 의사의 9.4%였다. 또한 원격진료 사용률은 전문 진료과목에 따라 다르게 나타났는데, 정신과(27.8%)와 심장내과(24.1%)는 환자와의 상호작용을 위해 원격진료를 사용하여 다른 진료과목에 비해 높게 나타났다. 심장내과는 고혈압 등 만성질환자를 주로 대상으로 하기 때문에 원격진료의 활용이 많았던 것으로 이해된다. 영상의학(39.5%)과 병리학(23.0%)도 예상대로 환자 상호작용(추적관찰이나 만성질환치료보다는 특히 진단과 치료에 많았다)을 위한 원격진료 사용률이 높았으며 다른 의료인과의 상호작용을 위한 이용률은 응급의학(38.8%), 영상의학(25.5%), 병리학(30.4%)에서는 많았다. 이와 같이 보면 영상의학이나 병리학에서는 환자를 진단하고 치료하기 위해 원격진료를 사용하여 데이터를 저장하고 전달하며, 이 영상을 세부 진료과목 전문의와 공유하여 상호작용을 하기 위하여 원격진료를 이용함을 알 수 있다.

원격의료 방식으로서 ① 화상회의(videoconferencing)는 응급의학(31.6%), 정신과와 병리학(약 25%)에서 사용이 많았고, ② 데이터 저장과 전달(store and forward of data)은 예상대로 영상의학(42.7%), 병리학(22.7%)에서 사용이 많았으며, ③ 원격모니터링(remote patient monitoring)은 심장내과(17.9%), 신장내과(15.4%), 신경학, 내분비학 및 혈액/종양 내과(약 12%)에서 사용이 많았다.

의사 단독 진료보다는 병원진료가, 의료인 1-4명의 소규모 진료보다는 최소 50명 이상의 대규모 진료에서 원격의료 서비스 이용이 많았으며,

대도시 지역(10.9%)보다는 비대도시 지역(16.8%)에서 다른 의료인과의 상호작용을 위한 원격의료 사용이 더 높았다. 흥미로운 것은 주(州)에서 「원격의료동등법」을 두고 있는지 여부가 의료인간 상호작용에 관한 원격의료 사용에는 별 영향을 주지 않았다는 점이다.

2) 일본

(1) 개요

일본은 우리나라와 법제와 전반적으로 체계가 유사하고 법적 사고도 유사하기 때문에 많은 부분에서 시사를 받는다. 원격의료 부분에서도 마찬가지이다. 우리나라에서 원격의료의 시작은 의료인간 의료 자료로 자문받는 수준의 초기 형태의 원격의료이고 현재도 여기에 머무르고 있는데, 일본에서의 원격의료의 시작도 이와 같이 의료인간의 화상상담이나 의료 데이터 송신을 통해 보다 전문가인 원격지 의료인에게 진단을 받는 형태였다.

일본은 섬이 많은 지역적 특색으로 인하여 비교적 일찍부터 원격의료에 관한 논의가 진행되었다. 1980년대 이후 정보통신망이 획기적으로 발달하면서 1997년 법적으로 원격의료를 인정한 후생성 행정규칙인 「情報通信機器を用いた診療(いわゆる「遠隔診療」)について」(平成9年12月24日付け健政. 発第1075号厚生省健康政策局長通知)」)가 등장한다. 이 통지에서는 원격의료의 기본 원칙과 적용대상을 규정하였는데 의료인 간의 원격의료에 불과하였다. 그러다가 2011년 도후쿠(東北)지방 대지진으로 원자력 발전소에서 방사능 물질이 배출되어 의료진 접근이 어렵게 되

었을 때 의료인과 환자 간 원격의료가 일시 허용되었다. 얼마전 코로나19 감염으로 고립된 크루즈선 다이아몬드 프린세스호에서도 객실마다 헬스케어 앱이 깔린 애플사의 아이폰을 지원하여 의사 · 간호사와 상담하고 필요한 약물도 요청하는 수준의 원격의료를 진행한 바 있다고 한다.[89] 그런데 일본도 우리나라와 마찬가지로 의료행위의 근본적 모습은 대면진료이고 원격의료는 대면진료에 대한 보조적 수단으로서만 의미가 있는 것으로 인식되어 의사-환자 간 원격의료를 재난 사태와 같은 특수한 상황에서 한정적으로 인정될 뿐, 원칙적으로는 허용하지 않았기 때문에 원격의료는 활성화되지 않았다. 의료인-의료인 간 원격방사선화상진단이나 원격병리진단이 주로 이루어질 뿐이었다.

일본의 원격의료에 대한 법적 근거는 '법률'의 형태가 아니라 '고시(告示)'의 형태로 되어 있다. 법제도를 '법률'로 규정하는 것은 (법률관계 당사자인 의료인과 환자 간에) 새로운 권리 또는 의무의 형성이 있다는 것을 의미한다. 일본에서 원격의료에 대한 법적 근거를 '고시'의 형태로 한 것은 그만큼 소극적인 수준으로 원격의료가 진행되고 있음을 의미하는 것이다.

일본에서의 원격의료의 유형은 다음과 같이 구분한다(실제 실시되는 것의 구분이 아닌 이론상 구분임). 크게 협의의 원격의료(Telemedicine)와 원격복지 · 개호(Telecare)의 두 가지로 구분된다. 협의의 원격의료에는 다음과 같은 것들이 있다. 원격진찰(문진, 청진, 시진), 진단(바이탈 소

---

89) 이코노미조선(2020.3.2.), http://economychosun.com/client/news/view.php?boardName=C03&t_num=13608521

견, 화상, 병리, 내시경, 피부 및 눈알 내부에 관한 소견), 원격조작(수술), 진단지원(진찰, 수술, 내시경), 간호, 처방, consult second opinion(처음 의사의 진단 후에 다른 의사로부터 의견을 구하는 것), conference 등이 있다. 또 통신 상대방과의 형태에 관해서는 의사와 환자 간(D(Doctor) to P(Patient)), 환자와 간호사를 매개로 한 환자 간(D to N(Nurse) to P), 의사와 의사 간 자문(D to D) 등의 세 가지로 구분한다.[90)]

이하에서는 일본에서 원격의료의 법적 근거가 되는 두 개의 중요한 고시를 중심으로 일본의 원격의료 정책과 주요 내용을 살펴본다.

(2)「정보통신기기를 이용한 진료(소위 원격진료에 관하여) 情報通信機器を用いた診療(いわゆる「遠隔診療」)について」에 따른 원격의료

전술한 바와 같이 이 통지는 일본에서 원격의료의 법적 근거가 되고 있다. 이 통지는 2개의 큰 조문(기본적 인식, 유의사항)과 별표(원격진료 대상)로 구성되어 있으며, 1997년 제정(平成9年12月24日付け健政. 発第1075号厚生省健康政策局長通知)되고, 2003(平成15).3.31. 및 2011(平成23).3.31. 2017(平成29).7.14. 개정이 있었다. 2011년 개정에서 의사-환자 간 원격의료(원격건강진단)가 제한적으로 허용되었으며, 2017년 개정에서는 원격의료에 대한 내용을 명확히 하였다.

---

90) (일본원격의료협회홈페이지) http://j-telemed-s.jp/01_02_telemed.php (검색일: 2020. 8.19.)

① 대면진료의 보완 수단으로서의 원격진료

1997년 통지 제1조는 '기본적 인식'이라는 표제 아래 다음과 같이 규정하고 있다. "의료는 의사 또는 치과의사와 환자가 직접 대면하여 하는 것을 기본으로 하며, 원격진료는 어디까지나 직접 대면진료를 보완하는 것으로서 행해져야 한다. 의사법(医師法)[91] 제20조 등에서 '진료'란 문진, 시진, 촉진, 청진 기타 수단 여하를 묻지 않지만 현대의학에서 보건대 질병에 대한 일응의 진단을 내릴 수 있는 정도의 것을 말한다. 따라서 직접 대면진료에 의한 경우와 동등하지는 않더라도 이에 대체할 수 있는 정도의 환자의 심신 상황에 관한 유용한 정보를 얻을 수 있는 경우에는 원격진료를 하는 것이 의사법 제20조 등에 저촉되는 것은 아니다."[92] 위에서 보는 바와 같이 원격진료는 대면진료의 보완적 수단에 불과하며, 이런 입장을 견지하고 있기 때문에 일본에서 원격진료에 대한 근거를 의료법에 두지 않고 고시[93] 형태의 행정규칙으로 두어도 큰 무리가 없는 것이다.

여기서 의사법 제20조는 무진단금지의 취지를 규정하고 있다. 즉 "의사는 스스로 진찰하지 않고 치료하고 진단서나 처방전을 교부하거나, 스

91) 우리나라의 의료법에 해당한다.

92) (基本的考え方) 診療は、医師又は歯科医師と患者が直接対面して行われることが基本であり、遠隔診療は、あくまで直接の対面診療を補完するものとして行うべきものである。医師法第二〇条等における「診察」とは、問診、視診、触診、聴診その他手段の如何を問わないが、現代医学から見て、疾病に対して一応の診断を下し得る程度のものをいう。したがって、直接の対面診療による場合と同等ではないにしてもこれに代替し得る程度の患者の心身の状況に関する有用な情報が得られる場合には、遠隔診療を行うことは直ちに医師法第二〇条等に抵触するものではない。

93) 일본 행정법에서 통지(通知)는 우리나라 행정법 체계에서는 통첩(通牒)에 해당하며, 고시(告示)와 같은 수준의 규범력을 갖는 것이다.

스로 출산에 입회하지 않고 출생증명서나 사산증명서를 교부하거나, 스스로 검안하지 않고 검안서를 교부해서는 아니 된다. 다만 치료 중의 환자가 수진 후 24시간 이내에 사망한 경우에 교부하는 사망진단서는 그러하지 아니하다."

그런데 2017년 통지에서는 원격진료의 가능성에 대하여 다음과 같이 수정하여 구체화하였다. "(중략) 환자 측의 요청에 따라 환자 측의 이점을 충분히 감안한 다음, 직접 대면진료와 적절히 조화를 이룰 수 있을 때에는 원격진료를 금하지 않는다는 취지로, 직접 대면진료를 한 다음에 원격진료를 해야 하는 것은 아니다." 또한 '직접 대면진료에 의한 경우와 동등하지는 않더라도 이에 대체할 수 있는 정도의 환자의 심신 상황에 관한 유용한 정보를 얻을 수 있는 경우에는 원격진료를 하는 것이 의사법 제20조 등에 저촉되는 것은 아니다'라는 부분에 대해서도 '당사자가 의사 및 환자 본인이라는 것이 확인되는 한, 화상 전화, 전자메일, 소셜네트워크 서비스 등 정보통신기기를 통한 원격진료에 있어서도 직접 대면진료에 대체할 수 있는 정도로 환자 심신 상태에 관한 유용한 정보를 얻을 수 있을 때에는 의사법 제20조 등에 저촉되지 않는다'라고 구체화하였다. 이런 구체화를 들어 2017년 개정으로 일본에서 원격의료가 전면적으로 허용되었다는 의견도 있으나 그렇게 해석하기는 어려울 것 같다.

또한 다음과 같은 규정도 있다. "보험자가 실시하는 금연외래에 있어서는, 정기적인 건강진단이나 건강검사를 하고 있는 것을 확인하여 환자 측의 요청에 따라 환자 측의 이익과 불이익을 충분히 감안하여 의사의 판단에 따라 직접 대면진료의 필요성에 관해서는 유연하게 취급하더라도 의사법 제20조에 저촉되지 않는다. 또 환자 측의 이유로 치료가 중단되어 결과적으로 원격의료만으로 진료가 이루어져서 직접 대면진료가 이루어지지 않더라도 의사법 제20조 등에 저촉되지 않는다."

② 원격의료의 제공자와 대상자

일본에서 원격의료를 제공할 수 있는 자는 위에서 보는 바와 같이 의사 또는 치과의사이다. 우리나라에서 원격의료를 할 수 있는 의료인은 의사, 치과의사, 한의사로 되어 있는 데 비해 일본에서는 의사, 치과의사로 한의사가 빠져 있다. 이것은 메이지 시대 이후 별도의 면허로서 한의사를 두고 있지 않기 때문이다. 일본은 하나의 면허로, 의사가 한방전문의과정 수련을 거쳐 주로 한약을 다루게 되는 한방전문의가 있다. 그러나 꼭 한방전문의가 아니라도 한약 등을 처방하는 것은 가능하다. 미국과는 달리 원격의료를 위한 별도의 면허를 요하지는 않는다.

위 통지 [별표]에 따르면 의사-환자 간 원격진료를 받을 수 있는 대상은 재택산소요법을 하고 있는 환자, 재택난치병환자, 재택당뇨병환자, 재택천식환자, 재택고혈압환자, 재택아토피성피부염환자, 욕창이 있는 재택요양환자, 재택 뇌혈관장애 요양환자, 재택암환자 9개 유형의 환자이다. 의사가 지속적으로 상주하지는 않는 전문요양시설이나 가정의 환자로 상당 기간 진료해 온 만성질환자나 임상적 상태가 안정적이고 계획된 의료관리가 가능한 환자를 대상으로 한다.

초진 및 급성기 질환에 대해서는 원칙적으로 직접 대면진료로 하며(통지 유의사항 1), 직접 대면진료를 할 수 있는 경우 및 그 외 다른 의료기관과 연합하여 직접 대면진료를 할 수 있는 경우에는 대면진료를 한다(유의사항 2). 위의 두 경우에도 불구하고 다음에 게재한 경우에는 환자 측의 요청에 따라 환자 측의 이점을 충분히 감안하여 직접 대면진료와 적절히 조화를 이룰 수 있는 때에는 원격진료를 할 수 있다.

ㄱ. 직접 대면진료를 하기 곤란한 경우(예컨대 도서 벽지에 있는 환자 등 왕진 또는 내진에 상당한 시간이 걸리거나 위험이 수반되는 등의 곤란함이 있어 원격진료가 아니면 당면한 필요한 진료를 받을 수 없는 경우) *2017년 개정 통지에서는 직접 대면진료를 하기 곤란한 경우로서 '도서 벽지의 환자'는 예시라고 하고 있다.

ㄴ. 최근까지 상당 기간 진료를 계속해 온 만성질환자 등 병증이 안정적인 환자에 대해 환자의 병증 급변기 때 연락대응체계를 확보한 다음 실시함으로써 환자의 요양환경이 향상되었다고 인정되는 원격진료의 경우 *2017년 개정 통지에서는 '병증이 안정적인 환자에 대해 환자의 병증 급변기 때 연락대응체제를 확보한 다음 실시함으로써 환자의 요양환경이 향상되었다고 인정되는 원격진료의 경우로서 재택산소요법을 하고 있는 환자를 대상으로 하는 원격진료는 예시'라고 하고 있다.

정보통신기기 설명방법, 개인정보보호 등과 같은 부수적인 유의사항에 대해서도 규정하고 있다. 즉, 원격진료를 개시함에 있어서는 환자 및 그 가족 등에게 충분히 설명하여 이해되도록 하여야 한다. 특히 정보통신기기의 사용방법, 특성에 관해서도 충분히 설명해야 한다. 또, 환자의 비디오 영상을 전송하는 경우 환자 측의 프라이버시(개인정보)보호에 신중을 기해야 한다. 특히 환자의 영상 촬영, 정보보관방법 등에 대해서는 환자 측의 의사를 충분히 반영해야 한다. 정보통신기기가 고장난 경우 대처방법에 대해서는 환자 측 및 인근의 의사 또는 치과의사와 잘 협의하여 해결해야 한다. 진료기록부 기재 등에 관해서는 의사법 제24조 및 치과의사법 제23조의 규정의 적용에 관해서도 직접 대면진료의 경우와 같다(유의사항 3~7).

③ 원격의료의 제공 방법과 책임

원격의료가 이루어지는 서비스의 유형은 원격방사선화상진단, 원격병리진단과 원격건강관리이다. 원격방사선화상진단은 현지 의료인이 엑스레이, CT, MRI 등 화상을 원격지 전문의에게 전송하여 진단받거나 진단결과를 평가받는 것이다. 일본의 경우 병리 전문의는 대도시에 주로 포진해 있기 때문에 소도시 기타 병리진단이 불가능한 지방의 경우 병리 전문의 부족 현상을 해결하기 위해 원격병리진단을 허용하고 있으며 현지 의료기관과 원격지 전문 병원의 전문의가 서로 협력하는 형태로 현지 의료인이 영상자료를 보내면 병리 전문의가 영상 판독을 해주는 원격자문 형태이다. 또한 원격건강관리는 환자가 자기의 집에 머무르고 있으면서 혈압계, 유도심전계 등으로 바이탈을 측정하고 통신장치를 이용하여 환자가 정기적으로 의료기관에 전송하면 의료인이 내원 등에 대한 건강자문을 해주는 형태와 주치의들이 대면진료를 위해 사전 방문을 하기 전에 (주로 고령의) 만성질환자에 대한 관리로서 하는 재택 가정 관리가 있다.[94]

다음으로 책임의 문제에 관해서는, 원격진료에 있어서도 직접 대면진료와 마찬가지로 진료의 실시 책임은 당연히 진료를 실시하는 의사 또는

---

94) 김진숙 · 오수현, "원격의료 정책 현황 비교 분석 연구: 미국, 일본, 한국을 중심으로", 『보건경제와 정책연구』 제24권 제1호, 한국보건경제정책학회, 2017, 19쪽.

치과의사에게 있다(유의사항 8). 원격진료를 함에 있어 의사 또는 치과의사가 환자 또는 그 가족에 대해서 상당한 지시나 주의를 주었음에도 불구하고 이들이 그 지시나 주의를 따르지 아니하여 발생한 손해에 대해서는 그 책임이 환자나 그 가족 등에게 있음을 사전에 충분히 설명해야 한다(유의사항 9).

일본 의사회 의료 원리의 기초지식 「원격의료」[95]에서는 원격의료에서 발생하는 책임 문제에 관하여 다음과 같이 기술하고 있다.

> D to D와 D to P는 의사법과의 관계 및 그 책임의 소재에 있어 각각 다른 문제를 내포하고 있어 다음과 같이 처리한다. 원격방사선화상진단과 원격수술 중 신속병리진단 등의 D to D에서는 지원을 의뢰한 의사 측에서 환자의 비디오 영상 등을 원격지 전문가에게 송신하여 위탁한다. 전문의 부족을 보완하면서 진단의 질적 향상을 도모하는 시스템이다. 환자를 직접 진찰하는 의뢰의(依頼醫) 및 그가 소속하고 있는 기관의 장에게 의료의 제1차적인 책임이 있다. 의뢰를 받은 원격의가 의뢰의와 동일 의료기관과 소속하고 있고 이 시스템을 이용하여 진료지원을 하는 경우에는 원격의가 한 행위의 책임은 그 소속하고 있는 기관의 장이 질 것이기 때문에 어쨌든 문제가 발생하더라도 당해 기관에서 해결될 것이다. 그러나 다른 의료기관에 소속되어 있는 원격의에게 방사선 영상 데이터나 병리표본 데이터를 송신하여 진단을 의뢰하는 경우에는 법적 책임 문제의 해결이 쉽지 않다. 따라서 의뢰의 측의 의료기관은 다음과 같은 점을 사전에 검토하여야 한다.

---

95) http://jtta.umin.jp/frame/j_14.html (검색일: 2020.8.19.)

(1) 시스템이 계속적으로 안정적으로 운용될 수 있을 것
(2) 의뢰의 측과 원격의 측 모두 환자의 개인정보보호를 담보하고 있을 것
(3) 진단하고 리포트를 작성하는 원격의를 특정할 수 있을 것
(4) 진단이 종료될 때까지의 시간과 일수를 기한을 정하여 운용될 수 있을 것
(5) 진단에 필요한 추가 정보가 발생한 경우 의뢰의와 원격의 간에 연락이 적절히 확보될 수 있을 것
(6) 의뢰의와 원격의 쌍방의 역할, 책임, 비용부담 등을 명기한 공문서를 미리 서로 교부할 것
(7) 정기적으로 실적과 평가를 하며, 원격의 측에 피드백 기회를 주도록 할 것

(3) 2018년「온라인진료의 적절한 실시에 관한 지침(オンライン診療の適切な実施に関する指針)」[96]과 이에 관한 내용을 구체화한 2018년「정보통신기기를 사용한 진료에 관한 검토위원회 보고서(情報通信機器を用いた診療に関する検討委員会報告書)」[97]의 주요 내용

① 기본 이념

이 지침에서 규정하는 기본 이념에서 일본에서 허용하는 수준의 온라인진료의 범위를 엿볼 수 있다. 다음과 같이 규정하고 있다.

"온라인 진료는 환자의 일상생활 정보 획득을 통해 의료의 질 향상에 기여하고, 의료가 필요한 환자에 대해 의료 접근성을 용이하게 확대하여

96) https://www.mhlw.go.jp/file/05-Shingikai-10801000-Iseikyoku-Soumuka/0000201789.pdf (검색일: 2020.8.19.)

97) http://dl.med.or.jp/dl-med/teireikaiken/20180620_2.pdf (검색일: 2020.8.19.)

의회의 기회를 보다 확대하며, 환자가 치료에 능동적으로 참가하도록 하여 치료효과의 극대화를 목적으로 한다. 특히 의사는 다음과 같은 점에 유의하여야 한다. 의사-환자 간 관계 및 기밀의 유지, 의사의 책임, 의료의 질 확인 및 환자 안전 확보, 온라인 진료의 한계 등에 대한 정확한 정보의 제공, 안전성 · 효과성 및 증거에 기반을 둔 의료, 환자의 요구에 기반을 둔 의료를 제공할 것”

② 원격진료 등의 용어

2018년 지침에서는 1997년 통지와는 조금 다르게 용어를 구성한다.

먼저, ‘원격의료’는 정보통신기기를 활용한 건강증진 기타 의료 관련 행위로 정의하며, 하위 개념으로 ‘온라인진료’, ‘온라인진찰 권장’, ‘원격 건강의료 상담’ 등이 있다.

‘온라인진료’는 의사-환자 간 정보통신기기를 이용하여 환자의 진찰 및 진단을 하고 그 진단 결과의 전송이나 처방 등의 진료행위를 실시간으로 하는 행위로 정의한다.

다음으로 ‘온라인진찰 권장’은 환자-의사 간 정보통신기기를 이용하여 환자를 진찰하고 의료기관에 진찰 권장을 실시간으로 하는 행위로 환자로부터 증상 호소, 문진 등 심신 상태를 통한 정보수집에 따라 의심스러운 질환 등을 판단하고 적절한 진료과를 선택하도록 하는 등 환자 개인의 심신 상태에 따라 필요한 ‘최저한’(‘ ’는 필자가 표시한 것이다)의 의료적 판단을 통한 진찰 권장을 말한다. 구체적인 질환명을 들어 여기에 해당한다는 뜻을 전달하거나 일반용 의약품의 구체적인 사용을 지시하거나 처방 등을 하는 것은 ‘온라인진료’로 분류하며 ‘온라인진찰 권장’에 포함시키기는 않는다. 또한 사회통념상 명백히 의료기관에서 진찰받지 않는 증상자에 대해서 경과 관찰이나 진찰받지 않아도 된다는 지시 등을 하는 경우나 환자의 개별적 상태에 따라 의학적인 판단을 수반하지 않는 일반적 진찰 권장에 대해서는 '원격의료상담'으로서 실시할 수 있다.

'원격건강의료상담'은 의사 또는 의사 이외의 자와 상담자 간에 정보통신기기를 활용하여 얻어진 정보를 주고받지만 일반적인, 의학적인 정보 제공이나 일반적인 진찰 권장에 그치고, 상담자의 개별 상태를 고려한 질환의 발병 가능성 제시 · 진단 등 의학적 판단을 수반하지 않는 행위라고 정의한다. 특징적인 점은 원격건강의료상담은 '의사 이외의 자'가 할 수 있도록 하고 있다는 점이다. 판단건대 원격건강 의료상담은 의료행위에 이르지 않는 건강관리 행위에 해당하는 것을 할 수 있는 것으로 보인다.

③ 온라인진료의 제공

지침에 따르면 온라인진료는 '환자의 요구가 있을 때' 성립하도록 하고 있다. 다만 환자의 요구가 바로 온라인진료를 성립시키는 것은 아니며, 주치의가 정보통신기기를 통한 정보를 추가적으로 활용함으로써 의료의 질을 높이고, 정보통신기기를 활용함으로써 지속적 의료가 필요한 환자와의 접근이 보다 용이해져, 이로써 효과적인 치료로 연결될 수 있다고 주치의가 판단하는 경우에 할 수 있다고 하고 있다.

④ 온라인진료 대상지역과 온라인진료의 한계

정보통신기기의 활용이 시간과 지역적 한계를 넘는 것이므로 이 취지에 따라 진료대상 지역을 도시 벽지에 한정하지 않으며 도시권의 경우에도 온라인진료 대상지역으로 한다. 다만 온라인진료만으로 처방전과 검사 결과를 도출하는 것은 중증화와 합병증의 가능성을 놓칠 수 있어 의료의 본질인 조기발견과 조기치료에 부응하지 못할 수 있다. 따라서 의사는 온라인진료를 시도할 때에도 필요하다고 판단되는 경우에만 하되, 환자가 편리함 외에 자신의 건강 상태와 치료 방침에 대한 충분한 이해를 얻은 다음에 해야 한다.

⑤ 온라인진료 장소

온라인진료를 하는 의사는 반드시 의료기관에서 할 필요는 없다. 다만 정보를 충분하고 정확히 받을 수 있는 장소이어야 하고 정보의 보안이 충분히 이루어질 수 있는 장소이어야 한다. 온라인진료를 받는 환자는 의사법에 따라 병원, 진료소 등의 의료제공시설 또는 환자의 거택 장소 등에 있어야 한다. 여기서 환자의 거택 장소 등이라 함은 요양생활을 할 수 있는 곳을 말하며 위생, 방화, 보안이 충분히 확보되는 환경이어야 한다.

⑥ 보안

온라인진료도 오프라인진료와 마찬가지로 진료의 책임은 의사가 진다. 보안위험에 대한 책임도 마찬가지이다. 환자에게도 취급정보와 보안위험에 대한 이해를 시키는 것이 중요하다. 보안사고와 관련한 책임에 대해서도 분명히 해 둘 필요가 있다. 온라인진료 시스템을 제공하는 업체에 대해서도 정보보안 법령에 따른 시스템 구축이 필요하며 시스템 안전성에 대한 인증 제도를 구축하는 것이 필요하다.

⑦ 본인 확인

온라인진료는 대면진료를 하는 담당의가 하는 것은 원칙으로 하며, 온라인진료도 의료행위이기 때문에 의사가 하여야 하며, 의사임을 확인할 수 있는 시스템을 구축해야 한다. 또한 주치의와 환자 사이에도 서로 의사와 환자임을 각각 확인할 수 있음을 전제로 한다.

⑧ 정보통신사업자의 제3자 인증

전술한 바와 같이 온라인진료에 대한 보안책임도 원칙적으로 의사에게 있다. 그러나 의사가 정보 전문가가 아닌 이상 정보통신사업자가 「온라인진료지침」에 따라 정보통신망을 구축하였는지 확인할 길은 없을 것이다. 따라서 의사의 책임은 온라인 진료시스템제공사업자를 선택한 데 대한 책임을 지는 것으로 이해된다. 진료시스템정보통신사업자가 「온라인진료지침」을 준수하여 운용하고 있는지 확인할 수 있도록 제3자 기관에 의한 인증제도를 둘 필요가 있다.

3) 독일

(1) 독일의 IT의료산업의 발달

주지하다시피 독일은 IT 강국이며, 1990년대 중반부터 IT의료산업을 확대시켜 IT의료산업의 선진국으로 평가되고 있다. 독일의 IT의료산업 동력은 국가 주도적인 포괄적 로드맵과 이를 위한 준비 기간이 충실하였다는 점에서 나온다. 또한 다른 여러 나라와 마찬가지로 독일에서도 고령사회의 문제는 IT의료산업의 발전을 더욱 촉발시켰다. 2013년에 이미 전체 인구 중 노인인구가 20% 이상으로 초고령사회에 진입하였다.[98] 독일에서 고령화와 그에 따른 만성질병률의 증가는 효율적인 의료시스템에 대한 요구를 증가시키고 있다.

다른 영역에서도 그러하듯이 독일의 원격의료는 미시적이고 세부적인 분야보다는 기초와 인프라 구축에 치중한다. 독일의 원격의료는 1990년대 중반 이후 국가전략사업으로 의료 텔레마틱[99](원격의료의 독일식 표현이라고 이해하면 좋다)을 구축한 데서부터 시작된다. 의료 분야에서도 조직적이고 충실한 준비를 하는 독일의 성향을 엿볼 수 있다. 독일에서는 원격의료를 준비함에 있어 그 시스템적 인프라를 구축하는 데 중점을 두었다. 그것은 독일의 의료 서비스 공급은 사회보험 방식인데, 직역 보험의 경우 보험마다 다른 의료정보시스템을 가지고 있었으며 연방제로 지방분권적 성격이 강하여 지역마다 다른 의료정보시스템을 구축하고 있었기 때문이다. 따라서 의료정보시스템을 전국적으로 표준화하고 체계화하는 기반 작업을 선행적으로 실시한 것이다. 보건의료 분야 텔레마틱의 구상을 더 구체화하기 위하여 1999년 '의료 영역에서의 행동 포럼 텔레마틱'을 신설하였고 이것은 2005년 의료 텔레마틱 위원회가 되었다. 「2003년 의료보험법 현대화법(GKV-Modernisierungsgesetz)」에서는 원격의료

98) 국가통계포털(KOSIS) 2018년 기준 독일은 65세 이상 인구 구성비가 21.66%에 달한다. 정순둘 외, 『주요국의 연령별 고령화 정책 현황』, 이화여대 산학협력단, 2020, 7쪽.

99) 텔레매틱스 혹은 텔레마틱(Telematics, 독일어로는 Telematik)이란 통신(Telecommunication, Telekommunikation)과 정보과학(Informatics, Informatik)의 합성어이다. 이 용어는 1978년 프랑스의 Simon Nora와 Alain Minc가 *L'informatisation de la Societe*(영제: The Computerization of Society)에서 최초로 사용하였다.

에 관한 스마트헬스 규정이 신설되었으며, 2006년부터 '독일 정보화사회' 라는 구호 아래 원격의료를 비롯한 디지털 의료를 위한 정보화 구축을 시도하였다.[100]

독일에서 원격의료의 법적 근거로는 「2003년 의료보험법의 현대화법」과 「2015년 E-헬스법」 등의 법률과 법령에 해당하지는 않지만 실질적으로 의사들의 원격의료행위를 규율하는 독일연방의사협회(BUNDESÄRTZTKAMMER)의 「표준의사직업규칙((Muster-)Berufsordnung für die in Deutschland tätigen Ärztinnen und Ärzte, MBO-Ä)」이 있다. 이하에서는 이들 법령을 중심으로 독일에서의 원격의료의 현황에 대해 살펴본다.

(2) 「2003년 의료보험법 현대화법(GKV-Modernisierungsgesetz)」과 「2016년 E-헬스법(Das E-Health-Gesetz)」에 따른 원격의료

독일의 법체계는 중요한 개별 법 영역이 법전(法典)으로 되어 있다. 의료 서비스에 관해서도 독일 사회법전 제5권 법정의료보험(Gesetzliche Krankenversicherung)에서 규정하고 있다. 「2003년 의료보험법 현대화법」은 의료체계에 ICT 기반을 마련하기 위한 법으로 원격의료의 근거법이 된다. 이 법에서는 환자를 위한 전자의료카드, 전문가 전자의료카드, 의료 텔레마틱 인프라 구축, 전자카드의 핵심적이고 임의적인 어플리케이션 등에 관하여 규정하고 있다. 이 법에 따르면 원격의료 서비스와 관

100) 김철주 · 홍세영, "독일의 원격의료 법제와 제도에 관한 연구", 『사회법연구』 제36호, 한국사회법학회, 2018, 285-286쪽.

련된 책임에 관해서는 의사, 정보통신사업자 또는 원격의료기기제조업자, 원격의료 서비스사업자 간 계약에 의해 이루어지며, 진료에 관해서는 의사만이 결정하도록 하고 있다.

또한, 독일 정부는 2016년 1월 1일 「E-헬스법(Das E-Health-Gesetz)」이라고 불려지는 「보건 분야 내 안전한 디지털 커뮤니케이션과 활용을 위한 법」을 제정 · 시행하였다. 이 법 시행의 목적은 미래의 의료시스템 구축을 위한 전제조건을 마련하는 데 있으며, 2018년부터 고도의 보안 표준을 가진 디지털 인프라와 전자 의료보험카드의 활용법을 도입하고 개인의 데이터 보안과 데이터 보호를 위한 제도도 도입하였다. 이 법의 주요 내용은 약품복용계획서 및 전자건강카드제도를 도입하고 의료 서비스정보를 네트워크화하며 원격의료인프라를 구축하는 절차 등이다. 약품복용계획서는 3개 이상의 처방약을 동시에 복용하는 경우 신체 안전을 위하여 연방보험의사에게 제출하는 서류이다. 디지털의료 서비스와 관련해서는 현재 종이 형태인 약품복용계획서를 2019년 기술적인 조건이 충족되면 전자문서 형태로 작성되어 전자건강카드의 수록 정보에 포함되도록 한 것이다. 다음으로, 전자건강카드는 모든 법정의료보험 가입자에게 발급되며 기술적으로 신원 확인, 암호화 및 전자서명이 가능하여야 하며 정보 처리는 직업의료인이 관리하며 알 권리가 보장되어 정보보호 및 정보 투명성이 보장되는 장치를 법적으로 규정하고 있다. 또한 전자건강카드를 스마트 의료 서비스의 기초로 하고 원격의료협회를 설치하여 원격의료인프라를 구축하는 과정을 규정하고 있다. 원격의료인프라는 의료정보의 네트워크를 위해 개방되고 표준화된 인터페이스로 구축되어야 하고 상호운용성 목록은 인터넷에 공개되도록 하고 있다.

전자건강카드(eGK: eGesundheitkarte)는 원격의료 서비스의 기초가 된다. 이 카드는 의료보험 가입자 중심의 시스템을 구현하고자 한다. 이를 위해 가입자, 건강보험조합, 요양기관, 약국을 연계하는 의료통합네트워크를 구성하고 있으며 전자건강카드는 이 네트워크에 접근하기 위한 열쇠 역할을 한다.[101] 독일의 전자건강카드는 단순히 의료보험증을 종이에서 IC카드로 바꾸는 차원을 넘어 IC카드가 의료보험조합, 의료기관 등에 분산된 의료정보를 연결하고 환자 스스로 의료기록의 주체가 되도록 함으로써 기존 의료체계의 패러다임을 바꾸고 있다. 또한 텔레마틱협회(Gesellschaft für Telematik, 원격의료협회)를 설립하여 텔레마틱인프라(Telematikinfrastruktur)[102] 구축을 추진하도록 하고 있다. '텔레마틱(Telematik)'은 전술한 바처럼 원격의료를 대체하는 말이라고 이해할 수 있으며, 다양한 IT-시스템의 네트워크화와 이를 통한 수많은 정보의 연결과 소통을 핵심으로 한다. 의료보험제도에 있어서 텔레마틱인프라는 의료실무자, 약국, 병원, 의료보험조합 상호 간의 IT-시스템을 연결하고 각각의 시스템에 존재하는 각종 의료정보를 상호 원활하게 교환하는 것이 가능하도록 한다.

---

101) Jörg Meister(2011), *Einführung der elektronischen Gesundheitskarte (eGK) im Krankenhaus - Materialien und Erläuterungen*, Deutsche Krankenhaus Verlaggesellschaft.

102) 독일의 텔레마틱인프라에 대해서는 https://www.gematik.de/telematikinfrastruktur/ (검색일: 2020.8.19.)

(3) 독일연방의사협회「표준의사직업규칙」에 따른 원격의료

독일연방의사협회(BUNDESÄRTZTKAMMER)의「표준의사직업규칙((Muster-)Berufsordnung für die in Deutschland tätigen Ärztinnen und Ärzte, MBO-Ä)」제7조 제4항은 '대면진료원칙'을 규정하고 있었다. 의사들은 환자와 직접 개인적 접촉을 통해 의료상담과 치료를 하고 원격의료는 보충적인 수단으로만 활용하도록 한 것이었다. 통신망을 통한 독점적 진료를 금지하고 있다. 즉, 의사가 한 번도 대면하지 않은 환자를 초진하면서 원격의료만으로 진단이나 처방을 하는 것을 금지하고 있으며, 통신매체를 이용한 진료는 재진환자 즉 '이미 진료기록이 있는' 환자에게만 허용되었다. 또한 이미 진료기록이 있다고 하여 모두 원격의료가 허용되는 것은 아니며 환자의 상황이 정보통신장비를 통해서 상담이나 치료를 받아야만 하는 특수한 상황인 경우에 한정하여 허용하고 있었다. 그런데 2018년 5월부터 이 조항은 삭제되어 현재는 가벼운 질환의 환자인 경우 대면 없이 화상으로 진단받을 수 있다.[103)]

---

103) 김철주 · 홍세영, "독일의 원격의료 법제와 제도에 관한 연구",『사회법연구』제36호, 한국사회법학회, 2018, 293-294쪽.

4. 원격의료의 법적 쟁점

1) 서

전술한바, 원격의료에 대한 긍정적인 입장에서는 4차 산업혁명시대와 고령화시대라는 특수한 상황에서 새로운 ICT 기술을 이용하여 국민에 대한 의료 서비스의 편의성, 상시적 질병관리의 필요성 등을 이유로[104] 원격의료를 이 시대의 의료적 위기에 대응하는 대안이라고 하고, 원격의료에 대한 부정적인 입장에서는 여전히 안전성과 유효성이 충분히 입증되어 있지 않았고 원격의료를 허용하였을 때 발생할 수 있는 다양한 법적 문제에 대한 법적 · 제도적 장치가 미흡하다는 점을 들고 있다.

한편, 원격의료의 허용성 여부에 대한 논란이 많지만 이것이 허용되더라도 넘어야 할 산은 너무 많다. 예컨대 원격의료의 적용 대상을 어떻게 정할 것인지, 원격의료의 방식은 어떤 유형까지 허용할 것인지, 보험급여의 적용 여부와 그 한계(법이 허용하는 원격의료의 방식과 보험급여 대상인 원격의료의 방식이 일치하지 않을 수 있다), 그리고 원격의료로 피해가 발생하였을 때 손해배상책임의 소재와 범위 그리고 입증책임 등이 원격의료 법제화에 즈음하여 함께 논의되어야 할 구체적인 문제들이다. 이하에서는 원격의료의 범위에 관련하여 가장 첨예한 쟁점인 '대면성'을 중심으로 논의를 살펴보고자 한다. 원격의료의 대상의 문제는 원격의료의 범위가 어떻게 정해지느냐에 따라 결정될 문제이고, 보험급여 적용의 문

---

104) 김진숙 · 오수현, "원격의료 정책 현황 비교 분석 연구: 미국, 일본, 한국을 중심으로", 『보건경제와 정책연구』 제24권 제1호, 한국보건경제정책학회, 2017, 2쪽 이하.

제는 입법 정책의 문제이며, 원격의료로 인한 손해배상책임의 문제는 원격의료가 이루어지는 유형에 따라 다양한 태양(態樣)으로 발생할 수 있어서 여기서 더 이상 논하는 것이 특별한 의미를 가지지 못한다.

2) 원격의료의 허용범위

원격의료 허용 범위를 어디까지 인정할 것인가를 세분화하여 의료법상 규정하여야 하나, 어느 범위를 정하더라도 찬반의견 모두를 만족시키기는 어렵다. 구체적으로 살펴보면, 원격모니터링에 관해서는 환자가 자기의 정보를 전달하고 의사가 확인하는 것을 의료행위라고 볼 수 있으면 허용 불가라는 견해가 있으나, 정보를 전달하는 행위는 (전문 의학지식을 통한) '의학적 방법'에 해당하기 어려워 의료행위로 볼 수 없을뿐더러, 의료행위는 기본적으로 '타인성'을 전제로 하는 개념이며, 자기에 대한 행위는 설사 그것을 의료행위라고 분류한 들 통제할 방법도 없으므로 수용하기 어려운 견해이다. 다만 주로 만성질환자가 대상이 되어야 하며, 지금까지 진찰한 적이 없는 환자에 대한 원격모니터링은 인정하기 어렵다. 원격진찰은 의료행위가 대면성을 요하는지 여부에 따라 달라질 것인바, 이에 대해서는 후술한다.

3) 의료행위의 대면성

의사들은 시진(視診), 청진(聽診), 타진(打診), 촉진(觸診)뿐만 아니라 오감(五感)을 동원하여 진료한다. 아래에서 보는 바와 같이 의료행위의 대면성이 반드시 요구되느냐의 여부를 법리적으로 논하기 전에 의료행위가 갖는 존엄성, 민감성에 비추어 대면성은 원칙으로서는 회피하기 어려운 요건이다. 그것은 의사 및 의료행위가 갖는 법적 책임성과도 무관하지 않다. 또한 디지털 헬스 케어가 줄 수 있는 편익에도 불구하고 사회적 수용이 용이하지 않는 것도 의료행위에 대한 엄격함(의료행위 주체에 대한 엄격함(면허제도). 의료기관에 대한 엄격함(허가제도). 의료행위 자체에 대한 엄격함) 때문이다.

「의료법」 제17조[105]에서는 의사 등이 처방전을 발행하기 위해서는 '직접' 진찰하도록 하고 있는바, 이것이 대면성을 전제로 하는 개념인지에 대해 논란이 있다.

먼저 헌법재판소는 이 조항에서의 '직접 진찰한'은 '대면하여 진료한'

---

105) 「의료법」 제17조(진단서 등) ①의료업에 종사하고 직접 진찰하거나 검안(檢案)한 의사[이하 이 항에서는 검안서에 한하여 검시(檢屍)업무를 담당하는 국가기관에 종사하는 의사를 포함한다], 치과의사, 한의사가 아니면 진단서 · 검안서 · 증명서를 작성하여 환자(환자가 사망하거나 의식이 없는 경우에는 직계존속 · 비속, 배우자 또는 배우자의 직계존속을 말하며, 환자가 사망하거나 의식이 없는 경우로서 환자의 직계존속 · 비속, 배우자 및 배우자의 직계존속이 모두 없는 경우에는 형제자매를 말한다) 또는 「형사소송법」 제222조제1항에 따라 검시(檢屍)를 하는 지방검찰청검사(검안서에 한한다)에게 교부하지 못한다. 다만, 진료 중이던 환자가 최종 진료 시부터 48시간 이내에 사망한 경우에는 다시 진료하지 아니하더라도 진단서나 증명서를 내줄 수 있으며, 환자 또는 사망자를 직접 진찰하거나 검안한 의사 · 치과의사 또는 한의사가 부득이한 사유로 진단서 · 검안서 또는 증명서를 내줄 수 없으면 같은 의료기관에 종사하는 다른 의사 · 치과의사 또는 한의사가 환자의 진료기록부 등에 따라 내줄 수 있다.

② 의료업에 종사하고 직접 조산한 의사 · 한의사 또는 조산사가 아니면 출생 · 사망 또는 사산 증명서를 내주지 못한다. 다만, 직접 조산한 의사 · 한의사 또는 조산사가 부득이한 사유로 증명서를 내줄 수 없으면 같은 의료기관에 종사하는 다른 의사 · 한의사 또는 조산사가 진료기록부 등에 따라 증명서를 내줄 수 있다.

의 의미에 해당한다고 한다. 그 근거로 원격의료를 규정한 제34조의 제3항에서는 원격의료를 하는 자도 환자를 '직접 대면하여 진료하는' 경우와 같은 책임을 진다고 하여 '원격의료'와 '직접 대면하여 진료'하는 경우를 대비시키고 있다는 점, 대면하지 않고 전화통화 등의 문진만으로 병명을 판단하는 것은 '진료의무'를 성실히 이행한 것으로 보기 어렵다는 점 등을 들고 있다(헌법재판소 2012.3.29. 선고 2010헌바83 결정).

이에 비해 대법원은 '직접 진찰한'의 의미는 '자신이 진찰한'의 의미로 이해해야 한다고 하면서, 그 근거로 의료법 제17조 단서에서는 환자를 '직접 진찰한' 의사 등이 부득이한 사유로 진단서 등을 내줄 수 없으면 같은 의료기관에 종사하는 다른 의사 등이 환자의 진료기록부 등에 따라 내줄 수 있다는 규정을 반대 해석하면 '직접 진찰한'의 의미는 '자신이 진찰한'으로 해석해야 한다는 점, 2007년 의료법 개정 전에는 '직접 진찰한'은 '자신이 진찰한 의사 등이 아니면'이라고 규정되어 있었다는 점, 의료법 제17조에서는 '직접 진찰'이라고 하고 제34조 제3항에서는 '직접 대면하여 진찰'이라고 하여 같은 의료법에서 서로 다른 표현을 쓰고 있다는 점 등을 들고 있다. 당해 조문의 해석은 먼저 당해 조문 속에서 답을 찾아야 한다는 점에서 헌법재판소보다는 대법원의 해석이 법조문의 구조적 해석에 가깝다. 또, 환자의 동의를 전제로 하고, 대면행위가 없더라도 위험 발생 가능성이 현저히 낮은 경우에 굳이 대면행위를 요구하는 것이 합리적인지 판단해 보더라도 그러하다(대법원 2013.4.11. 선고 2010도1388).

4) 의료행위의 전문성

원격의료는 의료행위의 '대면성' 요건에 대한 동요를 가져올 뿐만 아니라 '전문성' 요건에 대해서도 의문을 던진다. 어쩌면 '의료행위'라는 용어 대신 '의료 서비스'라는 용어가 익숙해 있다면 전문성에 대한 동요가 이미 시작되었기 때문일 수도 있다. 원격의료가 본격화되면 정보통신 기술자들이 다양한 방법으로 이 서비스에 참여하게 된다. 의료 서비스 분야에 기술 적용이 확대된다는 것은 의료전문가에 의한 전문성 비중이 낮아지고 이것을 기계 기술로 대체된다는 의미이기도 하다. 다양한 형태의 원격의료가 법제화되면 현재의 의료법상 의료인 개념에 대한 변용이 일어날 수 있는데, 의료 서비스 관계인으로서 어떤 형태로든 디지털 의료기기 다루는 자에 대한 면허제도 등의 진입규제와 행위 통제규제 등 법적 규제 장치가 등장하지 않을 수 없다. 다만 의료행위는 고귀한 인간의 신체를 다루는 행위로 고도의 윤리성과 책임성이 수반되므로 산업 정책적 측면에서만 고려될 것은 아니다.

제4절 맞춤의료와 유전자정보

1. 사전적 · 선제적 접근으로의 의료 관점 변화

예부터 의료계에서는 인류 전체의 안전을 위하여 우리를 지속해서 위협하였고 또한 위협하고 있는 각종 질병에 대한 적절한 치료를 중요하게 다루어왔다. 이것은 이러한 의료의 접근은 사후적 관점에서의 접근이라 할 것이다. 그런데 현재는 과학 기술의 발전과 함께 개인의 건강과 행복 추구를 위하여 특히 유전적 소인 때문에 발현 가능한 질병을 예측하여 정밀하고 적절한 관리를 받고자 하는 수요가 점차 증가하고 있는 추세이다. 이것은 사전적이고 선제적인 측면의 접근이 강조되고 있다는 증명이고, 이른바 맞춤의료라는 새로운 국면에 접어들었음을 의미한다.[106)]

이와 관련하여 최근 현대의료의 혁신적 발전과 함께 유전자치료의 성과에 대한 관심 역시 점차 증대되고 있다. 인간유전체연구(HGP)를 통해 2006년 1번 염색체의 유전자 구조를 밝혀내어 유전자 지도가 완성된 이후 바이오산업과 의료 연구계에서는 HGP를 통해 밝혀진 DNA 중에서 질병을 유발하거나 발현을 억제할 수 있는 유전자를 찾는 것에 역량을 집중하고 있다. 실제 과학자들은 HGP를 통해 해독된 DNA 구조를 '자료의 금광'으로 파악하고 있으며, 인간의 주요 질병을 진단하고 치료하기 위한 원천무기를 확보한 것으로 평가하고 있다.[107)] 개인 DNA 중에서 질병 유

---

106) 구태언, "바이오, 의료 정보에 대한 규제 현황 및 이슈", 『BioINpro』 제62호, 생명공학정책연구센터, 2019, 1쪽 참조.

발 가능 유전자를 밝혀낸다면 해당 유전자의 발현을 사전에 억제하거나, 질병을 억제할 수 있는 유전자를 유전자 재조합 기술을 통해 보충해주는 방법 등으로 질병을 예방 또는 적시에 치료할 수 있기 때문이다. 따라서 현재 바이오산업의 핵심은 질병을 유발하는 데 관여하는 유전자를 찾아내는 것이라 할 것이고, 실제 유명 제약회사 및 바이오벤처회사뿐만 아니라 여러 디지털 헬스 케어 산업에서 많은 관심이 집중되고 있다.[108]

실제 생명의료과학계에서 특정 유전자의 발현을 억제하는 방법과 필요한 유전자를 재조합을 통해 생산하는 기술은 대부분 유사하며 이미 공개되어 있다 할 수 있으므로 이제 관련 연구의 핵심은 인간의 DNA 전체에서 어느 부분이 질병과 관련 유전자인지를 밝혀내는 것에 있다고 할 것이다.[109]

이와 같이 유전자정보는 맞춤의료의 관점에서 예상되는 질병의 예방 · 관리에 있어 핵심적인 정보라 할 것이다. 지속적으로 발전하고 있는 유전자정보의 분석 기법을 통해 개인의 발병 가능성이 높은 질병에 대하여 검사를 통하여 미리 분석하고 이를 선제적으로 예방할 수 있기 때문이

107) 유지홍, "인간 유전자(DNA)의 법적지위와 개발기술의 합리적 보호방안: 유전자의 인격성에 근거한 새로운 체계의 제안", 『비교법연구』 제18권 제1호, 동국대 비교법문화연구소, 2018, 222쪽.

108) 박영규, "유전자 치료법을 포함한 의료방법 발명의 특허법적 문제", 『산업재산권』 제13권, 한국산업재산권법학회, 2003, 35쪽 참조.

109) 유지홍, "인간 유전자(DNA)의 법적지위와 개발기술의 합리적 보호방안: 유전자의 인격성에 근거한 새로운 체계의 제안", 『비교법연구』 제18권 제1호, 동국대 비교법문화연구소, 2018, 223쪽; 신혜은, "의료방법발명의 특허법에 의한 보호", 『안암법학』 제23호, 안암법학회, 2006 참조.

다. 더욱이 최근에는 과거에 비하여 유전자검사 비용이 획기적으로 낮아지고 또한 반드시 의료기관이 아니더라도 기타 여러 기관을 통하여 검사를 받을 수 있는 등 더 많은 진단 기회가 제공되고 있으므로 유전자정보의 분석과 제공은 앞으로 디지털 헬스 케어 산업의 핵심적 원동력이 될 것이라 여겨진다. 아울러 분석된 유전자정보를 이용하여 직접적인 유전자치료가 가능할 것이므로 이것은 맞춤의료에 있어서 가장 중요한 부분을 차지한다. 유전자치료는 원래 있어야 할 유전자가 결실되어 있거나 이상 상태인 경우 여기에 정상 기능을 하는 유전자를 직접 투여하여 질병을 치료하는 의료기술을 의미하므로, 분석된 의뢰인의 유전자정보는 유전자치료에 있어서 큰 역할을 수행할 수 있을 것이기 때문이다.

그러나 우리가 이와 같은 유전자정보를 알고 활용하는 것에 따른 역기능에 대해서도 충분한 대비가 필요하다. 유전자정보는 민감정보(sensitive information)로서, 예를 들어 무분별한 검사의 남용 제재, 분석된 정보 제공에 대한 인적 범위와 물적 범위의 제한,[110] 수집된 유전자정보 관리 대

---

110) 예를 들어 알츠하이머와 같은 불치병을 예를 들 수 있다. 이 질병은 단백질의 일종인 병적 아밀로이드(amyloid)가 뇌에 축적돼 발생한다. 보통 65세 이후에 시작되지만, 치매 원인이 되는 아밀로이드 침착은 이보다 앞선 40-50대에 시작된다. 아밀로이드 외에 아포리포단백질E군인 E2, E3, E4가 존재하는데 E4를 가진 사람은 70세 이전에 약 50%가, 90세에 달하면 약 99%가 치매 증상을 보인다. 반면 E4가 없고 E2나 E3를 가진 사람은 90세가 돼도 약 50%에서만 치매가 나타났다. 유니버시티 칼리지 런던의 존 하디(John Hardy) 교수는 "전체 영국인 가운데 약 3%가 두 가지 유형의 E4 변종을 지니고 있는 것으로 밝혀지고 있다"고 말했다. 그는 또 "부모 중 한 명이라도 E4를 지니고 있으면 그로 인해 E4가 전달된다"고 말했다. 이런 상황에서 유전자정보를 통하여 지득한 정보에 의하여 많은 사람들이 알츠하이머로 인한 공포 속에 살아갈 가능성이 커지고 있다. 특히 E4를 지닌 사람의 경우 심한 스트레스를 받을 것으로 예상된다. 따라서 필요한 경우 분석된 정보를 어느 사람에게 어느 정도까지 제한적으로 제공하여야 할 것인지에 대한 논의가 필요할 것으로 생각된다.

상의 범위와 관리 주체 등에 대하여 사회적으로 논의되고 해결하여야 할 사항이 많다. 이점에 있어서 관련 법규뿐만 아니라 정부 정책의 역할이 중요하다.

이하에서는 질병의 효율적 치료 및 예방과 관리라는 디지털 헬스 케어의 관점에서 먼저 맞춤의료와 유전자정보의 의의와 상호관계를 살펴보고, 유전자 연구를 통한 맞춤의료에 있어서 생각하여 볼 수 있는 법적인 문제점을 찾아봄으로써 맞춤의료에 대한 수요에 있어서 활성화 방안을 모색하고자 한다.

2. 맞춤의료와 유전자정보의 의의와 관계

1) 맞춤의료(Personalisierte Medizin)

맞춤의료란 그 범위와 관점에 따라 매우 다양하고 유동적으로 정의될 수 있다. 맞춤의료에 대해 식품의약품안전평가원은 '개인의 유전형(genotype)을 고려하여 약물 혹은 약물 용법을 선택하는 것'으로 설명하고 있고, 미국 대통령 과학기술자문위원회(PCAST: President's Council of Advisors on Science and Technology, 2008)는 특정 질병에 대한 민감성 또는 특정 치료에 대한 반응에서 차이를 보이는 개인을 소집단으로 분류하여, 집단에 속하는 '환자의 개인별 특성을 고려한 의료'로 정의한다.[111]

111) 정창록, "유전체맞춤의료를 둘러싼 인체유래물 및 인간유전체 정보의 도덕성 논쟁: 잊혀질 권리와 공유할 의무를 중심으로", 『의료법학』 제17권 제1호, 대한의료법학

일반적으로 개인의 체질이나 환경을 개별적으로 조사하여 여기에 적합한 치료법을 결정해 나가는 방법이며,[112] 정밀의료(Präzisionsmedizin)라고도 칭한다.[113] 즉, 의학기술이 발달하여 한 가지 질환에 대하여 여러 가지 치료법을 적용할 수 있게 되었고, 이에 따라 개인의 성별, 나이, 체질, 사회적 환경, 인생관 등에 따라서 개인별 니즈(needs)에 적합한 치료법을 선택할 수 있게 되었다. 예를 들어 기존에 '고혈압 치료에는 약물'이라는 식의 질환의 종류나 진행 정도에 따라 일률적으로 치료가 진행되었으나, 유전자 진단 등의 기법이 발달하면서 개인에 따라 다르게 치료하는 맞춤의료가 등장하게 되었다.[114] 향후 진료의 핵심 주제가 될 것으로 보인다.[115]

2) 유전자치료와 유전자정보

원하는 유전자를 세포 안에 넣어 형질을 발현시켜 잘못된 유전자의 기능을 대신하거나 잘못된 유전자를 대치하는 방법이 유전자치료(Gentherapie)

회, 2016, 47-48쪽.

112) https://terms.naver.com/entry.nhn?docId=1225257&cid=40942&categoryId=32745 (검색일: 2020.5.31.)

113) Peter, "Präzisionsmedizin: Zukunft der Krebsmedizin", Ärzte Zeitung, Springer Medizin, 2015 https://www.aerztezeitung.de/Medizin/Zukunft-der-Krebsmedizin-247319.html (검색일: 2020.5.31.)

114) https://terms.naver.com/entry.nhn?docId=1225257&cid=40942&categoryId=32745; https://de.wikipedia.org/wiki/Personalisierte_Medizin (검색일: 2020.5.31.)

115) Hüsing/Bärbel, "Individualisierte Medizin: Potenziale und Handlungsbedarf", *ZEFQ*, 2010.

이다. 예를 들어 질병을 치료하기 위해 DNA 또는 RNA와 같은 핵산을 개체의 신체 세포에 삽입하는 것을 의미한다.[116] 과거에는 중증복합면역결핍증(SCID, severe combined immunodeficiency)과 같은 일부 희귀 유전질환에만 국한되었으나 최근에는 종양, 심혈관 질환, 후천성면역결핍증(AIDS)의 치료 등에 이러한 유전자치료를 적용하고자 하고 있다. 특히 기존의 치료법이 충분한 효과가 없을 때 이를 대체하는 치료법으로도 주목받고 있다.[117] 이점에 있어서 희귀병을 앓고 있는 의뢰인을 위한 맞춤치료의 방안으로 그 의의가 크다.

이러한 유전자치료에 있어서 핵심적인 내용은 유전자가 가지고 있는 정보에 대한 정확한 분석이다. 현대 유전학에서 유전자는 "게놈 서열의 특정한 위치에 있는 구간으로서 유전형질의 단위가 되는 것"으로 정의된다. 유전자는 유전형질의 기능적 단위 모든 생명체가 세포 내에 가지고 있는 유전체 DNA의 특정 부위에 위치하는 정보서열로서 세포를 형성하며 유기적 생명현상을 유지하는 데 필요한 단백질 등을 생산해낼 수 있는 정보를 담고 있다. 또, 각 개체 고유의 특징을 나타내게 할 뿐만 아니라 복제를 통해 다음 세대의 자손에게 유전된다. 즉, 세포 내에서 유전자는 DNA 서열 중 정보를 담고 있는 부분에 해당한다. 사람의 경우 유전자는

---

116) Richtlinie der 2009/120/EG der Kommission vom 14. September 2009, *zur Änderung der Richtlinie 2001/83/EG des Europäischen Parlaments und des Rates zur Schaffung eines Gemeinschaftskodexes für Humanarzneimittel im Hinblick auf Arzneimittel für neuartige Therapien.*

117) https://terms.naver.com/entry.nhn?docId=1166688&cid=40942&categoryId=32763 (검색일: 2020.5.31.)

전체 유전체 DNA 중 단지 2%뿐이며, 나머지 98%는 비부호화(non-coding) 서열에 해당한다. 유전체의 대부분을 차지하는 비부호화 서열은 염색체의 동원체(centromere)와 말단소체(telomere)를 포함해 수천수만 개의 반복구조를 가진 위성(satellite) DNA 등의 반복 서열과 무작위 서열로 구성되어 있다. 유전자에 해당하는 부호화 서열 내부에도 모든 DNA 염기서열이 정보를 가지는 것은 아니다. 아미노산 정보를 가지고 있는 부위를 엑손(exon)이라 하고, 정보를 가지지 않는 부위를 인트론(intron)이라 한다. 원핵세포인 미생물의 유전자는 진핵세포와 달리 인트론이 전혀 없고 유전자들이 촘촘히 배열되어 있어 비부호화 서열이 거의 존재하지 않는다. 예를 들어, 대장균의 유전체는 거의 대부분 인트론 없는 부호화 서열인 유전자로 채워져 있으며 비부호화 서열은 전체 유전체의 11% 정도에 불과하다. 이렇게 촘촘한 유전자 배열은 진화 과정에서 복제를 빠르게 할 수 있는 장점으로 작용했을 가능성이 크다.

그리고 좁은 의미에서 유전자는 DNA 서열상에서 특정 단백질의 아미노산 사슬을 만드는 정보서열(CDS: coding DNA sequence)이 위치한 부위만을 의미하나, 넓은 의미에서는 단백질을 직접 만들지 않더라도 다양한 기능을 하는 RNA를 만드는 부위와 그 전사과정을 조절하는 부위까지 포함하기도 한다.[118]

유전자정보(유전정보, genetic information)는 「생명윤리법」 제2조 제14호에 의하면, 인체유래물을 분석하여 얻은 개인의 유전적 특징에 관한 정

118) https://terms.naver.com/entry.nhn?docId=5144908&cid=61232&categoryId=61232 (검색일: 2020.5.31.)

보를 말한다. 즉, 전체 단백질과 전체 RNA의 구조를 결정하여 세포나 조직의 구성 성분이 순서대로 생성될 수 있도록 프로그램화하고 생물체의 활동을 결정하며, 특유의 개성을 결정하는 데 필요한 정보이다.[119] 유전자정보는 「개인정보보호법」상 민감정보로서 개인정보 처리자가 처리해서는 안 되는 엄격한 정보로서의 특성을 지니고 있다.[120] 아울러 유전자정보는 개인의 건강, 생물학적 특성까지 매우 내밀하고 사적인 정보이고 혈족 관계를 추정할 수 있게 하는 정보라는 의미를 지니고 있다. 그리고 미래에 발현될 수 있는 질병의 위험 가능성까지 예측할 수 있는 미래정보의 성격을 가지고 있다.[121] 예측성 유전자 검사의 경우에는 다양한 유전자들과의 상관관계, 식습관, 생활습관, 환경 등 다양하고도 복합적인 요

---

119) 정재황 외, "생명과학기술의 발전과 헌법", 『정책개발연구』 제4권, 헌법재판소, 2012, 161쪽.

120) 「개인정보보호법」 제23조(민감정보의 처리 제한) ① 개인정보 처리자는 사상 · 신념, 노동조합 · 정당의 가입 · 탈퇴, 정치적 견해, 건강, 성생활 등에 관한 정보, 그 밖에 정보주체의 사생활을 현저히 침해할 우려가 있는 개인정보로서 대통령령으로 정하는 정보(이하 "민감정보"라한다 시행령제8조민감정보의범위에 따라 유전자검사 등의 결과로 얻어진 유전정보, 범죄경력자료)를 처리하여서는 아니 된다. 다만, 다음 각 호의 어느 하나에 해당하는 경우에는 그러하지 아니하다.

1. 정보 주체에게 제15조제2항 각 호 또는 제17조제2항 각 호의 사항을 알리고 다른 개인정보의 처리에대한 동의와 별도로 동의를 받은 경우
2. 법령에서 민감정보의 처리를 요구하거나 허용하는 경우

② 개인정보 처리자가 제1항 각 호에 따라 민감정보를 처리하는 경우에는 그 민감정보가 분실 · 도난 · 유출 · 위조 · 변조 또는 훼손되지 아니하도록 제29조에 따른 안전성 확보에 필요한 조치를 하여야 한다.

121) Ludvig Beckman, "Scientific Contribution - Democracy and genetic privacy: The value of bodily integrity", *Medicine, Health Care and Philosophy* 8(2005), pp. 98-99; 엄주희(c), "유전자 프라이버시와 적법절차: 헌재 2018. 8. 30. 2016헌마344에 대한 평석", 『저스티스』 제173호, 한국법학원, 2019, 441쪽 재인용.

인으로 발현하는 질병의 특성으로 인해 발생 가능성을 예측하는 정확성 · 불확실성과 위험성에 대해 논란이 있긴 하지만, 잠재적으로 질병의 발생 가능성을 추정할 수 있게 하는 수단이 되기도 한다. 그래서 한 사람의 과거, 현재, 미래를 모두 담고 있는 특별한 정보이면서, 생명체 자체를 형성할 수 있는 가능성을 담은 존재론적 의미를 지닌 특성을 보여주고 있다.[122)]

3) 맞춤의료에 있어서 유전자정보의 역할

현대 의학기술의 발전에 따라 한 가지 질환에 대하여 다양한 치료법을 적용할 수 있게 되었다. 즉 개인의 성별, 나이, 체질, 사회적 환경, 인생관 등에 따라서 그 사람에 적합한 치료법을 선택할 수 있게 되었다. 예를 들어 암의 경우, 환자의 체질이나 암의 악성도에 적합한 치료가 주된 치료 방법이었으나, 항암제에 대한 저항성을 가진 내성 암이 새로 나타났고, 항암제에 거의 반응하지 않는 난치성 암도 있다. 예컨대, 항암제인 5FU, 아자티오프린, 염산 일리노카텐을 분해하는 효소의 작용은 사람에 따라 50배나 차이가 난다. 이에 따라 개인의 약제에 대한 반응성이나 암마다 다른 성격을 유전자정보를 통하여 분석하여 환자에게 가장 좋은 암 치료법을 골라서 적용하는 맞춤의료가 활성화된다면 특히 난치병 치료 분야에서 유전자정보에 대한 연구가 치료 성과에 큰 역할을 할 것으로 기대된다. 즉, 약제의 효능 정도나 부작용 유무 등이 유전자 형태와 어떤 관련이

---

122) 하대청, “유전자검사의 윤리적 · 사회적 쟁점: 예측성 검사와 유전자특허 문제를 중심으로”, 『생명윤리포럼』 제2권 제3호, 국가생명윤리정책연구원, 2013, 1–2쪽.

있는지를 조사하여 이를 데이터화함으로써 개개인에 맞는 '맞춤의료'가 진행될 수 있고 특히 디지털 헬스 케어의 선도적 역할을 수행할 수 있을 것으로 보인다.[123]

3. 맞춤의료와 유전자 정보의 법적 쟁점

1) 서

'디지털 헬스 케어'는 정보기술(IT)과 의료를 결합한 개념으로 4차 산업혁명에 있어서 주목받고 있는 산업 분야라고 평가되고 있다. 디지털 헬스 케어의 일환으로 개인이 가지고 있는 질병에 대한 맞춤의료의 관점에서 환자에 대한 개별적 유전자 치료를 위해서는 해당 주체의 유전자 분석이 전제되므로 이에 대하여 다양한 공법적 · 사법적 문제점이 발생할 수 있다. 우리나라에서 유전자 연구와 이의 활용과 관련된 법률로는 대표적으로 「생명윤리 및 안전에 관한 법률(이하, 생명윤리법이라 한다)」과 「디엔에이신원확인정보의 이용 및 보호에 관한 법률(이하, 디엔에이법이라 한다)」이 있다. 그러나 각각의 법률은 서로 상이한 법적 목표를 위하여 규정되었다. 즉, 전자는 인간과 인체유래물[124] 등을 연구하거나, 배아나

---

123) https://terms.naver.com/entry.nhn?docId=1225257&cid=40942&categoryId=32745 (검색일: 2020.5.31.)

124) 인체로부터 수집하거나 채취한 조직 · 세포 · 혈액 · 체액 등 인체 구성물 또는 이들로부터 분리된 혈청, 혈장, 염색체, DNA(Deoxyribonucleic acid), RNA(Ribonucleic acid), 단백질 등을 말한다(「생명윤리법」 제2조 제11호).

유전자 등을 취급할 때 인간의 존엄과 가치를 침해하거나 인체에 위해(危害)를 끼치는 것을 방지함으로써 생명윤리 및 안전을 확보하고 국민의 건강과 삶의 질 향상에 이바지함을 목적으로 하는 법률로서 개인의 특성이나 질병 관련한 유전자 연구 및 활용이 이 법률의 주된 대상이다(「생명윤리법」 제1조). 이에 비하여 후자는 DNA신원확인정보의 수집 · 이용 및 보호에 필요한 사항을 정함으로써 범죄수사 및 범죄예방에 이바지하고 국민의 권익을 보호함을 목적으로 하는 법률로서 인간 유전학을 특히 범죄와 관련된 개인식별 목적으로 활용하는 것을 주된 규율대상으로 하고 있다(「디엔에이법」 제1조). 따라서 유전자와 관련된 우리나라의 법률체계는 개인의 특성이나 질병 관련된 유전자 연구 및 활용과 개인 식별 목적의 유전자 연구 및 활용이 상호 구분되고 있다 할 것이다.[125]

이와 같이 유전자 연구 및 활용에 있어서 두 가지 법이 서로 상이한 목적을 가지고 다른 영역을 규율하고 있으나, 최근의 과학적 유전자 연구에 있어서 그 결과물의 활용과 혼재되어 있는 경우가 드물지 않다. 즉, 현재의 우리나라 법체계에 의할 때 개인 식별의 목적으로 획득된 인체유래물을 연구 목적으로 사용하고자 하는 경우에는 「생명윤리법」의 규정에 따라 규율되므로 결국 인간 유전학을 규율하는 제도적 · 법적 논의에서는 양자를 함께 고려하여야 할 필요성도 있다. 즉, 직접적으로 맞춤치료를 위한 유전자치료에 있어서 분석된 유전자정보뿐만 아니라 개인 식별을 위한 유전자 감식 과정에서 특정인에 대한 유전자치료 가능성을 담은 정

---

125) 정규원, "법과학 연구 가이드라인의 필요성: 유전자 감식을 중심으로", 『대한법의학회지』 제43권 제2호, 대한법의학학회, 2019, 56쪽.

보가 간접적으로 확보된 경우 역시 디지털 헬스 케어 그리고 맞춤의료의 관점에서 함께 살펴보아야 한다. 따라서 아래에서는 유전자정보와 관련된 이상의 현행법규뿐만 아니라 다른 관점에 있어서 유전자치료와 관련되어 충분히 고려하여야 할 법적 문제점에 대하여 각 단계별 관점에서 살펴보고자 한다.

2) 맞춤치료 전 단계에서 고려되어야 할 기본적 전제

(1) 의뢰인 개인정보보호 및 동의

유전자정보를 통한 유전자 맞춤치료에 있어서의 주요 논의의 대상은 인간의 존엄성 존중의 원칙과 개인의 자율성 존중의 원칙이라 할 수 있다. 특히 인체 유래 생물학적 물질을 분석하거나, 활용한 연구나 그 연구결과물의 활용에 있어서는 개인의 사생활 보호 및 개인의 충분한 정보에 근거한 동의(informed consent)가 중요한 고려 사항임은 물론이다.[126] 한편, 「생명윤리법」 제2조 제14호에 의하면, '유전정보'란 인체유래물을 분석하여 얻은 개인의 유전적 특징에 관한 정보를 말하고 이러한 유전정보는 동조 제18호에 따라 '개인정보'에 해당하며, 실제로 「개인정보 보호법」 제2조 제1호에서 말하는 '개인정보' 즉, "살아 있는 개인에 관한 정보로서 해당 정보만으로는 특정 개인을 알아볼 수 없더라도 다른 정보와 쉽게 결합하여 알아볼 수 있는 것"에도 현재 기술에 의해 해당하게 된다.[127] 이

126) 정규원, "법과학 연구 가이드라인의 필요성: 유전자 감식을 중심으로", 『대한법의학회지』 제43권 제2호, 대한법의학학회, 2019, 58쪽.

와 같은 개인정보의 보호와 관련하여 다음의 견해를 음미하여 볼 필요가 있다. “정보 처리에 관여하는 사람들은 자신들에게 위임된 정보에 대해 책임을 져야 한다. 또한 정보 수집의 목적을 분명히 해야 하며, 정보의 원 소유자들로 하여금 그들의 정보가 수집되고 있다는 사실을 알리고 동의를 얻어야 한다. 개인 정보 수집은 이 원칙에 따라 명시된 용도에 한해서만 이루어져야 하며, 동의 없이 다른 이에게 공개해서는 안 된다. 필요 이상으로 오랫동안 정보를 보존해서는 안 되며, 정보를 계속 보유할 경우에는 정확하고 완전한 최신 정보만 보유해야 한다. 보안장치가 제공되어야 하며, 정보관리정책도 공개되어야 하고, 데이터의 주인들은 자신의 개인 정보에 접근하고 수정할 권리를 보장받아야 한다. 이런 일반적 원칙들은 입법, 자발적 규범, 국제협약이나 기준 등으로 실현되어 왔으며, 이에 관련된 기관과 전문가 · 활동가 · 압력단체 · 변호사 · 기업인 · 학자들에게는 그 자체가 중요한 성취이다.”[128)]

이에 더하여, 여기서 함께 고려하여야 할 사항은 의료진의 설명의무와 의뢰인의 자기결정권의 문제이다. 유전자정보를 기초로 맞춤의료를 희망하는 의뢰자의 경우 해당 치료에 대한 과정과 예상되는 결과 등을 충분히 설명받아 치료의 진행 여부에 대하여 스스로 결정할 수 있어야 한다. 즉,

---

127) Melissa Gymrek(2013), “Identifying Personal Genomes by Surname Inference”, *Science* Vol. 339, Issue 6117.

128) David Lyon(2001), *Surveillance society: monitoring everyday life*, Philadelphia: Open University Press, 2001, pp.10-87, 272-281; 정규원, “법과학 연구 가이드라인의 필요성: 유전자 감식을 중심으로”, 『대한법의학회지』 제43권 제2호, 대한법의학학회, 2019, 58쪽 재인용.

의사는 맞춤의학의 경우에도 다른 일반적 의료에 있어서와 마찬가지로 유전자치료를 희망하는 자에 대하여 설명의무가 있고, 그러한 경우 다른 진료방법에 대한 설명도 포함된다고 보아야 한다. 특히 예측적 유전자진단에서 자신의 유전자구조에 대한 정보의 자기결정권과 국제적 차원의 논의로서 어떠한 건강정보를 포함시킬 수 있는지가 문제될 수 있다. 즉 오로지 문제될 수 있는 유전자정보에 관한 것에 국한할 것인지 아니면 일반적으로 예측할 수 있는 건강정보를 포함할 것인지도 고려해 보아야 한다.[129] 따라서 맞춤치료를 위한 유전자 분석을 의뢰하는 최초 단계로부터 유전자정보라는 민감한 개인정보가 수집될 수 있고 그 목적은 효과적인 맞춤치료에 있음을 충분히 명시적으로 고지하고, 그에 따른 사전적 동의를 구하여야 하며, 아울러 수집된 정보의 관리와 연구 활용 절차에 있어서도 이에 대한 동의를 얻어야 한다. 결국 맞춤치료 전 절차에 있어서 개인정보에 대한 최선의 보호를 위하여 안전하고 효율적인 법적 대책 수립이 필요하다.

(2) 생명윤리 법정책적 문제

다음으로 유전자정보를 통한 맞춤의료 전 과정에서 고려될 필요가 있는 점은 생명윤리와 관련된 법적 문제점이다.[130] 자신에게 유전자 질환

---

129) 김기영, "맞춤의학의 가능성과 법적 문제에 관한 고찰", 『의생명과학과법』 제8권, 원광대 법학연구소 의생명과학법센터, 2012, 46-47쪽.

130) 이하 배현아, "바이오기술과 생명윤리 법정책의 쟁점과 개선방향: 유전자 치료 연구를 중심으로", 『바이오경제연구』 제1권 제2호, 한국바이오경제학회, 2018, 35쪽 이하 참조.

이 의심되는 경우 누구든지 유전자 검사[131]를 받을 수 있다. 다만 이러한 유전자 검사는 「생명윤리법」 제50조 제3항에 의한 '질병의 예방, 진단 및 치료와 관련한 유전자 검사'에 해당하므로 의료기관의 의뢰를 받아 시행되어야 한다. 즉 유전자 검사는 같은 법 제50조 제1항에서 금지 또는 제한되는 유전자 검사[132]가 아니라면 시행은 가능하다. 그리고 자신이 유전질환을 보유하고 있다는 것을 인지한다면 자신에 대한 직접적 치료뿐만 아니라 자신의 후손에게 이러한 유전자 발현을 예방하고자 할 수도 있다. 이러한 관점에서 유전자정보를 확인하기 위하여 배아 또는 난자를 대상으로 하는 유전자 검사가 가능한지 여부의 문제가 발생할 수 있다.

같은 법 제50조 제2항에서는 '유전자검사기관은 근이영양증이나 그 밖에 대통령령으로 정하는 유전질환을 진단하기 위한 목적으로만 배아 또는 태아를 대상으로 유전자 검사를 할 수 있다'고 하여 배아 또는 태아를 대상으로 하는 유전자 검사를 제한하고 있다. 즉, 우리 법에서 배아나 태아를 대상으로 하는 유전자 검사는 수적 · 구조적 이상이 있는 염색체이상 질환만을 고려하고 있다. 다만, 반드시 필요한 유전자 검사라면 '그밖에 질환의 예후(豫後) 등이 제1호부터 제62호까지의 질환과 같은 수준의 유전질환으로서 보건복지부장관이 지정 · 고시한 유전질환'에 해당한다

131) 「생명윤리법」 제2조 제15호에서는 '유전자 검사'를 인체유래물로부터 유전정보를 얻는 행위로서 개인의 식별 또는 질병의 예방 · 진단 · 치료 등을 위하여 하는 검사로 정의하고 있다.

132) 「생명윤리법」 제50조 제1항에서는 유전자검사기관은 과학적 증명이 불확실하여 검사대상자를 오도(誤導)할 우려가 있는 신체 외관이나 성격에 관한 유전자검사 또는 그 밖에 국가위원회의 심의를 거쳐 대통령령으로 정하는 유전자검사를 하여서는 아니 된다고 규정하고 있다.

고 평가될 경우 추가적으로 지정 · 고시되어야만 배아나 태아를 대상으로 유전자 검사를 시행할 수 있는데, 이는 생명윤리법제가 의생명과학기술의 발전에 따라 새롭게 알게 되거나 미토콘드리아 유전질환과 같이 새로운 생명윤리적 쟁점이 되는 질환에 대한 유전자 진단이나 치료에 있어 한계로 작용한다 할 것이다.[133] 이처럼 우리나라 역시 유전질환에 대한 치료라는 맞춤의료 목적의 연구를 위해서는 먼저 배아 또는 생식세포를 대상으로 하는 착상 전 유전자 검사의 대상 질환의 확장에 대한 고려 필요성이 크다 할 것이다.

생명윤리법정책은 의학과 생명과학의 새로운 지식체계에 대하여 사회적 함의와 정당성을 비판적으로 고찰하여 그 결과를 생명윤리의 쟁점이나 그로 인한 사회적 갈등을 해소하기 위한 규범체계 마련을 위한 법적 접근을 의미한다. 생명윤리법정책의 근간이 되는 생명윤리법제는 법률의 경직성으로 인해 매우 빠르게 발전하는 생명과학기술이 즉각적으로 반영되지 못하는 입법 기술상의 한계가 있어 현실과의 간극이 존재한다. 이러한 생명윤리법제의 제한점으로 인해 유전자 정보를 통한 치료와 같은 첨단 의생명과학기술의 특수성을 고려하고 기존의 안전성 검증체계 적

---

133) 영국에서도 이러한 문제점과 생명윤리법제의 한계를 극복하기 위해 과거 배아를 대상으로 하는 착상 전 유전자 검사 대상에 포함되어 있지 않았던 미토콘드리아 유전질환을 착상 전 유전자 검사 대상으로 포함시키는 과정에서 몇 가지 조건을 제시하면서 이른바 '돌연변이(mutation)'와 같은 염색체 이상만을 대상으로 하는 것이 아닌 출생 후 건강상태에 영향을 미칠 수 있는 미토콘드리아 DNA의 '비정상적인 상태(abnormality)'에 대한 검사로 포괄적인 규정을 통해 그 대상 범위를 확장한 예가 있다. Nuffield Council on Bioethics Report: Novel Techniques for the Prevention of Mitochondrial DNA disorders: an ethical review, *NUFFIELD COUNCIL on BIOETHICS*, 2012, p.27.

용의 한계 등을 극복할 수 있는 생명윤리법제의 규제 패러다임의 변화가 필요하다. 다만 생명윤리정책의 방향은 바이오기술 도입에 따른 경제성이나 활용 가능성에 대한 기대와 기여 가능성이 불확실한 위험을 고려한 규제와 균형을 이루고 인간의 존엄성을 포함한 생명윤리적 쟁점에 대한 검토가 함께 이루어져야 한다. 이를 위해 바이오기술의 가치에 대한 사회적 합의와 공론화가 이루어져야 하고 그 과정에서 과학자뿐 아니라 시민사회 전체가 주체적으로 그 역할을 수행할 수 있어야 한다.[134)]

3) 유전자분석 및 연구단계에서의 법적 쟁점

(1) 유전자의 법적 지위

먼저 HGP를 통해 데이터베이스화되어 있는 인간 DNA 내 30억 염기쌍(A-T-G-C) 중, 특정 염기 부분에서 질병유발기능을 확인했을 경우, 이러한 연구성과를 어떻게 보호할 것인가와 관련된 법적 문제를 생각해볼 필요가 있다. 발견된 질병유전자는 산업적 활용을 위해 특허출원(特許出願) 하게 되고 이를 통하여 연구자와 투자자는 연구에 지출된 자본과 노력을 보상받게 될 수 있게 되니 더 많은 투자와 후발 연구를 계속 촉진하게 될 것이다.[135)] 우리나라의 경우 1998년 제정된 「특허청 생명공학분

---

134) 배현아, "바이오기술과 생명윤리 법정책의 쟁점과 개선방향: 유전자 치료 연구를 중심으로", 『바이오경제연구』 제1권 제2호, 한국바이오경제학회, 2018, 31쪽.

135) 유지홍, "인간 유전자(DNA)의 법적지위와 개발기술의 합리적 보호방안: 유전자의 인격성에 근거한 새로운 체계의 제안", 『비교법연구』 제18권 제1호, 동국대 비교법문화연구소, 2018, 253쪽.

야 특허심사기준」에서는 유전자 자체가 특허의 대상이 됨을 명시하고 있다.[136] 참고로 미국의 경우, 2013년 6월 13일 미국 연방대법원은 만장일치로 인간유전자에 대한 특허가 위법하다는 판결을 내린 바 있다. 미국의 유명 여배우인 안젤리나 졸리가 유방암 유전자검사 시 사용한 두 유전자(BRCA1, BRCA2)에 관한 특허들을 가진 미리어드제네틱스사(Myriad Genetics, Inc.)가 피고가 된 소송에서, 원고인 환자들과 과학자들에게 있어 특허로 인한 높은 가격과 비용 때문에 연구, 진단과 치료 기회를 제한한다는 의미에서 염색체 속에 자연적으로 존재하는 게놈 DNA는 특허 대상이 될 수 없다고 판시한 것이다.

현재의 특허 방식은 질병유전자 확인 등을 생화학적 물질의 발명과 유사하게 취급하고 있으며, 단지 유전자의 경우는 '기능의 기재'를 필수요건으로 하고 있다는 점에 차이가 있는 정도이다. 그러나 이러한 종래의 태도는 재고되어야 할 것이다. 무엇보다 DNA에 대해 물질발명(물건의 발명)으로 특허하려면 인간 DNA의 법적 지위가 자연계에 존재한 생화학적 물질처럼 민법상 권리의 객체인 단순한 '물건'이어야 하지만 이러한 기존의 인(人) · 물(物) 이분법적 체계를 넓혀서 관련된 법적 지위의 정립이 필요한 문제로 보아야 할 것이기 때문이다.[137] 그리고 「유네스코 인간

---

136) Molecular Pathology v. Myriad Genetics Inc., 569 US __(2013)(US Supreme Court, No.12-398, 13 June 2013). 이보형, "유전자검사기술 확대에 따른 국내 유전자 프라이버시 침해의 제 문제: 생명윤리 및 안전에 관한 법률 제6장을 중심으로", 『지식재산연구』 제12권 제1호, 한국지식재산연구원, 2017, 118쪽에서 재인용.

137) 유지홍, "인간 유전자(DNA)의 법적지위와 개발기술의 합리적 보호방안: 유전자의 인격성에 근거한 새로운 체계의 제안", 『비교법연구』 제18권 제1호, 동국대 비교법문화연구소, 2018, 224쪽.

게놈과 인권에 관한 세계선언」과 같이 '인간게놈은 인류 전체의 유산'이라는 점을 고려한다면 '염기서열'을 특정해서 물질발명으로 특허하는 것은 '생명체에 특허를 부여해서는 안 된다'는 사회윤리적 입장과도 충돌되는 면이 있다. 아울러 유전자는 특허 부여 방식에 있어서 대체로 새롭게 합성된 화학물질과 유사하게 취급되고 있는데, 유전자는 이미 밝혀진 DNA 구조(30억 염기) 중에서 '특정 유전자'의 기능을 확인하는 것이 본질이다. 이러한 점에서 완전히 새로운 물질을 새롭게 합성해서 '물건의 발명'으로 특허 받는 '화학물질'과는 분명한 차이가 있다. 유전물질인 DNA가 당, 인산, 염기로 이루어진 점에서 우리나라를 비롯한 기술선진국들이 고분자 화합물과 유사하게 취급하고 있으며, 취급에 있어서 실제로도 용이한 측면이 있다. 하지만 화학물질은 거의 '무한대'에 가깝게 새로운 합성물질을 만들 수 있다. 하지만, 유전자는 DNA를 구성하는 30억 염기서열에서 '3만 개'가 존재할 뿐이다. 유전자 연구는 DNA 내에서 3만 개 유전자의 위치를 찾고 기능을 확인하는 것이 본질이다. 따라서 물질의 개수나 연구의 본질에서 완전히 다르다 할 것이다. 인체유래물이 비록 분리되었다고 하더라도 유전정보와 유전물질을 고스란히 내포하고 있어 언제든 복제되거나 인체에 재주입될 수 있다는 점에서 그 법적 지위는 '분리 전 인체에 준(準)하는 법적 지위'로 파악하고 단순한 물건이 아닌 인격권의 대상으로 보호하는 것이 더 타당하다. 따라서 DNA와 같은 인체유래물 연구성과에 대하여 물건의 발명과 같은 특허 방식이 아니라 인체에 준하는 법적 지위에 합당한 특허가 필요하다. 다만, '분리된 인체유래물'이 '분리 전 인체에 준(準)하는 법적 지위'를 가지고, '인체에 관한 법률규정이 준용(準用)'되어 인격권으로 보호된다고 하더라도, '분리로 인한 성질상 차이'와 '특별법상 차이'를 구별할 합리적 필요성이 있다. 즉, 원칙적으로 '인체(人體)'에 관한 법률규정이 적용되지만, 성질상 · 특별법상 차이가 인정되는 범위에서는 예외적으로 '물건(物件)'에 관한 규정이 적용되어야 할 것이다.[138)]

(2) 유전자 프라이버시

① 의의

유전자분석에 있어서 도출된 정보에 대한 존재론적 의미를 살펴볼 필요가 있다. 유전자정보는 민감정보로서 개인정보자기결정권의 보호 대상이 되는 의미를 뛰어넘어 인간의 존엄과 가치로부터 나오는 인격권, 사생활의 비밀과 자유까지 통합적으로 포괄하는 의미로서 유전자 프라이버시권으로 다루어져야 하는 특수성과 독립적인 기본권으로서의 의미를 가질 수 있다.[139)]

한편, 유전자 프라이버시 개념의 높은 활용도에도 불구하고 국내 실정에 맞게 적용될 유전자 프라이버시에 대해 통용될 만한 뚜렷한 개념 정의는 현재 이루어지지 않은 상태이다. 유전자 프라이버시에 대해 "개인의 유전자를 분석하여 얻은 유전정보 중 다른 사람들이 알아도 무방한 것의

---

138) 유지홍, "인간 유전자(DNA)의 법적지위와 개발기술의 합리적 보호방안: 유전자의 인격성에 근거한 새로운 체계의 제안", 『비교법연구』 제18권 제1호, 동국대 비교법문화연구소, 2018, 219쪽 참조.

139) 엄주희(c), "유전자 프라이버시와 적법절차: 헌재 2018. 8. 30. 2016헌마344에 대한 평석", 『저스티스』 제173호, 한국법학원, 2019, 435쪽.

범위와 내용에 대해서 본인 스스로 결정할 권리와 본인이 자기 자신에 대해서 어떤 유전정보를 알고자 할지를 스스로 결정할 권리"라고 정의하는 견해[140]가 있는가 하면, 유전자 정보는 정보 프라이버시의 일종으로 보아 개인의 유전자정보 소유권, 유전자정보에 대한 자기결정권 및 통제권, 평등권, 알 권리, 생명권 등이 유전자 프라이버시를 이루고 있다고 보는 견해[141]도 있다. 또한 유전자프라이버시 정의에 있어서 개인의 유전적 권리 인정, 아동의 식별 가능한 유전자 시료의 수집, 저장, 분석 허용에 있어 부모의 권리 제한, 유전적 권리의 소유자에 의해 허용되지 않은 수집, 저장, 분석에 대한 금지, 유전적 권리 피침해자를 위한 권리회복 구제장치와 침해자에 대한 제재 등에 대한 제도적 뒷받침까지 포함하여 유전자 프라이버시라고 보는 입장[142]도 있다. 또한「인간게놈과 인권에 관한 보편선언(Universial Declaration on the Human Genome and Human Rights)」의 제5조를 빌려 유전정보의 알 권리와 비밀에 대한 권리가 유전 프라이버시라고 보는 주장[143]도 있다. 위와 같은 다양한 견해를 종합하자면 결국 유전자 프라이버시는 유전자검사를 통해서 얻게 된 유전적 특징에 대한 정보에 대해 개인의 유통 · 접근에 있어 관리 및 통제할 수 있

---

140) 손영수, "유전자정보 프라이버시 보호정책의 필요성에 관한 고찰", 인하대학교 경영대학원 석사학위 논문, 2013, 32쪽.

141) 이정념, "정보프라이버시 갈등과 유전자정보권에 관한 고찰", 『형사법연구』 제22권 제2호, 한국형사법학회, 2010, 315쪽.

142) 심희기, "유전자정보은행과 프라이버시 이슈들", 『형사정책』 제18권 제2호, 한국형사정책학회, 2006, 103쪽.

143) 김수갑, "유전자연구에 있어서 제기되는 관련 당사자의 기본권", 『법학연구』 제22권 제1호, 충북대 법학연구소, 2011, 1-10쪽.

는 권리라고 정의할 수 있을 것이다.[144)]

맞춤의료에 있어서 유전자정보의 주체는 자신의 정보에 대해 접근권, 자기정보통제권, 정보 열람권 등을 유전자 프라이버시로서 보유하게 된다. 의료진은 가치판단적 정보를 가지고 진료하며, 향후 치료방법을 기록한다. 환자는 자신의 유전자정보에 대해 알지 못하는 경우가 있는데 이때 자기의 정보에 대한 접근권을 행사할 수 있다. 이러한 접근권의 확보는 환자가 치료에 관한 자기결정을 행사할 때 중요한 역할을 할 수 있다. 자기정보통제권이란 "자신과 관계된 정보의 흐름을 통제할 권리 즉 언제 어떠한 한계 내에서 개인적 생활을 공개할 것인지를 원칙적으로 스스로 결정하는 개인적 자기결정의 사상에서 나오는 권리이다."[145)] 또 환자는 정보의 주체로서 자기에 대한 정보가 기록시스템에 어떻게 입력되어 있는가를 알 권리 즉 자기정보에 대한 접근권이 있으며, 그 정보가 잘못되었을 경우 수정 내지 삭제 청구권을 행사할 수 있다. 더불어 정보기록의 오류를 제거하기 위하여 자기정보에 대한 열람 · 복사권이 인정된다. 유전자정보의 소유권이 원칙적으로 정보 작성 주체에게 있다고 하나, 환자 개인이 제공하여 생성된 정보인 만큼 환자에게도 개인정보에 관한 관리권이 존재하기 때문이다.[146)]

---

144) 이보형, "유전자검사기술 확대에 따른 국내 유전자 프라이버시 침해의 제 문제: 생명윤리 및 안전에 관한 법률 제6장을 중심으로", 『지식재산연구』 제12권 제1호, 한국지식재산연구원, 2017, 115쪽 참조.

145) 이상명, "의료정보화와 의료정보보호", 『법학논총』 제25권 제1호, 한양대 법학연구소, 2008, 43쪽.

146) 이호용(d), "전자의무기록의 보관과 신뢰할 수 있는 제3의 기관의 활용", 『한양법학』

② 우리나라에서의 논의 현황

유전자 프라이버시와 관련하여 유전자정보의 분석과정에서 수집된 정보 보호의 측면에서 최근 헌법재판소의 결정을 참고할 수 있다.[147] 2018년 8월 30일 헌법재판소는 디엔에이감식시료채취영장 발부 과정에서 채취대상자가 자신의 의견을 진술하거나 영장발부에 대하여 불복하는 등의 절차를 두지 아니한 「디엔에이법」 제8조는 과잉금지원칙을 위반하여 청구인들의 재판청구권을 침해한다는 이유로 헌법불합치 결정을 선고하고, 2019년 12월 31일까지 잠정 적용을 명하였다. 다만 이 결정에 대하여는 재판관 3인의 반대의견이 있었다. 주거침입죄와 경합된 죄에 대해 형의 선고를 받아 확정된 사람 즉, 수형인으로부터 디엔에이감시시료 채취할 수 있다는 조항(제5조 제1항 제4호의2)이 신체의 자유를 침해했는지 여부, 영장 발부 후 불복할 수 있는 절차 등에 관하여 규정하지 않은 조항(제8조)이 재판청구권을 침해하는지, 수형인이 사망한 경우 데이터베이스에 수록된 디엔에이신원확인정보를 직권 또는 친족의 신청에 의해 삭제하여야 한다는 조항(제13조 제3항)이 개인정보자기결정권을 침해하는지 여부 등이 이 사건의 쟁점이 되었다. 즉 신체의 자유, 재판청구권과 적법절차, 개인정보자기결정권의 침해 여부가 판단의 쟁점이 되었는데, 신체의 자유와 개인정보자기결정권은 침해되지 않는다고 판단하였다. 반면 영장절차 조항은 영장 발부과정에서 자신의 의견을 진술할 수 있는 기회

제24권 제4호, 2013, 138-139쪽.

147) 헌법재판소 2018.8.30. 선고 2016헌마344 · 2017헌마30(병합) 결정.

를 절차적으로 보장하고 있지 않고, 영장 발부에 대하여 불복할 수 있는 구제절차가 마련되어 있지 않다는 이유로 침해의 최소성 원칙에 반하여 재판청구권이 침해되었다고 판단하였다.

즉, 우리나라는 미국과 같이 일반인이 이용할 수 있는 DNA 데이터베이스가 없지만, 형이 확정된 수형인과 구속피의자를 상대로 DNA를 수집하고 데이터베이스화하는 법제인 「디엔에이법」을 통하여 범죄의 수형인이나 구속피의자에게 DNA정보를 취득하여 데이터베이스화할 수 있으나 이러한 규정의 일부가 피의자의 무죄추정의 원칙에 반하고 적법절차와 영장주의에 반하며, 침해의 최소성 원칙에 반할 수 있음을 이유로 2018년 해당 사건에서 헌법불합치 결정을 받게 되었다. DNA는 유전자를 담고 있는 저장소이기 때문에, 기본권 보호의 대상으로서의 DNA의 보호는 결국 유전자의 보호가 될 것이다. 따라서 DNA 프라이버시와 유전자 프라이버시는 동일한 의미로 사용될 수 있다.[148] 따라서 DNA는 개인을 식별할 수 있는 신원 확인 도구로서의 기능뿐 아니라, 일단 유출되면 프라이버시의 침해를 돌이킬 수 없게 되는 파급력을 보유함과 동시에, 인간으로 재창조할 수 있는 플랫폼이라 할 것이므로 인격권과 사생활의 비밀과 자유, 개인정보자기결정권의 내용을 포함하는 유전자 프라이버시권을 고려할 필요가 있다.[149]

---

148) 엄주희(c), "유전자 프라이버시와 적법절차: 헌재 2018. 8. 30. 2016헌마344에 대한 평석", 『저스티스』 제173호, 한국법학원, 2019, 442쪽.

149) 엄주희(c), "유전자 프라이버시와 적법절차: 헌재 2018. 8. 30. 2016헌마344에 대한 평석", 『저스티스』 제173호, 한국법학원, 2019, 454쪽.

③ 유전자 프라이버시 침해 가능성

ㄱ. 유전자정보의 국외이전

「생명윤리법」 제49조 제1항에 의거하면, 유전자검사기관이 되기 위해서는 '허가'가 아닌 '신고'로서 가능하기 때문에 설립은 비교적 쉬운 편이다. 시설 부분은 검사실을 따로 마련하고, 냉장고 및 냉동고, 중합효소연쇄반응기, 전기영동장치, 이미지기록장치, 원심분리기, 무균상자, 이산화탄소 배양기, 현미경 등을 갖춰야 하고, 인력은 유전자검사의 관리를 담당하는 책임자 1명, 유전자검사를 수행하는 관련 분야(의학, 생물학, 생화학 등 관련 학과) 학사급 연구원 1명 이상이 충족되면 가능하다.

그러나 유전자 분석 허가를 함에 있어서는 많은 제한이 있다. 같은 법 제50조 제1항에서는 유전자검사기관은 "과학적 증명이 불확실하여 검사대상자를 오도할 우려가 있는 신체외관이나 성격에 관한 유전자검사" 혹은 "국가위원회의 심의를 거쳐 대통령령으로 정하는 유전자검사"가 금지되어 있다. 또한 같은 조 제2항에서는 "배아나 태아에게 근이영양증 및 대통령령으로 정하는 목적 외의 유전자검사"[150]가 금지되어 있으며, 같은 조 제3항에서는 의료기관의 경우에만 질병의 예방, 진단 및 치료와 관련된 유전자검사를 수행할 수 있다고 규정하고 있다. 그러므로 국내에서

---

150) 「생명윤리법」 제50조 제1항에 따른 같은 법 시행령 제20조에 의하면, 별표2의 금지되는 유전자검사 항목에는 14가지의 검사가 금지되고 있으며, 6가지 검사의 경우에는 의사가 필요하다고 판단하는 경우에는 실시할 수 있도록 허용하고 있다. 또한 같은 법 제50조 제2항에 대한 시행령 제21조에 의하면 별표 3에 따라 허용되는 유전자검사항목에는 62가지 유전질환 및 보건복지부장관이 지정 · 고시한 유전질환이 있다.

합법적으로 의료기관이 아닌 유전자검사기관에서 할 수 있는 유전자검사는 의료기관의 의뢰를 받은 경우를 제외하고는 질병의 예방, 진단 및 치료와 관련되지 않으면서도 '과학적 증명'이 확실한 유전자검사일 경우에만 해당한다 할 것이다.

그런데 이러한 유전자검사가 현실적으로는 소수라는 데에 문제가 있다. '과학적 증명'에 있어 타당한 유전자검사인지에 대한 판별은 질병관리본부의 생명과학연구관리과에서 담당하고 있는데, 허용기준이 공시되어 있지 않으며 인가받기에 까다로운 것으로 알려져 있다. 덧붙여 "질병의 예방, 진단 및 치료와 관련된 유전자검사"의 경우에도 '질병'에 대한 명확한 정의가 없기 때문에 규제대상이 될 가능성이 크다. 그런데 더 큰 문제는 상업성이 있으나 국내에서 규제대상이 되는 유전자검사의 경우 소비자의 인체유래물을 국외로 이전하여 유전자검사를 수행하려 한다는 데에 있다. 즉, 유전자검사가 가능한 해외 유전자검사업체에 맡기거나 해외 자회사를 활용하여 분석하여 그 결과를 다시 국내 소비자에게 전달하는 방식을 활용한다면 현행법의 유전자정보보호의 의미가 퇴색될 수 있다.[151)]

결국 각국의 유전자 보호정책이 다르기 때문에 충분한 정보가 주어지지 않을 경우, 분석된 유전정보가 어떠한 방식으로 보호될 수 있는지를 소비자로서는 가늠할 수 없음에도, '충분한 정보'가 무엇인지에 대해서조차 피검사자가 알 수 없게 되므로 유전자 프라이시의 관점에서 큰 문제점

---

151) 이보형, "유전자검사기술 확대에 따른 국내 유전자 프라이버시 침해의 제 문제: 생명윤리 및 안전에 관한 법률 제6장을 중심으로", 『지식재산연구』 제12권 제1호, 한국지식재산연구원, 2017, 128쪽.

이라 할 것이다. 나아가 해외의 유전자검사기관이 소비자의 유전정보에 대해 관리 및 통제력을 갖게 된 경우, 이는 다시 타인의 권한 내에 속한 채 국내에 들어와 소비자가 원하지 않는 방식으로 활용되어 2차 유전자 프라이버시 침해를 일으킬 가능성을 배제할 수 없다.[152]

ㄴ. 익명화와 알 권리의 문제

유전자정보 분석을 위한 인체유래물의 유래와 검사 의뢰인이 동일한 경우 유전자 프라이버시가 문제될 수 있는 부분으로 두 가지를 생각하여 볼 수 있다. 첫째, 유전정보를 제공한 피검사자의 익명화 문제이다. 제3의 연구자에게 제공함에 있어 별지 제34호에는 기증자가 개인식별정보를 불포함할 수 있는 선택항이 있고, 별지 제41호의5에는 "인체유래물 등은 개인식별정보와 분리보관되고 연구자에게 제공 시 개인식별정보는 제공되지 않는다"고 명시되어 있다. 또한 생명윤리법 제53조 제2항이 준용하는 같은 법 제38조 제2항에서는 인체유래물 등을 다른 연구자에게 제공할 때 '익명화'해야 한다고 되어 있다. 즉, 별지 제41호에 따라 애초에 개인식별정보가 제3자에게 제공되지 않거나 별지 제34호에 따라 피검사자가 개인식별정보를 불포함할 것을 요청하거나 또 다른 방식의 서식상 익명화를 요청한다면, 유전자검사기관에 의해 개인식별정보는 익명화될 것을 예상할 수 있는 것이다. 그런데 생명윤리법 제2조 제17호에서 "개인식별정보란 인체유래물의 기증자의 성명, 주민등록번호 등 개인을 식별할

152) 이보형, "유전자검사기술 확대에 따른 국내 유전자 프라이버시 침해의 제 문제: 생명윤리 및 안전에 관한 법률 제6장을 중심으로", 『지식재산연구』 제12권 제1호, 한국지식재산연구원, 2017, 130쪽.

수 있는 정보"라고 열거 방식으로 규정되어 있으며, 동조 제19호에서는 "익명화란 개인식별정보를 영구적으로 삭제하거나, 개인식별정보의 전부 또는 일부를 해당 기관의 고유식별기호로 대체하는 것"이라고 정의하고 있다. 이때 열거 방식으로 되어 있다는 점에서 성명, 주민등록번호를 제외한 성별, 주소, 연락처의 경우 개인식별정보에 포함되지 않아 제3자에게 쉽게 제공될 여지가 있다.[153)]

물론 DNA 데이터베이스가 일반에게 공개되지 않은 우리나라의 현실을 고려한다면 이러한 피해가 적을지 모르지만 인체유래물 연구자들 집단에게 있어서라도 자신들이 식별될 수 있는 가능성 그 자체만으로 부담으로 작용할 것이다. 이는 유전정보의 관리 및 통제에 대한 권한을 잃은 바와 마찬가지의 효과로서 볼 수 있기 때문에 결국 일종의 유전자 프라이버시 침해로 볼 수 있다.[154)]

공익목적을 위한 정보의 수집, 활용과 익명성의 문제는 외국의 정보보호법의 사례에서 시사점을 얻을 수 있다. 의료정보에 대해서가 아니라 일반적 정보 수집 및 이용에 관한 원칙으로서 외국의 사례를 보면 다음과 같다. OECD와 일본, 미국은 이용 목적만 특정해서 고지하거나 공표하면 특별히 정보 주체의 동의를 받을 필요가 없어 개인정보의 수집 · 이용이

---

153) 이때 어떤 방식으로 익명화를 하든 발생할 수 있는 문제는 유전정보와 일부 개인정보만 결합되어도 개인식별이 충분히 가능하다는 연구 결과가 있다(Gymrek, Melissa (2013), "Identifying Personal Genomes by Surname Inference", *Science* Vol. 339, Issue 6117, pp.321-324).

154) 이보형, "유전자검사기술 확대에 따른 국내 유전자 프라이버시 침해의 제 문제: 생명윤리 및 안전에 관한 법률 제6장을 중심으로", 『지식재산연구』 제12권 제1호, 한국지식재산연구원, 2017, 138쪽.

매우 자유롭다. EU와 독일은 원칙적으로 무분별한 개인정보의 수집 · 이용은 허용하지 않고 있지만, 공공이익의 보호, 이익형량 원칙 등의 도입을 통해 정보 주체의 동의 없이 개인정보를 이용할 수 있는 사유를 폭넓게 인정하고 있다. 특히 개인정보 처리자의 정당한 이익을 보호하기 위해 필요한 경우를 매우 폭넓게 인정하고 있어 일정한 범위 내에서 마케팅 목적의 개인정보 수집 · 이용도 가능하다. 한편 EU 회원국들은 개인정보의 익명 처리원칙을 채택함으로써 개인정보의 보호와 이용의 조화를 꾀하기도 한다. 즉 「EU개인정보보호 지침」은 개인정보의 수집 목적이나 재처리 목적에 비추어 필요 이상으로 정보 주체의 신원 확인이 이루어지지 않은 형태로 개인정보가 처리되어야 한다고 규정하고 있고, 「독일연방개인정보보호법」은 보다 구체적으로 개인정보처리시스템의 구성과 선택은 개인정보를 가능한 적게 수집 · 처리 · 이용할 것을 목표로 해야 하며, 특히 익명화 · 가명화가 가능하고 그에 수반되는 비용이 보호 이익과 비례하는 경우에는 개인정보는 익명화 · 가명화를 통해서 처리되어야 한다고 명시하고 있다.[155] 이와 같이 보면 익명성은 정보의 보호와 이용의 조화를 도모하는 중요한 도구로써 활용되고 있다는 점, 한편 개인의 의료정보는 민감한 정보라는 점 등을 고려하면 환자의 동의가 전혀 없이 활용되기에는 무리가 따른다. 그렇다고 하여 진지한 설명에 의한 동의까지는 요구할 필요는 없다고 생각된다. 따라서 해당 환자로부터 구두에 의한 설명을

155) 정찬모 · 이창범, "민간부문에서 개인정보 수집 · 이용시 정보주체의 동의원칙", 『정보화정책』 제16권 제4호, 한국인터넷진흥원, 2009, 120-121쪽; 이호용(d), "전자의무기록의 보관과 신뢰할 수 있는 제3의 기관의 활용", 『한양법학』 제24권 제4집, 한양법학회, 2013, 141쪽.

제공하지는 않지만 전자적 형태의 동의서식을 통해서 이에 대한 동의를 구하는 방안에 동의한다.[156]

둘째, 새로운 유전정보에 대한 알 권리에 관한 문제이다. 연구 현장에서 유전자정보 의뢰인의 유전정보를 검사하다가 애초에 검사 목적으로 삼지 않았던 질병 유전자를 우연히 발견하는 경우가 있을 수 있는데, 이러한 우연적 발견에 대한 현행 규정이 존재하지 않는다. 이 경우 의뢰인에게 이러한 정보를 알리는 것이 합리적일 것 같으나 알릴 법적 의무가 없을뿐더러, 오히려 역으로 (검사의 목적이 아니었던) 이러한 정보를 알려주는 것이 검사자인 의뢰인의 유전자 프라이버시에 대한 침해에 해당한다고 보는 견해도 있을 수 있어[157] 조심스럽게 접근하여야 한다.

ㄷ. 타인의 유전자정보를 통한 본인의 유전자 공유의 문제

자신의 인체유래물이 타인에게 귀속한 것이 아님에도 타인과 유전정보를 공유함으로써 발생할 수 있는 유전자 프라이버시 문제로서 현행 「생명윤리법」 6장에서는 유전자검사를 시행함에 있어 혈족의 동의까지 묻고 있지는 않기 때문에 주로 자신과 혈연관계에 있는 경우 침해 가능성이 있다. 물론 이러한 경우는 특수한 경우 맞춤의료의 관점에서 치료 의뢰인에게 유리하게 작용할 수도 있다고 여겨지나 한편으로는 자신의 동

---

156) 이인영(b), "전자의무기록에 관한 법적 문제", 『법학논총』 제28권 제1호, 한양대 법학연구소, 2011, 89쪽; 이호용(d), "전자의무기록의 보관과 신뢰할 수 있는 제3의 기관의 활용", 『한양법학』 제24권 제4집, 한양법학회, 2013, 141쪽.

157) 이보형, "유전자검사기술 확대에 따른 국내 유전자 프라이버시 침해의 제 문제: 생명윤리 및 안전에 관한 법률 제6장을 중심으로", 『지식재산연구』 제12권 제1호, 한국지식재산연구원, 2017, 138-139쪽.

의 없이도 적법하게 자신의 유전정보가 가까운 혈족 등의 정보 공개에 의해 원하지 않아도 밝혀지는 경우와 같이 유전자 프라이버시 침해가 될 수 있다. 일례로 쌍둥이 형제에 있어 일방이 유전자검사를 받기로 결정한 후 자신의 인체유래물과 유전정보를 인체유래물 연구자나 인체유래물 은행에 개인식별정보를 포함한 채로 기증하는 것에 동의하였다면, 그와 유전자가 100% 일치한 다른 형제의 경우에는 유전자 프라이버시 침해를 당할 우려가 있다. 또한 가족 중 한 사람이 가족력을 이유로 유전자검사를 받는 경우, 다른 가족 구성원들이 간접적으로 유전자검사를 받는 것과 같은 결과에 처해지는 경우가 있을 수 있다. 이때 개인의 유전자검사 결과를 가족에게 알려야 하는지가 문제될 수 있다. 만약 이를 알린다면, 유전자 검사기관이 환자의 유전자 프라이버시를 침해하는 것으로 비춰질 수도 있지만, 이를 알리지 않는 것도 유전정보를 공유하는 혈족에게 있어서 적어도 직계 존속과 비속, 형제자매 간에 있어 부분적인 유전자 프라이버시 침해로도 여겨질 가능성이 있다. 이미 밝혀진 그들의 유전자 정보에 대해 '접근'할 권한을 부여받지 못하는 것이기 때문이다.

여기서 생각해 볼 수 있는 것은 유전정보를 미리 알게 됨으로써 느끼는 불안감 등에 의하여 초래되는 삶의 손해가 삶을 계획하여 얻는 이득보다 더 큰 사람들이 존재할 수 있기 때문에 유전자정보 의뢰자의 혈족들이 자신의 유전정보에 대해 이른바 '모를 권리(The right not to know)'이다.[158] 즉, 질환의 예측으로부터 실제 발병까지 길게는 수십 년에 이를 수

158) R. Andorno(2004), "The right not to know: an autonomy based approach", *Journal of Med Ethics*, Vol.30 No.5, pp.435-439.

있음에도 유전정보를 미리 알아 '미래의 사건에 의한 트라우마'를 일으키는 경우가 존재한다. 일례로 유전자 연구 프로그램의 참여자인 브라이언 헐리(Brain Hurley)의 이야기는 매우 흥미롭다. 이 사람은 13세 때 안과 의사로부터 망막색소변성증을 가지고 있고 어느 순간에 시력을 잃게 된다는 것을 듣게 되었는데, 이후 로스쿨까지 진학했지만 이 유전병에 대한 트라우마로 인하여 패닉 상태에서 벗어나지 못하여 법적인 맹인이 될 때까지 삶에서 즐거움을 느낄 수 없었다고 밝힌 바 있다.[159] 이와 같이 보면 유전자정보 검사 의뢰인과 혈족 간의 이익을 형량하는 것도 매우 중요하다고 생각된다.

4) 개인의료정보로서 유전자정보의 관리와 활용단계에서의 법적 쟁점

(1) 클라우드 컴퓨팅과 디지털 헬스 케어

종래 의료법령에서는 환자의 의료정보를 클라우드에 저장하는 것이 금지되어 있었다. 개인정보유출 등을 방지하기 위한 제도적 · 기술적 시스템 부족과 환자의 생명과 건강에 직결되는 사안을 담고 있는 만큼 안정성에 대한 신뢰성이 담보되지 않은 상태에서 의료정보를 클라우드에 저장하는 것은 그것이 갖는 장점에도 불구하고 정보의 부적절한 유출 등 문제 발생 가능성이 더 많다고 생각했기 때문이다. 그러나 보안 기술의 발전으로 인하여 현재 「의료법 시행규칙」 및 「전자의무기록의 관리 · 보존

159) 유호종, "'유전정보의 모를 권리'의 윤리적, 법적 근거와 실현방법", 『한국의료법학회지』 제22권 제1호, 한국의료법학회, 2014, 107쪽.

에 필요한 시설과 장비에 관한 기준」[160]의 시행으로 의료 분야에서 클라우드 컴퓨팅 서비스가 법적으로 가능하게 되었다. 이러한 법적 개선은 유전자정보를 활용한 디지털 헬스 케어의 영역을 확대시켜 준다는 의미를 갖는다. 클라우드 컴퓨팅은 의료 및 디지털 헬스 케어 산업에서 먼저 비

---

160) 의료법 시행규칙 제16조(전자의무기록의 관리 · 보존에 필요한 시설과 장비 등) ① 의료인이나 의료기관의 개설자는 법 제23조제2항에 따라 전자의무기록(電子醫務記錄)을 안전하게 관리 · 보존하기 위하여 다음 각 호의 시설과 장비를 갖추어야 한다. 〈개정 2020.2.28〉

1. 전자의무기록의 생성 · 저장과 전자서명을 검증할 수 있는 장비
2. 전자서명이 있은 후 전자의무기록의 변경 여부 확인 등 전자의무기록의 이력관리를 위하여 필요한 장비
3. 전자의무기록의 백업저장장비
4. 네트워크 보안에 관한 시설과 장비(제1호부터 제3호까지에 따른 장비가 유무선 인터넷과 연결된 경우에 한정한다)
5. 법 제23조의2제1항에 따른 전자의무기록시스템(이하 "전자의무기록시스템"이라 한다) 보안에 관한 시설과 장비
6. 전자의무기록 보존장소에 대한 다음 각 목의 어느 하나에 해당하는 물리적 접근 방지 시설과 장비
   가. 출입통제구역 등 통제 시설
   나. 잠금장치
7. 의료기관(법 제49조에 따라 부대사업을 하는 장소를 포함한다) 외의 장소에 제1호에 따른 전자의무기록의 저장장비 또는 제3호에 따른 백업저장장비를 설치하는 경우에는 다음 각 목의 시설과 장비
   가. 전자의무기록 시스템의 동작 여부와 상태를 실시간으로 점검할 수 있는 시설과 장비
   나. 전자의무기록 시스템에 장애가 발생한 경우 제1호 및 제2호에 따른 장비를 대체할 수 있는 예비 장비
   다. 폐쇄회로 텔레비전 등의 감시 장비
   라. 재해예방시설

② 의료인이나 의료기관 개설자는 법 제23조제4항에 따라 전자의무기록에 추가기재 · 수정을 한 경우 제1항제2호에 따른 장비에 접속 기록을 별도로 보관하여야 한다. 〈신설 2018.9.27〉

③ 제1항 각 호에 따라 갖추어야 하는 시설과 장비 및 제2항에 따른 접속 기록 보관에 관한 구체적인 사항은 보건복지부장관이 정하여 고시한다. 〈개정 2018.9.27〉

용 절감과 서비스 품질 향상을 가능하게 할 것으로 기대될 뿐만 아니라 의료기관을 효율적으로 운영할 수 있는 중요 방안으로 기능할 것으로 생각된다. 즉, 의료 및 헬스 케어 산업에서는 병원의료정보시스템, 전자의무기록, 영상정보관리시스템, 처방전달시스템 등과 같은 솔루션을 도입해 과거보다 간소화되고 정확해진 워크플로우를 구축할 수 있게 되었다.

의료법은 의료인과 의료기관에게 진료기록의 작성 및 보관의무를 부담하도록 규정하고 있다. 이러한 진료에 대한 기록을 전자의무기록을 통하여 작성하는 경우 의사는 환자의 진료기록을 일일이 수작업으로 하던 기존의 관행에서 벗어나 환자의 의무 데이터를 종합적으로 관리하고 검색하여 신속하고 적확한 의료 서비스를 제공할 수 있다. 이러한 점은 유전자정보를 통한 맞춤의료에서 역시 동일하게 기능할 것으로 기대된다. 다만, 여기서 주의할 점은 작성과 관리에 있어서 보완이라 할 것인데 일부 1차 의료기관에서 실무상 완벽한 보완을 기대하기 어렵다는 관점에서 클라우드 컴퓨팅 서비스는 그 대안으로 기능할 것으로 기대된다.

이와 같은 클라우드 컴퓨팅 서비스는 개념적으로 빅데이터 기술을 기반으로 하는데 이러한 신기술들이 디지털 헬스 케어와 접목이 되면 그 시너지 효과가 증대될 것으로 예상된다. 특히 유전자정보를 통한 맞춤의료에 있어서 의사는 맞춤의료를 희망하는 환자에 대한 정보뿐만 아니라 다른 익명성을 갖춘 타인의 유전자정보를 비교 분석함으로써 의료 서비스 수준을 개선시킬 수 있을 것으로 보인다. 예컨대, 미국의 세일즈포스닷컴은 고객 관계 관리 솔루션을 중심으로 클라우드 컴퓨팅 서비스를 제공하고 있는 것으로 알려져 있다. 특히 최근에는 세일즈포스 헬스 클라우드라고 하는 솔루션을 도입하여 환자의 진료기록, 웨어러블 기기에서 측정되는 건강 기록 등 각종 의료 기록을 통합하여 저장 및 관리하고 있다. 또한 유전자정보의 분석을 통한 치료를 의뢰한 개인뿐만 아니라 사회 구성원 전체의 진료정보, 생활습관 정보, 유전정보를 수집, 축적하고, 병의원 및 제약기업 등이 공동 활용할 수 있도록 연구자원을 연계하여 안전하게 활용하는 시스템을 구축하는 데에 있어 중요한 역할을 수행할 것으로 기대된다.

(2) 유전자정보의 관리

개인의료정보에는 성명, 주소, 연령, 부모의 성명, 출생지, 출생연월일, 결혼상황, 종교, 병역사항, 주민등록번호, 가입보험회사명, 병력, 주요 증상, 진단 결과, 사회력, 가족력, 과거의 치료방법, 신체 각 부위의 상황, 약물요법, 음주량, 흡연량 등이 포함된다.[161] 유전자정보 역시 이러한 개인의료정보의 일종으로 더욱이 개인정보 중 가장 민감한 정보(sensitive personal data)[162]에 해당한다. 따라서 개인의료정보가 유출될 경우 사회

---

161) 김형기, "보험회사 간 의료정보 공유제도", 『보험학회지』 제65호, 한국보험학회, 2003, 79쪽.

162) 영국의 데이터보호법에서는 민감한 개인데이터(sensitive personal data)에 관하여, 데이터주체의 민족, 인종적 출신 사항, 정치적 견해, 종교적 믿음이나 유사한 성격의 믿음, 「노동조합및노동관계법(Trade Union and Labour Relation(Consolidation) Act 1992)」에 따른 노동조합의 가입 여부, 정신적, 육체적 건강 상태, 성생활, 법률 위반 사실 또는 추정된 위반 사실, 법률 위반이나 추정된 위반에 대해 소송 여부, 해당 소송의 처리재판 결과 받은 판결 등과 같은 등과 같은 민감한 신상정보를 의미하며, 이와 관련된 정보를 데이터관리자가 처리할 때에는 '데이터보호원칙' 및 데이터 처리를 위한 조건 등 엄격한 조건을 충족시켜야 한다(제2조)고 규정하고 있다.

생활에 미치는 영향은 치명적일 수 있다. 예컨대 B형간염이나 에이즈와 같은 질병기록, 치명적 유전질환 등은 개인의 사회생활에 중대한 문제를 초래할 수 있다. 환자의 치료 목적으로 인지된 신체적 특징, 과거 질병과 치료 경과, 성생활, 가족의 질병기록까지 수립 · 활용되기 때문에 의료정보는 개인의 불안감을 들추고자 하는 사람에게는 가장 좋은 대상이 되기도 한다. 우리나라의 경우 건강보험과 국민연금을 둘러싼 개인의 의료정보가 주민등록번호를 매개로 전산화를 통해 활용되기 때문에 법적으로 보호해야 할 필요성이 매우 크다. 미국의 경우 이미 오래전부터 유전정보를 건강정보로 인정하여 보험자가 환자의 유전정보를 활용하여 보험가입 여부를 결정하지 못하도록 법률로 규제하고 있다.

(3) 유전자정보의 공적 활용

이처럼 유전자정보는 개인에게는 민감한 정보로서 유전자 프라이버시의 대상이 되기도 하지만 한편으로는 실험 연구 또는 조사연구의 자료로서 활용될 수 있는 측면도 있다. 유전자정보는 의학적 요소로 인해 전문성과 희소성을 갖고 있기 때문에 이용의 필요성이 꾸준히 제기되고 있다. 한편, 의료기관에서 보관하고 있는 환자의 의무기록은 의료인을 비롯한 의료기관의의료 담당자의 업무기록이며, 그 소유권에 관해서는 정보를 제공한 환자에게 있다는 견해와 의료인 또는 의료기관에게 있다는 견해가 있으나, 다수의 견해는 의무기록은 개인정보를 바탕으로 의료인의 전문지식이 첨가된 정보로서 의료기관이 보관 · 관리한다는 측면에서 의사 또는 의료기관을 소유자이면서 관리자로 보고 있다.[163] 반면 의무기록에 기재된 환자의 정보는 환자의 프라이버시에 해당하는 정보로서 환자에게 귀속되므로 환자가 정보 주체가 된다. 따라서 프라이버시로서 의료정보의 보호의 문제와 의학연구 자료로서 의료정보의 활용의 문제는 서로 상충되는 면이 있다. 기본적으로는 의료정보 주체의 이익이 정보의 전문적 · 공익적 활동에 우선하여 보호됨은 물론이다. 그러나 유전자정보와 같은 개인의료정보는 그 보호와 이용 중 어떤 것이 절대적으로 우선하는 가치를 갖는 것은 아니며 보호와 이용 중 어느 하나의 가치를 반드시 선택해야 하는 것도 아니다. 의료정보의 보호와 이용은 민주적 사회질서 속에서 개인의 다양한 의사소통과 경제활동을 영위하기 위하여 필요한 요소들이므로 양자의 긴장관계를 해결하는 것은 법학자의 과제이기도 하다.[164] 개인정보의 1차적 이용은 환자 자신의 진료와 처치 등을 위해 정보가 이용되는 경우이고, 2차적 이용은 학술연구나 의학통계 등을 위한 이용을 의미한다. 여기서의 이용은 2차적 이용에 한정된다. 유전자정보는 그 정보를 생성한 목적에 맞게 합목적적으로 사용될 수 있으며, 정보의 사용과 공개, 정보에 대한 접근 및 정정, 보정 권한 등을 지정함에 있어 전문성과 공익성을 고려해야 한다.

한편, 환자의 의료정보는 '공익적 목적'으로 개인 식별이 불가능하게 익명화하는 방법으로 공개되거나 사용될 수 있다. 개인 식별이 불가능한

---

163) 이인영(b), "전자의무기록에 관한 법적 문제", 『법학논총』 제28권 제1호, 한양대 법학연구소, 2011, 85쪽; 전영주, "의료법상 의료정보 보호방안: 의무기록 보호를 중심으로", 『법학연구』 제28호, 한국법학회, 2007, 471쪽.

164) 이한주(b), "의료영역에서의 개인정보보호의 문제점과 해결방안", 『한국의료법학회지』 제20권 제2호, 한국의료법학회, 2012, 276-277쪽.

정보란 개인의 식별이 불가능한 의료정보 및 개인의 가족, 친척, 직장 동료 등 관련자의 개인 식별이 가능한 의료정보가 포함되어 있지 아니한 정보를 말한다. 의료정보관리자가 데이터베이스나 전문적인 기술을 사용해야만 개인 식별이 가능한 의료정보는 개인 식별이 불가능한 정보로 본다.[165] 독일연방데이터보호법에서도 익명화(Anonymieren)를 개인데이터가 수정되어 인적 또는 사실적 상황에 관련한 당해 데이터의 주체를 식별 가능한 것으로 더 이상 간주할 수 없거나 상당한 시간, 비용 및 노력을 들여서만 식별 가능한 것을 말한다고 정의하고 있다. 여기서 의료정보의 '공익적 사용'이란 자신의 치료의 목적으로 개인의 의료정보가 다른 의료인이나 의료기관 기타 제3자에게 제공되는 경우는 제외하고, 의료기관에서 연구나 교육 목적으로 사용되는 경우, 논문이나 보고서 집필, 보건의료통계 수집 등을 이유로 제3자에게 제공되는 경우 등을 들 수 있다. 그런데, 실험 연구 또는 조사연구를 위하여 의료정보가 활용되는 경우 논의되는 중요한 이슈가 고지된 동의(conformed consent)이다. 피험자 자격으로 연구에 참여하는 환자는 연구에 참여하게 될 것을 동의하기 전에 연구 참여에 따른 위험성을 충분히 경고받아야 하며, 참여를 결정하기 전에 충분한 질문과 정확한 정보와 다른 사람과의 상의 기회 등이 보장되어야 한다. 한편, 환자의 의무기록이 개인 식별이 불가능한 형태의 익명화된 정보로 사용되는 경우에 환자의 동의 여부 및 어느 정도의 동의가 필요한지에 대한 논의도 있다. 환자의 임상기록은 조사 및 연구의 대상이 되는

165) 박두희 외, "전자의무기록의 보안표준화에 관한 고찰", 『정보관리연구』 제36권 제1호, 한국과학기술정보연구원, 2005, 140쪽.

자료로 활용될 개연성이 높으므로 전자의무기록 생성단계에서부터 미리 자료의 이용 가능성에 대한 설명과 함께 이용에 대한 동의를 받아 놓는 것이 정보이용의 안정성과 합법성을 확보하는 방안이라고 생각된다.[166)]

5) 의료계약상 손해배상책임

끝으로, 유전자정보를 통한 맞춤의료에 있어 기타 살펴볼 수 있는 법적 문제로 의뢰인에 대한 설명의무의 불완전 또는 치료의 실패에 있어서 발생할 수 있는 손해배상책임의 문제가 있다. 유전자치료의 경우 이를 희망하는 환자와 의료진 간의 의료계약에 의하게 된다. 이러한 계약은 위임과 유사한 계약이라고 할 수 있는데, 유전자치료의 결과 당사자가 원하지 않은 결과가 발생할 경우 계약상 채무불이행에 따른 손해배상책임 또는 불법행위에 의한 손해배상책임 등이 문제될 수 있다. 또한 의뢰인에게 치료에 따라 발생 가능한 증상에 대한 충분한 설명이 없는 경우 역시 의료계약상 채무의 불완전이행이라 할 것이고 여기서 손해배상책임이 발생할 수 있다. 특히 유전자치료 실패의 경우 즉시 그 결과가 발현되기보다 일정한 시간이 경과된 후에 실패의 결과가 드러날 수 있는 특성이 있으므로 인과관계의 입증이 문제될 수 있으며, 아울러 원치 않은 결과에 대한 맞춤 치료의 전 과정에 있어서 누가 어느 단계에서 어떤 책임이 있는지 구체적으로 증명하기 용이하지 않을 것이다. 따라서 유전자치료의 활성

---

166) 이호용(d), "전자의무기록의 보관과 신뢰할 수 있는 제3의 기관의 활용", 『한양법학』 제24권 제4집, 한양법학회, 2013, 140쪽.

화의 관점에서 당사자 간의 이익형량을 고려한 입증책임의 전환 등의 입법적 대안도 함께 모색되어야 할 것이다.

4. 학제적 연구가 필요한 맞춤치료 문제

과학기술의 발전에 따라 이른바 100세 시대(Homo Hundred)가 도래한 현재 우리 인류의 바람은 일생 동안 건강하고 행복하게 자신의 삶을 자주적으로 영위하는 것이라 하여도 과언이 아니다. 만약 자신이 가지고 있는 DNA 정보 중에서 현재 가지고 있는 질병에 직간접적으로 관련이 있는 유전자 또는 장래 자신의 건강을 위협할 가능성이 존재하는 유전자를 규명할 수 있고 의학 기술적으로 해당 유전자의 발현을 억제할 수 있는 맞춤치료가 가능하다면 이러한 바람에 더욱 가까이 다가갈 수 있는 길이 열려 있다고 할 수 있다. 그런데, 전술한 바와 같이 유전자가 가지는 민감정보로서의 특성에 기인하여 개인정보에 대한 자기결정권의 보호대상뿐만 아니라 기본권적인 성격을 가지고 있다. 따라서 유전자정보에 따른 의료행위가 개인 맞춤치료로서 헬스 케어를 선도하는 효과적인 치료방법으로 활용될 수 있기 위해서는 유전자정보의 분석 의뢰단계로부터 실제 치료에의 적용단계에의 시작과 끝을 아우르는 전 단계에 걸쳐 충분한 법 · 정책적 고려가 필요하다. 지속적으로 법학계, 의학계, 과학계 전반을 망라하여 충분한 학제적 논의를 거쳐, 맞춤의료에 있어 유전자정보의 적절한 활용을 위한 입법적 · 정책적 활성화 방안이 모색되어야 한다.

제5절 개인의료정보와 빅데이터

1. 데이터 혁명 시대의 정보와 데이터, 그 활용과 보호의 양면

1) 정보의 의의와 속성

정보(情報)의 사전적 의미는 "어떤 사정이나 정황에 대한 소식이나 자료"이다. 따라서 '소식' 즉 표현하거나 알리고자 하는 의미 메시지(ISO: International Organizatin for Standardization, 2017)의 속성을 가진 점에서 기본적으로 공개될 것을, '자료'라는 속성을 가진 점에서 활용될 것을 전제로 하는 개념이다. 4차 산업혁명은 정보 그 자체로서의 의미보다 이러한 개별 정보를 통합하여 새로운 유용한 정보를 만들어낼 수 있다는 데 의미가 있으며 보건의료산업의 분야에서도 마찬가지이다. 그런데 정보의 활용은 프라이버시 등 인격권 침해 가능성을 내포하고 있어서 '활용'과 '보호'의 적정한 한계를 설정하지 않으면 안 된다. 특히 의료정보는 정보보호법상 민감정보(sensitive information)로 분류되어 강한 보호의 대상이다. 다만 활용의 관점을 중요시할 것인가 보호의 관점을 중요시할 것인가의 입장의 문제는 여전히 남아 있다. 2019년 5월 기준 한국의 공공의료데이터 보유량은 약 6조 건이며, 의료기관 전자의무기록(EMR) 보급률은 90%로 세계적 수준이라고 한다. 의료정보는 활용 가능성 및 그에 대한 기대가 많으나 보호의 속성이나 보호 방법상의 특성 때문에 정보의 활용이 쉽지 않다. 의료정보를 처리하기 위해서는 비식별화되어야 하고 정보 주체의 동의를 받아야 하며, 정보 수집은 최소화해야 하는 것이 원칙적이다.

2) 데이터 혁명 시대의 정보

21세기 우리 사회는 새로운 변혁의 세계 중심에 있다. 2000년 전후하여 시작된 "인터넷 혁명"이 발전하여 태동된 "데이터 혁명"이 우리 사회를 비대면(untact), 온라인 중심(ontact)의 디지털 사회로 완전히 변화시키고 있기 때문이다.[167] 지금은 가히 데이터 혁명의 시대라고 할 수 있다. 데이터 혁명은 빅데이터로 시작하여 오픈데이터[168]를 거쳐서 마이데이터로 완성될 것이라고 한다.[169] 특히 코로나19는 이러한 우리 사회의 변화에 엄청난 동력을 제공하고 있다. 그동안 시범사업으로만 시행되었던 원격의료가 코로나19 검진과 관련하여 제한적으로 허용되었고 이 사태 속에서 대한병원협회에서도 제한적으로나마 원격의료에 찬성하는 의견을 제시하기도 하였다.[170] 원격의료의 활성화를 위해서는 보건의료의 빅

---

167) 인터넷혁명은 2000년을 전후로 시작되었다는 것에 큰 이견이 없다. 데이터혁명도 사실상 인터넷혁명과 동시에 시작되었다고 해도 무방하겠지만, 2020년 1월 통과된 개정 데이터 3법을 새로운 변화의 출발점으로 보는 것이 적절하다. 그 이유는 2020년 이전의 경우에 과도한 개인정보보호로 인해 정보의 전송과 결합이 대부분 제한되어 있었기에 실질적인 데이터혁명으로 보기 어렵다는 인식이 있기 때문이다. 따라서 데이터혁명의 실질적인 태동은 2020년부터라고 보는 것이 적절하다는 견해도 있다.

168) 오픈데이터는 저작권 및 특허권의 제약 없이 혹은 합법적 통제를 통해 데이터자원을 제약 없이 혹은 합법적 통제를 통해 데이터자원을 모두에게 원하는 형태로 무료로 활용 및 재배포하는 것이다. 박주성, "빅데이터, 오픈데이터, 마이데이터의 비교 연구", 『한국빅데이터학회지』 제3권 제1호, 한국빅데이터학회, 2018, 42-43쪽.

169) 빅데이터, 오픈데이터, 마이데이터는 서로 연관되어 있지만, 각 개념은 분명히 다르다. 박주성, "빅데이터, 오픈데이터, 마이데이터의 비교 연구", 『한국빅데이터학회지』 제3권 제1호, 한국빅데이터학회, 2018, 46쪽.

170) 머니투데이(2020.6.5.), "정부, 병원협회 '원격의료 찬성'에 '깊이 감사' 화답", 기사 참조: 대한의사협회(의협) 등 개업의를 중심으로 한 의료계의 반대는 강하지만, 대한병원협회는 비대면 진료(원격의료)에 공개적으로 찬성 입장을 표시하였다. 기사에

데이터화가 기본이라는 점에서 개인정보의 활용과 보호를 둘러싼 논의는 매우 긴요한 문제이다. 이제 디지털 사회로의 전환은 선택이나 논쟁의 대상이 아니라 생존의 문제로 다가온다. 누가 얼마나 신속하게 이러한 변화의 흐름에 적응할 것인지가 앞으로의 삶의 질을 결정하고, 경제활동의 주도권을 쥐는 열쇠가 될 것이다. 디지털 시대의 핵심은 신속성과 과학기술에 기반한 정확성에서 찾을 수 있으며, 4차 산업혁명을 위하여 데이터 생태계를 자연스럽게 융합해야 한다. 데이터 생태계의 융합을 위해서는 산업별 마스터데이터가 중요한 연결고리가 되며 특히 개인정보는 가장 중요한 연결고리이다. 예를 들어 개인별로 제조, 금융, 유통, 의료 데이터를 융합하여 새로운 가치를 창출하는 것이 가장 의미 있는 데이터 생태계이다. 이런 점에서 마이데이터(My Data) 개념은 융합데이터 생태계를 구현하는데 핵심적인 역할을 할 것이다.[171] 따라서 보건의료 분야에서의 데이터 혁명은 두 가지 관점에서 살펴볼 필요가 있다. ① 개인이 자신의 보건의료 관련 모든 정보를 자신의 통제하에서 스스로 어떻게 활용할 것인지를 결정할 수 있는 시스템의 구축이 그 하나이다. ② 다른 하나는 개개인의 모든 정보를 하나의 빅데이터에서 다양한 목적으로 연구하거나 활용할 수 있는 시스템을 구축하는 것이다.

정보관리 주체가 누구인가에 따라 그 활용 목적이 결정되겠으나, 기본

따르면 병협은 전날 제3차 상임이사회를 열고 △초진환자 대면진료 원칙 △적절한 대상질환 선정 △급격한 환자쏠림 현상 방지 △의료기관 종별 역할의 차별금지 △환자의 의료기관 선택권 보장을 전제로 비대면 진료에 찬성했다.

171) 한국데이터진흥원, 『2018 데이터산업백서』, 2018.

적으로 정보의 결합과 분리가 허용되는 상황이 전제되어야 한다. 일반적으로 보건의료 분야에서 생성되는 의료정보 등은 민감정보라는 한계가 존재함에도 2차 활용 측면에서 그 유용성이 높은 것으로 인식된다. 그동안 「개인정보보호법」 등 데이터 규제 법령으로 인해 그 활용 가능성이 거의 차단되어 있었으나, 2020년 8월부터는 법개정으로 제한된 범위에서의 활용이 가능할 것으로 보인다. 먼저 데이터의 활용 즉, 정보를 결합하고 분리하는 과정에서 개인정보가 누출되거나 악용되는 불법적인 상황에 대하여 그 책임을 엄격하게 부여함으로써 안정적인 시스템의 구축 방안이 마련되어야 한다. 이어서 빅데이터를 통해 유의미한 새로운 정보를 만들어 낼 수 있도록 유기적인 정보의 보관 및 관리, 전송, 결합 등의 방안을 갖추어야 한다. 그것이 위의 ①과 같이 개인에 한정된 정보인 경우에 당해 개인의 의료정보에 기타 건강생활정보, 유전자정보 등을 자유롭게 결합 가능한 시스템을 구축하는 것이다. 그리고 위의 ②와 같이 모든 개개인의 정보가 통합된 경우라면, 그것이 연구 목적이든 상업적 목적이든 우리 인류의 일상생활상 진보에 꼭 필요한 것들로 재생성될 수 있도록 안전장치를 마련하는 것이다. 가장 우려스러운 것은 개인정보에 기반한 빅데이터의 활용 과정에서 개개인의 일상생활에 악영향을 미치거나 불법적인 목적으로 활용되는 경우일 것이다. 따라서 빅데이터의 활용에 있어서 개인의 프라이버시를 보호할 수 있는 기술적인 장치를 검토하고 법령에 반영하는 노력이 필요하다.

2. 보건의료 빅데이터의 의의와 가치

1) 보건의료 빅데이터의 의의

보건의료 빅데이터에 대한 명확한 정의를 내리기 위해서는 먼저 빅데이터의 개념부터 살펴보아야 한다. '빅데이터'란 그 크기가 일반적인 데이터베이스 소프트웨어 도구로는 관리 및 분석이 불가능한 광범위한 데이터 세트를 의미한다.[172] 그런데 빅데이터는 단순히 '대용량의 자료나 정보의 합'을 의미하는 것은 아니다. 빅데이터란 전통적인 의미의 정형데이터 이외에도 부정형데이터를 포함한 다양한 형태의 데이터를 수집 · 처리 및 저장하고 상황별로 유의미한 지식을 추출하여 적용하는 정보 활용 기술의 총체를 의미한다.[173] 본래 대용량 정보의 활용은 이미 오래전에 이루어져 왔으나, 그 분량도 제한적인 형태의 정형화된 텍스트 정보에 국한되고 그 활용 범위도 한정적이었다. 그러나 빅데이터에서의 정보의 처리 및 활용은 그 양이 방대할 뿐만 아니라 자료의 형식도 정형화된 텍스트 정보를 넘어 동영상, 사진, GPS 자료 등 비정형화된 다양한 데이터를 포함하는 특징을 갖는다.

이러한 빅데이터와 관련하여 보건의료 분야에서의 빅데이터의 정의를 명확히 한 현행법 규정은 존재하지 않는다. 다만, 일부 지방자치단체를

---

172) James Manyika(2011), et al., *Big data: The next frontier for innovation, competition*, McKinsey Global Institute, pp.1–2.

173) Doug Laney(2001), "3D data management: Controlling data volume, velocity and variety", *Meta group research note* 6.70, p.1.

중심으로 빅데이터 활용에 관하여 규정하고 있는 조례가 있어 보건의료기본법상의 개별 조항들과 종합하여 개략적인 내용을 파악할 수 있다. 「강원도 빅데이터 활용에 관한 조례」 제2조 제1항은 빅데이터를 '디지털 환경에서 생성되는 정형 또는 비정형의 대량 데이터'라고 정의하고 있다. 또한 「보건의료기본법」 제3조 제6호는 '보건의료정보'란 보건의료와 관련한 지식, 또는 부호, 숫자, 문자, 음성, 음향, 영상 등으로 표현된 모든 종류의 자료를 말한다고 정의하고 있다. 위와 같은 조례와 「보건의료기본법」상의 내용을 종합하면, '보건의료 빅데이터'는 보건의료와 관련된 정형, 비정형의 데이터를 포함하는 대량의 데이터로 이해할 수 있다. 즉, 보건의료분야에서의 빅데이터란, 전자의무기록(EMR), 의료영상, 유전체 염기서열분석, 납부자 기록, 제약 연구, 웨어러블 의료기기 등 수많은 출처로부터 수집된 풍부한 건강 데이터의 총체를 의미한다고 볼 수 있다.[174)]

앞에서 살펴본 바와 같이 빅데이터는 데이터의 양(Volume), 데이터 처리 속도(Velocity), 데이터의 형태적 다양성(Variety)을 의미하는 '3V'로 요약된다. 최근에는 이에 더하여 데이터의 진실성(Veracity), 데이터의 가변성(Variability), 가치(Value)와 데이터의 시각화(Visualization)를 추가하여 그 특성을 파악한다. 특히 데이터의 '진실성'이란 보유한 데이터가 얼마나 진실하며 어느 정도로 신뢰할 수 있는가를 강조하는 개념이며,[175)]

---

174) 김용민, "보건의료 빅데이터 활성화 방안에 관한 연구: 핀란드의 사례를 중심으로", 『의생명과학과법』 제22호, 원광대 법학연구소 의생명과학법센터, 2019, 10쪽 참조.

175) 데이터의 진실성 관련하여 상세는 https://www.villanovau.com/resources/bi/what-is-big-data/ "What is Big data?" (검색일: 2020.6.5.)

빅데이터의 특징으로서 가치를 더하는 이유는 빅데이터의 제공을 통하여 특정한 가치를 발견할 수 없는 경우 빅데이터가 아닌 단순한 대량의 정보의 합과 다를 바 없기 때문이다.[176]

보건의료 빅데이터는 관리 주체에 따라 크게 세 가지로 구분할 수 있다. 기관이 중심이 되어 관리하는 의료기관의 전자의무기록(Electronic Medical Record, EMR), 국민건강보험공단과 같은 공공기관이 보유하고 있는 국민건강 관련 데이터가 있으며 개인이 주체가 되어 관리할 수 있는 개인건강정보(Personal Health Record, PHR)가 있다. 이에 더하여 유전자정보도 널리 보건의료 빅데이터의 범주 안에 있다. 전자의무기록(EMR)은 환자의 진료와 관련된 정보로, 의료기관에서 생성하고 보유 및 관리하고 있는 데이터이다.[177]

전자의무기록(EMR)은 일반적으로 하나의 병원 내에서 생성되는 모든 진료정보, 다시 말해 외과, 내과, 안과 등의 각 부서에서 나오는 진단 결과, 처방 결과, 약제 처방자료, 인사과 기록, 비용 등의 원무자료, 외래자료 등 모든 환자 정보를 전산화하여 입력한 후 관리하고 저장하는 것을 말한다.[178] 한편, 우리나라는 단일 건강보험체계를 갖고 있다는 특수성으로 인해 국민의 건강 관련 빅데이터가 국민건강보험공단, 건강보험심사

---

176) 김용민, "보건의료 빅데이터 활성화 방안에 관한 연구: 핀란드의 사례를 중심으로", 『의생명과학과법』 제22호, 원광대 법학연구소 의생명과학법센터, 2019, 9쪽.

177) 이종택, 『의료정보시스템의 시장 기회 탐색』, 한국과학기술정보연구원, 2013.

178) 최형식, "PoHR개념을 이용한 모바일 개인진료기록 관리", 『전자공학회지』 제43권 제2호, 대한전자공학회, 2016.

평가원, 질병관리본부, 사회보장정보원 등 공공기관에 집중되어 있다. 이들 공공기관에서 기존에 구축된 데이터를 이용하여 헬스 케어 플랫폼 및 정밀의료 코호트 구축 등에 활용할 수 있다. 특히 우리나라는 강제보험인 건강보험이 단일보험자로 되어 있어 의료행위, 치료 재료, 약제 등 우리나라 전 국민의 의료이용 급여 내역이 매우 상세히 축적되어 있다. 현재 국민건강보험공단과 건강보험심사평가원은 전 국민의 출생부터 사망에 이르기까지의 보험료 자료, 병원 및 의원 이용 내역과 건강검진결과, 희귀난치성 질환 및 암 등록정보, 노인 장기 요양자료, 의료급여자료 등에 대한 데이터를 축적하고 있는데,[179] 건강보험공단과 건강보험심사평가원이 보유한 보건의료 빅데이터는 2019년 기준 각각 3조 4,000억 건과 3조 건에 달한다.[180] 끝으로 개인건강정보(PHR)는 의료기관이 주체가 되어 건강관리를 하는 것이 아니라 개인 스스로 건강을 관리하는 시스템을 말한다. 즉 스마트폰 및 웨어러블 기기 등을 통해 수집한 체중, 혈당, 심박수 등의 생체정보를 취합하여 이를 사용자 스스로 열람하고 관리할 수 있는 것을 말한다. 개인건강정보(PHR)는 웨어러블 기기를 통하여 수집이 많이 되고 있다. 웨어러블 기기 중 현재 시장점유율이 높은 제품은 활동량 측정계와 스마트워치이며 웨어러블 기기로 인해 헬스 케어 산업이 점차 활성화되고 있다.

---

179) 박종헌, "보건의료 Big Data 현황 및 활용도 전망", 『의료정책포럼』 제13권 제4호, 건강보험심사평가원, 2016, p.56.

180) 한국경제신문(2019.5.21.), https://www.hankyung.com/it/article/2019052199581 (검색일: 2020.5.31.)

2) 보건의료 빅데이터의 특성

보건의료 빅데이터는 그 주된 내용이 환자의 의료정보를 포함한 건강정보를 바탕으로 구성되어 있으므로 필연적으로 개인의 인격권, 사생활의 비밀과 자유, 개인정보 자기결정권과 관련된 다양한 문제를 검토해야 하는 특징이 있다. 특히 국민 개개인의 의료기록을 바탕으로 수집되는 보건의료정보는 건강정보이며 필연적으로 개인을 식별할 수 있는 고유의 표지를 포함할 수밖에 없으므로 현행법제 하에서는 그 활용과 처리가 사실상 불가능하다. 「개인정보보호법」 제24조 제1항은 '개인을 고유하게 구별하기 위하여 부여한 식별정보'를 의료법 시행령 제19조에서 정하고 있는 '고유식별정보'로 분류하고 있는데, 이러한 고유식별정보는 개인정보처리자에 의한 처리 및 관리가 일체 금지된다. 헌법재판소는 "국민건강보험공단이 서울 용산 경찰서장에게 제공한 요양급여정보는 그 자체로서 개인의 질병을 추론할 수 있는 것으로서 건강에 관한 민감정보에 해당하며 개인의 인격 및 사생활의 핵심에 해당하므로 요양급여 내용 제공은 청구인들의 개인정보 자기결정권에 대한 중대하고도 심각한 침해"라고 판단하였다.[181] 이처럼 헌법재판소는 민감정보가 다른 일반적인 개인정보에 비하여 보다 높은 수준의 보호를 필요로 하는 것으로 보았는데 건강정보가 강한 일신전속성을 갖는 것으로 정보 주체와 밀접하게 연결되어 있고, 그 내용이 주로 신체와 병력을 다루고 있으므로 사회적 불이익과 차별에 근거가 될 수 있음을 염려한 결과로 판단된다.[182]

---

181) 헌법재판소 2018. 8. 30. 선고 2014헌마 368 결정.

4차 산업혁명 시대에 데이터가 미래 산업의 핵심 자원이라는 점에서 보건의료 분야에서도 데이터와 인공지능을 결합하여 새로운 산업적 기반을 마련하려는 노력이 계속되고 있다. 다만 보건의료정보는 필연적으로 민감정보로서 고유식별정보를 포함하고 있는 특수한 상황이므로 헌법적 가치와 개인정보 보호법제와의 충돌이 불가피하다. 즉 개인정보 자기결정권이라는 헌법상 기본권과 활용 측면에서의 개인정보 보호법제 및 의료법 등 개별 법제의 조화와 균형을 어떻게 만들어 내느냐가 중요한 관심사가 될 수밖에 없다. 결국 입법 정책의 수립과 제도적 장치의 마련은 데이터 경제의 발전에 있어 아주 중요한 과제라 할 것이다.

3) 보건의료 빅데이터의 활용

우리나라는 전 국민 건강보험제도를 시행하고 있으므로 이미 상당한 양의 보건의료 분야 빅데이터를 보유하고 있다. 따라서 건강정보 빅데이터를 구축함에 있어 새로이 자료를 수집해야 하는 외국과는 전혀 다른 출발선에 있다. 2019년 기준 건강보험공단은 약 3조 4천억 건, 건강보험 심사평가원은 약 3조 건, 총 6조 4천억 건에 달하는 방대한 분량의 보건의료 빅데이터를 보유하고 있다. 해외 주요 국가의 예와 같이 공공기관 내에 축적되어 있는 보건의료 빅데이터를 활용하여 보건의료 관련 정책 개발과 의학 발전에 이용해야 한다는 요청이 지속적으로 제기됨에 따라 국

---

182) 박태신, "보건의료정보 공개와 개인정보보호", 『HIRA 정책동향』 제8권 제6호, 건강보험심사평가원, 2014, 14쪽.

민건강보험공단과 건강보험심사평가원 등 대형 기관은 지난 2013년부터 정보개방을 수행, 공익 목적에 국한하여 자체 수집한 데이터 활용을 허용하고 있다. 그런데 개별 기관에서 생성되는 단편적인 데이터만으로 의미 있는 연구를 수행하는 데에는 한계가 있다는 문제점이 지적되었다. 또한 최근에는 의료의 패러다임이 보장성 강화 위주의 '양적 성장'에서 의료의 질 평가, 통합적 의료 연계, 결과 중심 가치 평가 등 환자 중심의 '질적 성장'으로 변화하면서 기관별로 산재되어 있는 데이터를 연계하여, 보다 깊이 있는 보건의료 분야 연구를 수행할 수 있는 사회적 풍토가 조성되어야 한다는 논의가 지속적으로 제기되었다. 이와 같이 보건의료 빅데이터 플랫폼 구축에 관한 사회적 필요성이 증가함에 따라[183] 보건복지부는 2018년 7월부터 건강보험공단, 건강보험심사평가원, 질병관리본부, 국립암센터 등으로 분산된 다양한 종류의 의료정보 데이터를 개인 단위로 연계하여 공공 목적 연구에 활용할 수 있도록 개방하는 보건의료 빅데이터 시범사업을 시행하고 있다. 아직은 국내에서의 보건의료 빅데이터는 한정된 양만이 공익적 활용만을 위하여 허용되어 있는바, 국가 산업발전으로까지 이르지 못하는 한계점이 있다. 산업계에서는 신속한 보건의료 빅데이터 구축을 통해 외국처럼 공익적 목적의 사업을 수행함과 동시에 이를 민간에까지 전면 개방함으로서 그 외연이 산업적 부가가치로 확대하는 방안을 적극 모색해야 한다는 의견이 강하다.

183) 보건복지부 의료정책과, 『보건의료 빅데이터 시범사업 추진계획』, 보건복지부, 2018.

4) 기본권적 관점에서의 의료데이터

(1) 진료정보 진료기록의 소유권

보건의료정보의 소유권이 누구에게 있는지에 대한 견해의 대립은 보건의료 빅데이터의 가능성이 본격적으로 논의되기 이전부터 있어 왔다. 의무기록의 경우 그 소유권이 환자 본인에게 있다는 견해,[184] 환자를 위하여 의무기록을 보관하는 관리자라는 견해,[185] 지식재산권에 유사한 소유권이 의사에게 있다는 견해[186] 등과 같은 견해가 있다. 이것은 정보 주체가 소유권을 갖느냐, 정보를 작성 · 관리하는 자가 소유권을 갖느냐의 문제이며, 전통적으로는 정보 주체가 자기의 정보에 대한 자기결정권에 따라 소유권을 갖는 것으로 이해되었지만 진료정보는 객관적 사실 그 자체가 아니라 여기에 더하여 의사나 의료전문가의 전문적 지식과 판단이 개입되기 때문에 지식재산권적 관점이 추가되지 않을 수 없고, 따라서 의사 등 의료전문가가 진료기록에 대한 소유권을 갖는다는 주장이 가능한 것이다. 다만 이 두 견해는 매우 큰 관점의 차이를 보인다. 즉 의사 등이 진료기록에 대한 소유권을 갖는다는 견해에서는 환자 본인은 정보 주체가 아니라 정보 객체의 지위에 머무를 수 있기 때문이다. 그런데 결정적으로, 의사가 작성한 의무기록은 의료분쟁의 발생할 경우에 의료인의 과실 여부를 판단하는 자료가 된다는 점에서 그 소유권을 둘러싼 논의는 매

---

184) 전현희, "서울대학교병원 의료정보 윤리헌장 선포식 및 심포지엄", 지정토론문, 2004.6.

185) 청년의사(2008.3.11.), 이경환, "진료기록은 의사의 소유?".

186) 이백휴, "환자의 의무기록 관련 의료인의 법적 지위", 『의료법학』 제11권 제2호, 대한의료법학회, 2010, 313쪽.

우 주요한 쟁점이 된다. 개인정보의 가치가 빅데이터의 발전과 동시에 부각되면서 이를 둘러싼 소유권 논란은 더욱 더 증가할 것으로 보인다. 정보 주체와 정보를 융합하거나 가공하여 활용하는 기업 사이에서는 개인정보의 소유권이 불분명한 측면이 높기 때문이다. 보건의료 빅데이터는 역시 활용을 위해 플랫폼에 이를 집적하는 단계부터 정보 주체의 소유권 문제가 발생할 수 있다. 정보 주체인 환자뿐만 아니라 진료를 담당했던 의사 등 의료전문가, 데이터를 융합하고 일부 가공하여 새로운 정보로 만든 경우 정보처리자(정보통신사업자) 등이 진료정보에 대한 소유권을 주장할 수 있으며 이에 더하여 보건의료플랫폼 관리자도 관여하고 있다. 또한 이를 가명 처리하여 활용한 이후, 신약이나 의료기기 등 경제적 가치를 창출하였을 때 이익 분배의 문제도 발생할 수 있다.[187] 미국은 주별로 의무기록(medical record)의 소유권을 다르게 규정하고 있다.[188] 우리나라 법제는 의무기록의 소유권 문제를 명확히 규정하고 있지 않다. 의무기록의 소유권을 법제화하는 방안은 그 필요성은 인정되나, 실제 위와 같이 의료기관 및 정보관리자, 환자 등의 복잡한 이해관계가 얽혀 있어 명확하게 규정하는 것은 어려운 문제라 판단된다. 정보의 활용 단계에 따라 소유권의 범위와 내용을 다르게 하는 방안도 검토할 필요가 있다. 궁극적으

---

187) 박대웅 · 류화신, "보건의료 빅데이터 법제의 쟁점과 개선방향: 시민참여형 모델구축의 탐색을 중심으로", 『법학논총』 제34권 제4호, 충북대 법학연구소, 2017.

188) 미국 연방법인 HIPAA는 의무기록의 소유권을 언급하고 있지 않으며, 각 주별로 이를 달리 규정하고 있다. 뉴햄프셔주는 환자가 의무기록을 소유하고, 21개 주는 의료 서비스 제공자(provider)가 소유하며, 나머지 주의 경우 관련 규정이 없다. http://www.healthinfolaw.org/comparative-analysis/who-owns-medical-records-50-state-comparison (검색일: 2020.6.10.)

로는, 환자에게 모든 의료정보가 앱 등의 방법으로 전달되는 체계가 확립될 경우 그 소유권은 점차 환자에게 집중되는 방향으로 나아가는 것이 타당하다.

(2) 의료정보의 자기결정권

먼저, 자기결정권이란 무엇인가? 헌법학에서 자기결정권이라고 하는 주제가 주목을 끈 것은 비교적 최근인 1980년대 이후의 일이다.[189] 이것은 인간의 생식과 사망을 비롯한 의료행위에 관한 의료기술의 진보와 생명윤리학의 발전 그리고 종교 기타 소수자 운동의 활발 등을 배경으로 한다. 유럽의 인권선언의 역사를 살펴보더라도 자기결정권이 명확한 형태로 등장하는 예는 찾아보기 어렵다. 다만 사상가에게로 눈을 돌리면 자기결정권에 대한 명시적인 언급을 몇 가지 볼 수 있다. 예컨대 18세기 말 프로에센의 스바레츠(Carl Gottlleb Svarez: 프로이센일반란트법 기초자)는 '양도할 수 없는 인권'이라는 말을 썼는데 그 카타로그 속에는 '자기의 행위를 이성에 따라 결정할 자유'가 포함되어 있다.[190] 이것이 바로 자기결정권이다. 또, 19세기 중엽에 프랑스의 토크빌은 '자신이 생각하는 대로 자신의 운명을 결정할 권리'를 주장한 바 있다.

그렇다면 자기결정이란 무엇인가? 자기결정이란 개인적 사안에 관하여 국가의 간섭 없이 자기 스스로 결정하는 것이며, 또, 자기결정권이란 그러한 권리를 말한다. 자기결정과 유사한 용어로서 자율(自律)이 있는

---

189) 藤井樹也, "自由に對する權利",『法經論叢』第14巻 第2号, 三重大學, 1997, 39頁

190) 阿部照哉 編『比較憲法入門』, 有斐閣, 1994, 283頁.

데, 이 용어는 그것이 사용되는 분야와 논자에 따라 다양한 의미로 쓰일 수 있어 일률적으로 자기결정과 유사하다고 하기는 어렵고, 개인의 자율권이라고 한정하는 경우에는 자기결정권이라는 용어와 거의 같은 의미라고 할 수도 있다.[191] 헌법상의 인권으로서 자기결정권은 자기의 사적 문제를 자기 스스로 결정하는 권리로 때로는 그것이 다소 극단적인 형태로 발현될 때에는 독특한 생활방식으로 인식되기도 하고 그에 따른 일정한 리스크를 각오해야 하는 특징을 가지고 있다. 다소 극단적으로 발현되는 자기결정권을 우행권(愚行權: 어리석게 행동할 권리)이라고도 한다. 그런데 자기결정권은 자기중심적 권리이기 때문에 다른 사람의 권리를 침해하기도 하고(이 경우 기본권의 충돌이 일어날 수 있다), 자신의 다른 기본권과도 부딪히기도 한다(이런 것을 기본권의 경합이라고도 한다). 따라서 자기결정권이 헌법상 기본권이라 하여 절대적으로 보장되는 것은 아니며, 그 밖의 다른 기본권 간에는 일정한 경계를 두지 않으면 안 된다.

환자의 자기결정권이라는 개념이 헌법상 권리로 정립된 것은 비교적 최근의 일이지만 환자의 자기결정이라는 관념은 근대의학이 형성될 때부터 이미 존재하였다. 환자의 자기결정권이 형성되기 전까지는 의학과 보건의료 영역에서 환자는 단지 치료를 기다려야 하는 수혜자이며 의사의 권위에 복종하는 수동적인 존재에 불과하였다. 그러나 근대의학이 형성되면서 환자도 의사와 동등한 당사자로서 의료계약을 맺게 되는 자주적인 존재로 그 패러다임이 전환되었다. 자기결정권은 보건의료에서의

---

191) 자기결정권과 자율의 관계에 대해서는 松澤俊樹, "自律主義の法思想", 『法哲學年報』(1995), 有斐閣, 1995, 177頁 참조.

자율성으로 표현될 수 있는 개인의 핵심적인 권리이다.[192] 전술한 바와 같이 환자의 자기결정권도 무한히 보장되는 것은 아니며, 일정한 한계를 갖는다. 그것은 생명의 내재적 존엄성과 국가의 기본권 보호의무로서 보호되는 내재적 한계이다. 따라서 환자의 자기결정권을 인정하는 경우에도 환자의 상태가 죽음에 이르는 것을 시기나 방법을 선택할 자유 즉, 소위 죽을 권리(Right to die)까지 허용되는 것은 아니다. 다만, 일명 웰다잉(Well-Dying)법이라고 불리는 「호스피스 완화의료 및 임종 과정에 있는 환자의 연명의료 결정에 관한 법」에 따라 환자가 자기의 결정이나 가족의 동의로 연명치료를 받지 않을 수 있도록 하는 것은 가능하다. 죽음에 임박한 상태에서 인간으로서의 존엄과 가치를 지키기 위해, 스스로 사전연명의료의향서를 작성 · 등록해놓거나, 의료진과 상의하여 이루어지는 연명의료계획서를 수립하는 방법 등으로 본인의 의사를 미리 밝혀 놓음으로써 임종기에 연명의료를 거부하거나 중단하는 결정은 헌법상 자기결정권의 한 내용으로 허용된다.[193] 또한 자신의 생명을 끊는 행위는 그것이 의사의 조력을 받는 경우에도 허용되지 않으며,[194] 또한 법률로 정한 특별한 사유 없이, 법률로 정한 시기가 아닌 경우에 임산부가 자기결정에 따라 낙태하는 것도 헌법상 허용되지 않는다.[195]

192) 엄주희(b), "보건의료법학과 헌법의 교차점: 보건의료 규범에 관한 헌법적 고찰", 『인권법평론』 제24호, 전남대 공익인권법센터, 2020.2, 173-174쪽.

193) 헌법재판소 2009.11.26. 결정 2008헌마385

194) 엄주희 · 김명희, "호스피스 완화의료와 의사조력자살 간 경계에 관한 규범적 고찰", 『법학연구』 제28권 제2호, 연세대 법학연구원, 2018, 22-23쪽.

195) 엄주희 · 양지현, "낙태와 관련한 자기결정권의 행사와 그 한계에 대한 재조명", 『성

우리 헌법상 자기결정권에 대한 명시적인 규정은 없으나, 인간의 존엄가치를 규정한 헌법 제10조에서 파생된 개인의 인격권과 행복추구권의 전제로서 개인의 자기결정권이 보장되는 것으로 파악하고 있다. 환자가 본인의 신체에 행해지는 의료에 관한 결정을 스스로 선택할 수 있다는 환자의 자기결정권은 소위 informed consent로 불리는 의료인의 설명의무와 이에 따른 환자 본인의 동의권 행사로 나타난다.[196] 그런데 보건의료정보의 빅데이터화는 치료과정에서뿐만 아니라 더 나아가 치료 후의 의료정보의 활용단계에서도 이루어진다. 의료정보의 빅데이터화는 정보 주체 개인의 질병 치유 및 건강관리의 효율성 증대 등 차원에서 필요할 뿐만 아니라, 유사한 사례의 비교 분석을 통하여 해당 질병의 보다 나은 치료방법과 해당 건강관리의 보다 효율적인 방법을 만들기 위하여 유효한 자료가 된다. 한편, 개인정보 자기결정권은 국가 공권력으로부터 개인정보의 처리 · 수집 · 이용 여부를 정보 주체가 스스로 결정하는 권리이므로, 의료정보의 주체가 갖고 있는 자기결정권 역시 국가와의 관계에서 어떻게 보건의료정보를 스스로 결정할 것인지, 그 보호의 대상과 범위를 정하는 문제가 중요한 고려의 대상이 되어야 할 것이다. 예컨대 프라이버시권은 민간으로부터의 사생활을 보호하려는 취지이므로, 헌법상 보호의 대상과 범위에 대한 논의가 심화될 필요가 있다. 환자의 자기결정권 존중은 프라이버시보호라는 본래의 모습도 있지만 다른 한편으로는 이것이

균관법학』 제30권 제4호, 성균관법학회, 2018, 75-79쪽.

196) 엄주희(a), "미성년자의 연명의료 결정에 관한 소고: 미국에서의 논의를 중심으로", 『법학논총』 제41집, 숭실대 법학연구소, 2018, 6쪽.

지나치게 강조되는 경우에는 국가 공공의 차원에서 가장 적절한 치료방법 선택의 기회를 놓치는 계기가 될 수도 있다는 점도 유의해야 한다.

3. 보건의료 빅데이터의 현황과 법제

1) 국내 보건의료 빅데이터 현황

우리 정부는 정부 3.0패러다임 아래, 보건의료 빅데이터의 활용을 적극적으로 시도하고 있다. 2011년부터 기관별 통계연보, 온라인 사이트, 통계청 등을 통하여 주요 정책 통계 등을 국민에게 개방하고 있다. 공공기관 내 전담부서가 기관 내 정보를 분석 · 응용하여 환자 의료이용 지도의 작성, 국민건강 알람 서비스의 시행, 감염병 확산방지 프로젝트, 의료정보 종합모니터링 등 다양한 건강 관련 사업들에 활용 중이다. 대형 기관 역시 2013년부터 자체적으로 정보개방 사업을 추진하고 있는데 국민건강보험공단은 개인정보를 제외한 질병별, 의료행위별, 치료재료별로 집계된 진료정보, 병원정보, 각종 보건의료정보를 민간에게 개방하고 있으며, 민간 및 공공 부문의 산학연 관계자들에게 건강보험심사평가원의 다양하고 방대한 진료 정보와 의료자원 등을 활용할 수 있도록 하는 보건의료 빅데이터 센터를 운영 중이다.[197] 이외에도, 국민건강보험공단은 진료내역, 건강검진 결과, 자격 및 보험료, 의료급여, 노인장기요양 데이터들을

197) 보건의료 빅데이터 개방시스템, "빅데이터 센터 소개" https://opendata.hira.or.kr/or/orb/bigInfo.do (검색일: 2020.6.5.)

가공, 수요 맞춤형 자료나 표본 형태로 제공하고 있다. 국립보건연구원은 전국 병원에서 유전체 역학조사를 통하여 확보한 일반인, 질환군 환자의 역학 정보, 혈액, 조직, DNA 등의 정보를 수집하여 제공하고 있다.[198)]

한편, 기관 간의 정보공유를 통한 빅데이터의 활용도 시도되고 있다. 2013년 미래창조과학부는 국민건강보험공단의 건강보험 데이터베이스와 소셜네트워크 정보를 분석 · 융합함으로써 독감, 눈병, 식중독 등 이른바 감염병 발생 예측시스템을 개발, 위험 징후 시 주의를 예보하는 국민건강 주의 예보 시범 서비스를 구축하여 운영한 바 있으며, 2016년에는 미래창조과학부가 건강보험심사평가원과 협력하여 '빅데이터 기반 감염병 발병 조기 파악 시스템'을 구축하였다. 또한 2014년 안정행정부, 건강보험심사평가원, 건강보험공단, 통계청이 합작하여 요양급여청구자료, 건강검진자료, 사망통계자료, 환자 진료기록, 약물 부작용 데이터를 수집 · 활용하여 의약품 부작용을 분석하고 그 원인을 규명하는 의약품 · 의료정보 연계통합 구축을 위한 시범사업을 수행하였다.

4차 산업혁명시대에 보건의료 빅데이터의 구축 및 활용이 현대의학 발전은 물론 국가 경쟁력 강화와도 직접적 연관을 갖게 되면서 정부는 2016년부터 건강보험공단, 건강보험심사평가원 등 4개 주요 건강 관련 공공기관에 분산되어 있던 보건의료 빅데이터를 연계하여 활용할 수 있는 "보건의료 빅데이터 플랫폼 시범사업"을 시행 중이다.[199)] 초연결, 초

---

198) 이원석, "보건의료정보 활성화를 위한 공공데이터 개방과 빅데이터 활용", 『HIRA 정책동향』 제8권 제6호, 건강보험심사평가원, 2014.9, 11쪽.

199) 이 사업은 「비식별조치 가이드라인」에 기대어 빅데이터를 활용한 의료산업을 활성화

지능, 초융합을 특징으로 하는 새로운 시대에 적합한 시스템을 구축하는 것은 시급히 달성해야 할 과제라 할 것이다. 그러나 우리나라는 데이터의 활용 범위를 오로지 공공적 목적에 국한하도록 하고, 구체적인 공공적 목적의 판단 역시 정책심의위원회의 재량에 따르도록 하였으며 연구에 필요한 최소 수준의 데이터를 허용하고 있다. 따라서 과도하다고 판단되는 경우 데이터 제공 자체를 반려하도록 하는 등 데이터 활용에 다양한 제약조건을 설정함으로써 연구자들 사이에서 그 이름만이 다를 뿐 기존에 제공되던 서비스의 내용과 큰 차이가 없다는 지적을 받고 있다.[200] 궁극적으로 보건의료 빅데이터 플랫폼 시범 사업은 기관 간 연구의 범위를 큰 폭으로 확대하는 것으로 목적으로 하는 것이므로 공공성을 과도하게 강조하는 것은 빅데이터를 활용해야 하는 원래의 목적에 부합하지 않을 수 있다. 특히 이 사업은 매우 제한된 양의 정보만을 허용함으로써 데이터 의존도가 높은 AI 딥러닝 알고리즘의 개발에 사실상 기여하지 못하는 무늬만 빅데이터라는 비판을 받을 수 있다.

하려는 목적으로 시작되었는데, 초기 단계부터 많은 보건의료단체와 시민사회단체들은 (「비식별조치 가이드라인」은 법령의 범주에 들지 않으므로 법이 아니다)법적 근거 미비, 공론화 부재, 민감정보 유출과 재식별 위험성, 건강정보의 영리적 활용과 불평등 심화 우려 등의 비판을 받기도 하였다.

200) 김용민, "보건의료 빅데이터 활성화 방안에 관한 연구: 핀란드의 사례를 중심으로", 『의생명과학과법』 제22호, 원광대 법학연구소 의생명과학법센터, 2019.12, 24쪽.

2) 국내 법제

(1) 데이터 보호와 활용의 한계

4차 산업의 데이터 기반 신산업과 새로운 서비스의 육성을 위해서는 인공지능(AI), 인터넷 기반 정보통신 자원통합(클라우드), 사물인터넷(IoT) 등 신기술에 데이터 활용이 필수적이다. 그러나 개인정보보호에 따른 규제로 인해 데이터 기반 산업 육성에 한계가 있다. 정부는 4차 산업혁명을 선도하고 데이터 강국으로 도약하기 위해 ICT 기반의 신기술과 새로운 서비스 산업 육성을 위한 규제개선을 국가전략과제로 추진하고 있다. 이러한 신산업의 육성을 위해 기반이 되는 데이터 활용을 확대하기 위한 데이터 3법 개정안이 발의되었고, 2020년 1월 국회 본회의를 통과하여 2020년 8월부터 시행되고 있다. 개정 데이터 3법의 핵심은 분산되어 있는 개인정보호보의 중복 규제를 일원화하고 데이터 경제를 활성화하는 것을 목적으로 한다. 데이터 규제 정비를 통해 얼마나 많은 데이터를 확보하고 이를 활용하느냐가 곧 국가의 경쟁력인 것으로 인식되고 있으나 우리나라는 데이터 생산량에 비해 데이터 활용도는 낮은 편이다. 예컨대 우리나라의 데이터 생산량은 세계 5위 수준이나 데이터 활용은 조사대상 63개국 중 31위 수준으로 중국과 인도네시아보다 경쟁력이 낮은 것으로 나타나 데이터 활용 활성화에 대한 목소리가 높다.[201] 2017년 국내 데이터 시장의 규모는 6조 2,973억 원으로, 전 세계 시장 규모의 3.75%에

---

201) 매일경제(2019.12.27.), "빅데이터 혁명: 미 · 중 경쟁에 이미 뒤처진 韓 'AI 강국'도 요원… 데이터 거래 활성화해야, 美 민간 시장 200조원".

불과하며 2018년 3월 기준으로 미국과 영국의 공공데이터는 각각 약 23만 개, 4만 개 이상이지만, 우리나라의 개방된 공공 데이터는 약 2만 5천 개 정도에 불과하다. 질적인 측면에서도 현재 공공 데이터 포털을 통해 공개된 데이터 중 약 90%는 데이터 확산과 데이터 산업에 직접적으로 활용하기 어려운 '파일 데이터' 형태이다. 이용 및 활용, 사업화에 편리한 오픈 API(Open Application Programming Interface) 형태의 데이터는 전체 34,033건 중 3,333건으로 불과 약 10%에 불과한 실정이다.[202)]

4차 산업혁명시대에 혁신적인 가치를 창출하기 위해서는 데이터 이용의 활성화가 필요하다는 주장과 개인의 프라이버시 차원에서 데이터를 보호해야 한다는 주장이 대립하면서, 데이터 3법의 개정이 늦어져 글로벌 데이터 시장에서 한국 기업의 어려움이 크다는 것이 국내 IT업계의 입장이다. 고객 정보를 이용해 타깃 마케팅을 하는 구글, 페이스북 등의 외국 기업에 비해 국내 기업이 법 테두리 안에서 활용할 수 있는 개인정보의 범위가 제한적이었던 것이 사실이다.[203)] 데이터 활용에 대한 세계적인 추세는 데이터의 보호체계는 엄격히 하되, 필요한 부분에서의 안전장치가 마련된 데이터의 활용은 적극화하자는 입장이다. 특히 「개인정보보호법」상 모호한 개인정보의 개념 등으로 수범자의 혼란이 발생하고, 개인정보 감독기구와 보호 법령이 분산되어 있어, 체계정비의 필요성이 제기되었다. 특히 개인정보보호를 위한 독립적 감독기구가 없고 개인정보

---

202) 공공데이터포털 www.data.go.kr (검색일: 2020.6.10.)

203) 한국일보 2019.11.13. 기사 참조.

호수준이 EU 수준에 비해 낮다는 점이 GDPR 적정성 평가에서 우리나라가 탈락한 유력한 이유로 받아들여지고 있다. EU는 한국의 GDPR 적용 유예 기간을 2년으로 정하고 있어 관련법을 갖춰 GDPR의 적정성 평가를 통과해야 우리 기업의 피해를 막을 수 있는 상황이었다. 이러한 상황에서 2020년 8월부터 데이터 3법이 시행되어 우리 기업의 피해를 줄일 수 있을 것으로 보인다.

(2) 데이터 3법의 주요 개정 내용

개정 데이터 3법의 특징은 개인정보에 '가명정보' 개념을 추가 도입하여 별도의 정보 결합 없이는 개인을 식별할 수 없도록 안전성을 강화했다는 점에서 찾을 수 있다. 기업들은 가명정보를 활용하여 새로운 서비스나 기술, 제품 등을 개발할 수 있어 새로운 신사업을 전개할 수 있게 되었다. 구체적으로 '가명정보'의 경우 기술개발과 실증 등을 포함한 과학적 연구, 통계작업, 공익적 기록보존 등을 목적으로 하는 때에는 '개인의 동의

<표 2> 데이터 3법 주요 개정 내용

개인정보보호법	개인정보 관련 개념체계 개인정보 · 가명정보 · 익명정보로 명확화 시도
	가명정보 데이터를 제품 · 서비스 개발에 활용, 특정 개인을 알아보는 행위를 금지하고 이를 위반 시 형사처벌 · 과징금 등 벌칙 부과
	개인정보 관리 · 감독 기능을 개인정보보호위원회로 일원화, 중앙행정기관으로 격상
신용정보법	데이터결합 및 데이터전문기관의 법적 근거 마련
	가명정보 금융 분야 빅데이터 분석 · 이용, 가명정보의 주체 동의 없이 이용 · 제공 허용
	전문개인신용평가업 · 개인사업자신용평가업 · 본인신용정보관리업 도입
	신용정보집중기관이 공공기관에 요청할 수 있는 정보 범위 확대
정보통신망법	개인정보보호 관련 사항을 「개인정보보호법」으로 이관
	온라인상 개인정보보호와 규제 · 감독 주체를 방통위에서 개인정보보호위원회로 변경

없이도' 활용이 가능해졌다. 아울러 개인정보처리자의 처벌 조항을 강화해 개인정보를 안전하게 관리할 수 있게 됐다. 그러나 아직까지는 연구목적으로 제한되어 있어 상업적 활용을 위해서는 일정한 한계가 있다. 의료데이터의 활용에 관해서 국한해 보면, 연구단계에서 상업적 이용 단계로 발전할 경우, 환자의 의료정보를 어떻게 활용할지에 대해 데이터 3법은 명시적 규정을 두지 않고 있다. 이에 선행하여 의료정보를 활용하기 위해서는 「의료법」의 적용을 받으며, 연구목적으로 의료정보를 활용하기 위해서는 「생명윤리법」을 준수해야 한다.

한편, 이번 개정 데이터 3법은 EU의 GDPR 적정성 평가 기준에 근접하였다는 점도 특징이다. 그동안 감독 기구의 독립성 요건 미충족, 개인정보 보호 조항 및 안전조치 미흡 등을 이유로 두 번에 걸친 적정성 심사가 중단된 바 있다. 앞으로 적정성 결정 국가로 지정될 경우 EU 지역 내 시민들의 개인정보를 쉽게 이전 · 처리할 수 있는 국가로 인정받을 수 있다. 즉, EU의 개인정보를 이전받아 처리하기 위해 개인 또는 기업이 개별적으로 GDPR 준수 여부를 평가받던 불편함을 해소할 것으로 보인다. 이는 EU 개인정보호보법 등 국제적 데이터 법제와의 정합성 제고로 전 세계 데이터 경쟁에 참여할 수 있는 기반을 마련한 것으로 평가할 수 있다.

(3) 개정 데이터 3법의 주요 쟁점

개정 데이터 3법은 데이터에 관한 획기적인 규정을 많이 두고 있으나 미흡한 점들이 지적되고 있다.

첫째는 '가명정보'의 문제이다. 개정 「개인정보보호법」에서는 가명정보를 규정하고 있으나, 개인 동의 없이 사용할 수 있는 가명정보의 개념이 명확하지 않아 하위법령에서 명확히 규정해야 할 필요가 있다. 가명정보는 다른 키나 데이터와 결합할 경우 개인 재식별이 가능하기 때문에 개인정보로 취급해야 함에도 불구하고 정보 주체의 동의를 받지 않아도 된다. 또한 추가 정보 없이는 특정 개인임을 알 수 없는 정보를 가명정보라 할 때, 추가 정보는 키값(Key-Value Database)일 수 있고, 원 데이터일 수도 있어 해석의 여지가 많다.[204] 특히 이번 개정법은 식별의 주체를 명시적으로 언급하지 않고 있는데, 개인정보 처리자나 수령인, 혹은 정보 주체나 일반 공중 등 누구의 관점에서 식별 가능성을 판단할 것인가에 따라 개인정보의 여부가 달라질 수 있다.[205] 또한, 가명정보 활용과 관련하여 구체적 범위가 불명확하여 다양한 해석의 가능성이 있다. 「개인정보보호법」은 기업으로 하여금 정보 주체의 '동의 없이' 개인정보를 '가명'으로 처리하여 이를 통계작성, 과학적 연구, 공익적 기록보존 등에 활용할 수 있다고 명시하고 있으나(법 제28조의2 제1항), 「신용정보법」은 통계작성, 연구, 공익적 기록보존 등을 위하여 가명정보를 제공하는 경우, 통계작성에는 시장조사 등 상업적 목적의 통계작성을 포함하며, '연구에는 산업적 연구를 포함한다'고 명시하여 상업적 · 산업적 목적의 연구를 포함하는 것으로 규정하고 있다. 이처럼 개정된 「개인정보보호법」이 「신용정보법」의 규정과 달리 '산업적 · 상업적 활용 또는 연구'를 규정하지 않

---

204) 이데일리(2020.1.19.), "데이터 3법 통과... 그래도 헷갈리는 기업들".

205) 이인호(a), "개정 개인정보 보호법의 집행을 위한 해결 현안들", 『데이터 3법의 개정과 향후 입법과제 모색』, 프레스센터 19층 기자회견장, 2020.2.18, 8쪽.

은 상황에서 산업적 · 상업적 활용 여부에 대해서는 다양한 해석의 여지가 있다. 따라서 통계 작성 및 과학적 연구에 상업적 통계, 산업적 연구의 포함 여부가 관건이다. 즉, 위 규정의 적용 범위, 산업적 목적 포함 여부 등이 불분명하기 때문에 이에 대한 규제기관의 해석에 따라 가명정보의 실제 활용 범위가 달라질 수 있다.

둘째, '이용자 동의'의 문제이다. 기존 「개인정보보호법」상 개인정보처리자는 정보 주체의 동의를 받은 범위를 벗어나 개인정보를 수집 · 이용하거나 제공할 수 없도록 규정하였으나, 개정법에서는 '당초 수집 목적과 합리적으로 관련된 범위 내'에서 정보 주체에게 불이익이 발생하는지 여부, 암호화 등 안전성 확보에 필요한 조치를 하였는지 여부 등을 고려하여 대통령령이 정하는 바에 따라 이미 수집하여 보유하고 있는 개인정보를 정보 주체의 동의 없이 수집 · 이용 및 제공할 수 있도록 하였다. 그러나 '합리적으로 관련된 범위'에 대해 다양한 해석이 가능하고, 구체적인 허용 기준 역시 대통령령으로 위임하고 있다. 따라서 데이터가 실시간 천문학적 용량으로 생산 · 공유 · 유통되고 있어 개인정보를 일일이 사전에 동의 받는(Opt-in) 방식이 거의 불가능하며, 이용자의 명시적으로 거부할 때만 정보 수집을 중단하는 묵시적 동의(Opt-out) 방식으로 전환할 필요가 있다.

셋째, 규정 형식의 문제로서 개인정보호보위원회의 독립성을 강조하면서도 법률의 내용을 구체화하는 시행입법을 모두 대통령령에 위임하고 있는데 개인정보보호 관련 사항에 대한 심의 · 의결 등 제반사항은 위원회의 규칙에 구체화하도록 위임할 필요가 있다.[206]

넷째, 개정 데이터 3법의 개인정보의 활용은 GDPR 수준으로 허용했으나, GDPR에 비해 개인정보보호 장치는 약하다고 지적된다. EU GDPR의 취지와는 달리 개인정보의 활용에만 초점이 맞춰져 정보 주체의 권리를 등한시했다는 비판이 있다.[207)]

(4) 데이터3법의 개정과 의료빅데이터

전술한 바처럼, 2020년 1월 데이터 3법의 개정사항 중 모법인 「개인정보보호법」 개정의 핵심 내용은 추가정보 사용 없이는 특정 개인을 식별할 수 없도록 처리(가명처리)한 가명정보에 대해서는 정보 주체의 '동의 없이도' 통계작성, 과학적 연구, 공익적 기록보존의 목적으로 처리 · 활용할 수 있도록 하는 것이다(법 제28조의2). 이로써 의료 데이터 분석을 위한 의료정보 접근 가능성을 높일 수 있는 단초는 마련되었다.

① 의료 데이터의 산업적 연구 활용 가능성

그런데 정보처리 목적으로서 '과학적 연구'란 기술의 개발과 실증, 기초연구, 응용연구 및 민간 투자 연구 등 과학적 방법을 적용하는 연구를 말한다(법 제2조제8호). 그런데 '과학적 연구'에 '산업적 목적의 연구'를 포함할 것인가가 관심인데, 이것은 쉽지 않은 이슈이다. 산업적 연구는 디지털 헬스 케어 산업의 활성화와 관련이 있지만 그 이면에는 상업적 연

206) 이인호(a), "개정 개인정보 보호법의 집행을 위한 해결 현안들", 『데이터 3법의 개정과 향후 입법과제 모색』, 프레스센터 19층 기자회견장, 2020.2.18, 9쪽.

207) 국가인권위원회 보도자료(2019.11.13.), "'개인정보 보호법' 등 '데이터 3법' 개정 논의에 대한 국가인권위원장 성명: 상업목적의 가명 개인정보 활용에 신중하고 면밀한 논의 강조".

구가 될 수 있고 이것은 의료의 영리화와 직결될 수 있다는 우려도 있기 때문이다. 따라서, 단순히 데이터의 활용 목적에 관한 문제에 그치는 것이 아니라 데이터에 대한 접근권한과 통제권을 어떻게 설정할 것인지의 문제와도 직결된다.

2020년 4월 개정된 「암 관리법」은 참고가 될 수 있다. 이 법에서는 '보건복지부장관'은 가명정보 중 두 개 이상의 정보를 결합하여 분석할 필요가 있는 경우 「개인정보 보호법」에 따라 가명정보를 결합하여 처리할 수 있으며, 가명정보를 '암데이터사업의 목적'을 위하여 「개인정보 보호법」에 따라 '제3자에게 제공'할 수 있도록 하고 있다(제9조의2).

② 의료정보와 의료법에 의한 제한

빅데이터가 활용되기 위해서는 개인정보보호법이 적용되는 것 외에 개별법에서 수집목적 이외의 사용이나 후속적인 활용이 가능하도록 규정하여야 한다. 의료정보도 개인정보이므로 개인정보보호법의 적용을 받는다. 가명처리한 개인정보도 여전히 개인정보이기 때문에 처리과정에서 개인정보보호법상의 여러 준수의무들은 당연히 지켜야 하며, 더하여 의료법에서는 특정한 의료정보에 대한 보다 구체적인 추가적인 보호조치를 정할 수 있다. 현행 의료법에서는 병원이 환자나 보호자의 동의 없이 환자 데이터를 전송하는 것을 금지하고 있다.[208] 여기서도 2020년 4월 개정된 「암 관리법」이 참고가 될 수 있다. '보건복지부장관'은 '동의 없이'도

---

208) "의료인 등은 다른 의료인 등으로부터 진료기록 사본 등의 전송을 요청받은 경우, 환자 등의 동의를 받아 그 요청에 응해야 한다."(의료법 제21조의2제1항)

가명정보 중 '두 개 이상의 정보를 결합하여 처리'할 수 있으며, 가명정보를 암데이터사업의 목적을 위하여 「개인정보 보호법」에 따라 '제3자에게 제공'할 수 있도록 하고 있다(제9조의2).

3) 외국의 보건의료 빅데이터 관련 법제

(1) 미국

미국은 보건의료분야의 개인정보보호에 관한 규범으로 「건강보험정보의 이전과 책임에 관한 법(HIPAA: Health Insurance Portability and Accountability Act)」과 그에 따른 「프라이버시 규칙(HIPPA Privacy Rule)」을 두고 있다.[209] 미국은 우리나라와 달리 개인정보보호에 관한 일반법 없이 각 개별분야에서 정보보호에 관한 법률체계를 갖추는 방식으로 이루어져 있으므로, 위 규정은 실질적인 의미가 있다. HIPAA는 보건의료 체계의 효율성을 높이기 위하여 행정 및 금융자료의 표준화를 위한 법률이다. 이것은 Privacy Rule, Transaction and Code Sets Rule, Security Rule, Unique Identifiers Rule(National Provider Identifiers), Enforcement Rule의 총 5편으로 구성되어 있다.

「프라이버시 규칙」에서는 다음과 같이 밝히고 있다. '이 규칙이 적용되는 주체인 개인의 건강 정보('보호된 건강 정보'라고 한다)의 사용 및 공개를 다루며, 이 규칙에는 개인의 건강정보 사용 방법을 이해하고 통제

209) HIPAA와 「프라이버시 규칙(HIPPA Privacy Rule)」의 내용에 대해서는 다음을 참조. https://www.cdc.gov/phlp/publications/topic/hipaa.html (검색일: 2020.5.31.)

할 수 있는 개인의 권리에 대한 표준도 포함되어 있다. 「프라이버시 규칙」의 주요 목표는 개인의 건강 정보를 적절하게 보호하는 동시에 고품질의 의료 서비스를 제공 및 홍보하고 대중의 건강과 웰빙을 보호하는 데 필요한 건강 정보의 흐름을 허용하는 것이다. 또 이 규칙은 치료와 치료를 원하는 사람들의 개인정보를 보호하면서 이와 동시에 중요한 정보 사용을 허용하도록 균형을 유지하는 것을 내용으로 한다.'[210] 여기서 볼 수 있듯이 미국의 보건의료 데이터 취급에 대한 입장은 보호와 이용의 균형을 유지하는 것이다. 보다 능동적으로 해석하면 국민 대중의 건강 시스템을 유지하기 위하여 정보 사용을 적극적으로 허용하려는 입장에 서 있다.

이 규칙에 따른 보호대상은 정보의 형태, 매체 또는 전자적 종이, 구두의 형태인가에 관계없이 규칙을 적용받는 기관이 보유하거나 송신하는 '보호된 건강 정보'이다. 정보 주체로서의 개인은 자신의 의무기록 사본을 열람할 권리와 의무기록의 수정을 요구할 권리, 의료정보 공개자료를 가질 권리가 있다. 예외적으로 보건의료 데이터의 이용 · 제공이 정보 주체의 프라이버시보다 우선시되는 경우로는 공중위생 보호, 의학연구 수행, 치료의 질 향상, 의료사기 방지 등이 있다. 이러한 경우에 프라이버시 보호는 절대적인 가치는 아니다.[211] 특히 「프라이버시 규칙」은 '보호대상 의료정보의 비식별 가이드(Guidance on De-indentification of Protected Health Information)'에 따라 비식별화 조치된 의료정보는 제한 없이 이

---

210) https://www.cdc.gov/phlp/publications/topic/hipaa.html (검색일: 2020.5.31.)

211) 임은정 · 박민주 · 유승미, "의료 빅데이터 활용의 각국 법안 비교분석 연구", 『한국기술혁신학회 발표논문집 2018(5)』, 2018, 118쪽.

용 가능하도록 규정하고 있다.[212)]

(2) EU

EU는 개인정보보호권을 기본권으로 인정하면서 전통적으로 정보보호원칙이 지켜지고 있는 곳이다. 최근 들어 4차 산업혁명으로 인해 데이터의 중요성이 강조되면서 새로운 신산업의 발전을 위해 데이터의 활용을 용이하게 하기 위하여 개인정보보호법(General Data Protection Regulation, 이하 GDPR)을 제정하였다. EU는 GDPR을 채택함으로써 EU 회원국 전체에 일원화된 개인정보보호 룰을 적용하고 있다.

여기서 EU의 법체계를 설명할 필요가 있다. 우리나라의 법령 용어 체계와 다소 차이가 있기 때문에 문헌마다 번역이 다르며 정확한 의미를 전달하지 못한 번역이 많기 때문이다. Regulation은 일반적으로는 명령으로 해석하나 EU법체계를 이해하면 (행정입법의 하나인)명령보다는 '법률'로 이해하는 것이 맞다. 왜냐하면 Regulation은 '일반적이고 모든 회원국에 직접 적용된다'고 되어 있다. 여기서 '일반적'이라 함은 이 법률의 수범자가 '불특정 다수인'이라는 말이고 '직접 적용된다' 함은 Regulation이 제정됨과 동시에 회원국에서는 별도의 입법조치 없이 직접 적용된다는 의미이다. 즉 Regulation은 회원국의 국내법과 동일하게 취급된다.[213)]

---

212) 국무조정실 · 행정자치부 · 방송통신위원회 · 금융위원회 · 미래창조과학부 · 보건복지부, 『개인정보 비식별화 조치 가이드라인』, 2016, 26쪽.

213) Regulation보다 아래 법체계에는 Directive가 있다. Directive는 달성된 결과에 대해서만 구속력(as to the result to be achived)이 있으며 형식과 방법의 선택(choice form and method)이 회원국에게 맡겨져 있다. 다시 말하면 입법의 취지 내지 달성

GDPR 제4조는 개인정보의 판단 근거로 '식별 가능성'을 주요 지표로 규정하고 있다. 이에 따르면, 개인정보는 "식별되거나 또는 식별 가능한 자연인(정보 주체)와 관련된 모든 정보"로 정의하고 있다. 또한, "개인의 식별 가능 여부를 결정하려면, 그 개인을 식별하기 위해 개인정보 처리자 또는 제3자에 의해 사용되는 합리적이고 종합적 판단을 통해 가능하다고 생각되는 모든 수단을 고려하도록" 밝히고 있어, "합리성" 요건을 추가하고 있다. 여기에서의 합리적인 종합판단이란 개인의 식별을 위한 비용과 시간처리기술 등을 의미한다.[214]

특히 GDPR은 특별한 범주의 개인정보는 원칙적으로 처리를 금지하고 있다. 다만 예외적으로 ① 정보 주체의 명백한 동의가 있거나 ② 정보 주체가 물리적 · 법률적으로 동의를 제공할 수 없는 경우, ③ 정보 주체 또는 다른 사람의 생명과 관련된 이익을 보호하는 데 특별한 필요성이 법률로서 규정된 경우에 허용하고 있다. 민감정보처리를 금지한다는 일반적 원칙은 회원국 법률에 정보보호를 위한 적절한 안전장치를 두고 있을 경우 예외적으로 허용된다. 그 허용 사유는 개인정보와 공익에 부합하는 기타 기본권을 보호하기 위한 것으로써 공중보건, 의료 서비스 관리 등 건강 목적을 위해 또한 허용될 수 있으며, 특히 건강보험 제도상 청구 절

하고자 하는 목표는 같지만 회원국마다 다른 입법내용을 가질 수 있다는 의미이다. 이외에도 Decision, Recommendation, Opinion 등이 있는데, Decision은 회원국 전체적으로 구속적이고 해결 대상자를 명시하는 결정은 해당 대상에게만 구속력을 가진다. 또, Recommendation, Opinion은 비구속적인 입법의 형태이다.

214) 장세균 · 김현창 · 김소윤, "정밀의료에서의 개인정보와 정책방향에 관한 연구: 미국 · EU · 일본과의 비교제도 분석을 중심으로", 『한국의료법학학회지』 제25권 제1호, 한국의료법학회, 2017, 144쪽.

차가 그 혜택 · 서비스로 이어지는 과정에서의 품질 및 비용대비 효과를 보장하기 위해서 공익적인 기록보존 목적, 과학 및 역사연구 목적 또는 통계 목적을 위해 허용될 수 있다.[215]

빅데이터 환경에서 정보의 활용과 보호를 위한 절충 방안은 가명화 또는 익명화로 '비식별화조치'함으로써 개인의 식별 가능성을 차단하는 것이다. GDPR은 익명처리와 가명처리를 명확히 구분하고 가명화된 정보, 즉 외견상 비개인정보의 경우에도 개인정보가 될 수 있는 가능성을 인정하지만 당해 정보는 잠재적인 가치만 보유하는 것이며 다소 완화된 조건하에서 재사용될 수 있음을 인정한다.[216] 데이터 보호 원칙은 식별되거나 식별 가능한 자연인에 관한 모든 정보에 적용되며, 익명정보 즉 식별되거나 식별 가능한 자연인과 관련이 없는 정보 또는 데이터 주체를 식별할 수 없거나 더 이상 식별할 수 없는 방식으로 익명 처리 된 개인 데이터에 적용되지 않는다고 명시하였다(GDPR Recital 26). GDPR은 통계목적을 위한 정보보유는 허용하고 있을 뿐 아니라, 정보저장의 연장으로 초래될 수 있는 잠재적인 해악을 예방하기 위하여 익명화 등의 기술적 조치 그리고 기타 국내 수준의 여타 안전조치를 요구하고 이러한 조치가 확보된다면 정보보유가 지속적으로 가능함을 인정하고 있다(GDPR 제89조).

GDPR은 원칙적으로 명확성 원칙을 준수하면서도 제6조 제4항에서는

215) 김일환, "생체인식정보의 보호와 이용에 관한 법제정비방안에 관한 연구", 『유럽헌법연구』 제30호, 유럽헌법학회, 2019, 523-524쪽.

216) 김용훈, "빅데이터 환경의 도래와 개인정보 보호방안", 『경희법학』 제53권 제1호, 경희대 법학연구소, 2018, 205쪽.

이를 완화하여 적용하고 있다. 즉 추가적 처리를 위한 목적이 최초 목적과 양립 가능하다고(compatible) 판단되고 가명 처리 또는 암호화를 통하여 안전장치만 확보된다면, 별도의 동의나 법적 근거 없이도 목적 외 처리가 가능하여 정보의 활용성을 적극적으로 인정하고 있다. 또한 가명처리정보도 보호가 필요한 개인정보로 보고 GDPR 내 보호 적용 대상으로 규정함으로써 정보 처리자에게 목적 외 활용의 경우에도 개인정보보호 의무를 다할 수 있게 하여 개인정보보호와 빅데이터의 활용이라는 두 가지 목적이 조화를 이루도록 하고 있다. 이 외에도 유럽연합은 빅데이터의 활용을 위한 적극적인 법제도를 마련하고 있으며, 개인정보자기결정권이 형해화되지 않도록 Privacy by Design 원칙,[217] 프로파일링 거부권 등의 정보보호를 위한 조치를 함께 시행하고 있다.[218]

(3) 독일

독일은 개인정보보호에 대한 법제의 역사가 깊고 매우 선진적이라는 특색을 보인다. Hessen주는 1970년에 이미 세계 최초로 「개인정보보호법률」을 제정하였고, 1974년에는 Rheinland-Pfalz주가 「정보남용금지

217) Privacy by design란 프라이버시를 고려하여 설계한다는 의미이다. 즉, 온라인 서비스를 포함하는 IT 기술의 발전에 따라, 서비스 기획 단계에서부터 폐기 단계까지의 전체 생애주기(life cycle)에 걸쳐 이용자의 프라이버시와 데이터를 보호하는 기술 및 정책을 적절하게 적용하는 것을 일컬어 Privacy by Design이라고 한다. 이호용(e), "삭제되지 아니한 개인정보와 인터넷 사회의 리스크에 관한 담론", 『법학논총』 제39권 제3호, 단국대 법학연구소, 2015, 28쪽.

218) 정애령, "보건의료데이터 활용의 헌법적 근거와 해외입법동향", 『한국부패학회보』 제25권 제1호, 한국부패학회, 2020, 139쪽.

법」을 제정하였다. 1977년 드디어 「데이터처리에 있어 개인에 관한 데이터의 남용방지에 관한 법률」이라는 이름으로 「연방개인정보보호법(BDSG: Bundesdatenschutzgesetz)」이 제정되었고, 1983년 독일 연방헌법재판소는 개인정보자기결정권을 도출한 바 있으며, 1996년에는 「텔레서비스 데이터보호에 관한 법률」, 2005년에는 「보건 영역의 텔레마틱 조직구조에 관한 법률」이 제정되었다.

독일 「연방개인정보보호법」은 개인정보보호에 관한 기본법으로 이 법에 의해 개인정보는 조사, 저장, 변경, 전달, 삭제, 이용 과정을 거쳐 익명화될 때까지 보호된다. 독일은 「2003년 의료보험법 현대화법(GKV-Modernisierungsgesetz)」과 「보건 영역의 텔레마틱 조직구조에 관한 법률」을 통하여 원격의료 실행에 필요한 전자통신 인프라를 구축하였다. 특히 전자건강보험카드에는 보험정보, 처방전, 혈액형, 기타 중요 의료정보 등이 포함되어 있다. 원격의료시스템 도입을 통해 진료비용의 7~13%를 절감할 수 있다고 하며, 이를 위한 환자 진료기록 통합관리 시스템 역시 갖추어져 있다. 주요한 쟁점은 이러한 인프라 구축에 필수적인 개인보건의료 데이터가 어떻게 정부에서 민간으로 이전되느냐에 있었다.[219] 이 부분은 우리나라에서도 주요 관심사가 되고 있으므로 주목할 필요가 있다.

먼저, 「연방개인정보보호법」에 대해 살펴보면, 독일에서 의료정보가 특별히 비밀 보장되어야 하는 법적 근거는 BDSG 제3조 (9)에서 보호대

219) 김경우, "빅데이터 활용 활성화를 위한 입법방향과 사례: 보건의료 빅데이터를 중심으로", 『Law & Technology』 제15권 제3호, 서울대 기술과법센터, 2019, 10쪽.

상이 되는 '특별한 개인정보'를 정의하고 있는 데서 기인한다. 이 조항에서는 '특별한 개인정보'란 인종적, 윤리적 출처, 정치적 의견, 종교적 또는 철학적 신념, 노동조합원 유무, 건강 또는 성생활에 대한 개인정보를 말한다"고 규정하고 있다. 그런데, 이 법 제28조에서는 자기 목적을 위한 개인정보의 수집생산이용에 관한 규정을 두면서 같은 조 제7항 제1호에서 건강예방, 의약적 진단, 치료 목적 또는 건강복지와 관련된 업무행정을 위하여 필요한 경우로서 비밀보장의 의무가 있는 의사 또는 그 밖의 개인을 통해서 개인정보가 형성되는 경우에 법 제3조 제9항에서 규정한 '특별한 개인정보'의 종류의 수집이 허용된다고 하여 결국, 의사는 환자의 건강을 위해서 정보 수집을 할 수 있도록 보장된다. 또한 제28조 제7항 제2호에서는 정보에 대한 비밀보장의 의무가 규정되어 의료정보의 보호를 강조하였으며, 같은 조 제6항에서는 학문적 연구의 이익이 개인정보의 보호이익보다 더 크다면 제7항 제1호의 전제조건 하에서 전송이나 이용이 가능하다고 규정하고 있다. 같은 법 제13조 제7항 특별한 종류의 개인정보로서 의료와 관련된 정보의 수집에 관하여 규정하고 있다.

다음으로, 비식별화에 대하여 살펴보면, 독일 「텔레미디어법(Telemediengesetz, TMG)」은 개인정보를 포함한 데이터를 제공하는 경우에는 익명화를 거쳐 제공하도록 규정하고 있다. 또한 BDSG 제3a조에서는 개인정보는 사용 목적에 따라 익명화 또는 가명화되어야 한다고 규정하고 있으며, 같은 법 제3조 제6항에서는 익명화된 정보는 더 이상 BDSG의 적용대상이 되지 않는다고 규정하고 있다. 연방정보보호법의 적용대상에서 비식별화 정보를 제외하도록 하고 있다는 것은 우리나라 개정 「개인정보보호법」이 기업으로 하여금 정보 주체의 '동의 없이' 개인정보를 '가명'으로 처리하여 이를 통계작성, 과학적 연구, 공익적 기록보존 등에 활용할 수 있다고 명시하고 있는 것(법 제28조의2 제1항)과 같은 취지이다.

독일 법제에서 의료정보보호의 시사점으로는 우선, 법체계와 관련하여 연방의사법, 의약법, 보험법 등 의료관련법에 정보보호관련 규정이 없고, 정보보호에 관한 기본법인 「연방정보보호법」을 의료정보보호의 법률적 근거로 하고 있다는 점, 의료정보를 '특별한 개인정보'로 분류하여 보호하고 있는 점, 의료정보를 수집, 생산, 이용할 경우 그것에 대한 동의(서면형식)는 명백하게 해당 개인정보에 관련이 되어야 함을 명시한다는 점, 정보 주체(관련인)의 권리로 질의응답권, 문의권, 통지권, 교정권, 삭제권, 이의제기권 등이 보장되어 있다는 점, 개인정보 취급자(혹은 기관)에게는 정보보호를 위한 기술적이고 조직화된 대책을 수립하여 정보를 보호할 것과 개인정보정책과 기술적인 시설물을 독립적인 평가기관을 통해 인증받고, 그 결과를 공개할 것을 의무로 규정하고 있다는 점 등이다.

(4) 일본

일본은 거의 모든 법 영역에서 우리나라와 가장 유사한 법제를 구성하고 있다. 우리나라와 마찬가지로 공 · 사 양 영역에서 개별적으로 존재하던 개인정보보호법을 통합해 2003년 「개인정보보호에 관한 법률(個人情報の保護に関する法律)(이하, 개인정보보호법이라 한다)」을 제정하였다. 2016년에는 익명가공정보, 익명가공정보 취급사업자, 요배려자 개인정보

등을 포함하는 법 개정을 하여 4차 산업혁명시대에 빅데이터, 사물인터넷 등 새로운 산업 활성화를 위한 보호와 활용의 균형점을 찾으려고 하였다. 이 법 제2조에서 규정하는 익명가공정보는 '특정 개인을 식별할 수 없도록 개인 정보를 가공하여 얻을 수 있는 개인정보로서 당해 개인 정보를 복원할 수 없도록 한 것'이라고 정의하고 있다. 익명가공정보는 복원 불가능하도록 안전 조치를 함을 전제로 정보 주체의 동의 없이 활용할 수 있도록 하였다.

또 이 법률에 따른 개인정보보호위원회 규칙 제19조에서는 개인정보를 '가공'하는 기준에 관하여 다음과 같은 것들을 제시하고 있다. ① 개인정보에 포함된 개인을 식별할 수 있는 기술 등의 전부 또는 일부의 제거, ② 개인 정보에 포함된 개인식별부호의 전부를 제거, ③ 개인 정보와 해당 개인 정보를 가공하여 얻은 정보의 연결부호를 제거, ④ 특이한 기술 등의 제거, 이에 더하여 개인정보에 포함된 기술 및 해당 개인정보를 포함한 개인정보 데이터베이스를 구성하는 기술 등의 차이, 기타 개인정보 데이터베이스의 특성 등을 감안하여 그 결과를 토대로 적절한 조치를 강구할 것 등을 규정하고 있다. 또한 개인정보취급사업자와 익명가공정보취급사업자에 대해서는 익명가공정보를 다른 정보와 조합하지 못하도록 함으로써 안정성을 확보하고 있다(법 제36조제5항 및 제38조).

또 일본의 「개인정보보호법」은 우리나라 법제와 마찬가지로 개인정보의 제3자 제공과 목적 외 이용을 하는 경우 일정한 예외 사유를 제외하고는 정보 주체의 사전 동의(opt-in)를 요구하고 있다. 이와 같은 사전 동의 방식은 정보의 활용 측면에서 많은 어려움을 내포하고 있으므로, 일본은 새로운 빅데이터시대에 부응하기 위한 노력의 일환으로 「개인정보 이용 및 활용에 관한 제도개선 대강」을 2014년 6월 제정하여 승인한 바 있다. 이 대강은 개인정보보호 관계 법령의 향후 개정에 지침적인 역할을 할 수 있는 내용에 대하여 정한 것으로써, 그 특징은 사후 동의(opt-out) 방식의 도입에서 찾을 수 있다. 정보의 목적 외 이용과 제3자 제공에 있어서 정보 주체의 동의를 필요로 하는 일본 현행법의 제도가 데이터사업자에게 부담으로 작용하여 개인정보의 활용에 방해가 된다는 점을 고려한 것으로 평가된다. 오늘날 개인정보의 이용과 활용에 의해 다양한 종류의 혁신과 신사업 창출이 개대되는 상황이므로, 개별 사항마다 동의를 받는 구조는 현실적으로 준수하기 어려운 상황이 발생하기 쉽다. 특히 이 대강에서는 의료정보 등과 같이 적절한 취급이 요구되면서 정보 주체의 이익과 공익에 이바지하기 위하여 정보의 활용이 더욱 기대되는 정보는 그 위축효과가 발생하지 않도록 적절한 정보보호와 정보 활용의 균형과 촉진을 동시에 도모할 것을 적시하고 있다.[220]

(5) 기타

그동안 전 세계 주요 국가들은 바이오 헬스산업의 세계시장 주도권 확보를 위한 선제 작업으로 유전자 생체정보의 수집과 이를 통한 의료 빅데이터 구축을 상당 부분 완료하였다. 미국, 이스라엘, 호주, 뉴질랜드, 핀란드에서는 이미 구축된 보건의료 빅데이터를 바탕으로 보건 서비스의 개

---

220) 윤석진, "개인정보 보호와 빅데이터 활용의 충돌, 그 문제와 입법정책 과제", 『중앙법학』 제17권 제1호, 중앙법학회, 2015, 31쪽.

선, 건강 관련 정책개발, 공중보건 목적의 연구 등이 진행 중이다. 이 가운데 핀란드는 한 단계 더 나아가 건강 및 사회적 정보의 2차 활용에 관한 법률을 통과시킴으로써 보건의료 빅데이터를 교육, 정보관리 및 혁신, 개발 활동에까지 활용할 수 있도록 하였다. 또한 핀란드는 오랜 기간 국가가 국민의 개인정보를 안전하고 투명하며 신뢰할 수 있는 방식으로 처리함으로써 국민으로부터 신뢰를 얻은 바 있으며, EU의 개인정보보호법(GDPR: General Data Protection Regulation)의 강화된 자기결정권을 바탕으로 보건의료 빅데이터를 구축 · 규제 완화를 통하여 이를 2차적 목적에까지 활용함으로써 산업적 부가가치를 창출하고 있다.[221)]

4. 보건의료 빅데이터의 활용과 개인정보보호

1) 개인정보보호와 빅데이터 활용의 상충과 조화

우리나라는 정보보호에 관한 일반법인 「개인정보보호법」으로 이용자의 정보 관리와 보호를 수행하도록 하면서 각 분야별로는 개별법에 의한 개인정보보호 운영체계를 갖고 있다. 예컨대, 보건의료 분야의 경우에 「의료법」, 「약사법」, 「보건의료기본법」, 「후천성면역결핍증 예방법」, 「감염법의 예방 및 관리에 관한 법률」, 「식품위생법」 등이 개별법이 있으며, 특

---

221) 김용민, "보건의료 빅데이터 활성화 방안에 관한 연구: 핀란드의 사례를 중심으로", 『의생명과학과법』 제22호, 원광대 법학연구소 의생명과학법센터, 2019. 12, 30-32쪽.

별법우선의 원칙에 따라 이들은 일반법인 「개인정보보호법」보다 우선 적용된다. 최근 빅데이터 활용과 관련해 「위치정보의 보호 및 이용 등에 관한 법률」, 「클라우드 컴퓨팅 발전 및 이용자 보호에 관한 법률」, 「공공데이터 제공 및 이용 활성화에 관한 법률」, 「공공기관의 정보공개에 관한 법률」, 「전자정부법」 등 관련 법률이 시행되고 있다. 그런데 개인정보보호 관련 법률이 빅데이터 등 새로운 산업의 발전을 저해하고 있다는 견해도 있다. 특히 개인정보보보호법 등 관련법에서 엄격한 사전고지와 명시적 동의하에서 개인정보의 임의적 이용을 제한하고 있어 빅데이터 등 신산업 육성이 어렵다는 주장도 있다.

빅데이터 활성화를 위해 우선적으로 고려해야 할 사항은 빅데이터 활용과 개인정보보호 관련 법률과의 상충관계를 해소해야 한다. 정보의 개방과 공유가 확대되면서 정보의 활용과 개인정보보호의 보호라는 양 가치를 조화시키는 방안은 정보가 활용되는 한 고려되어야 할 중요한 화두이다. 데이터는 재화적 특성이 공산품과 같은 일반 재화와는 달리 그 자체로 생산되는 것이 아니어서 관련법과 규제가 애매하거나 상충되는 경우가 많다, 일반 사적 계약 이외에도 국가 간 조약이나 계약을 통한 개인정보보호 등의 문제도 발생할 수 있다.

우리나라는 2013년 「공공 정보 개방, 공유에 따른 개인정보보호 보호지침」을 통해 단계별로 개인정보의 처리 원칙과 기준을 마련하였다. 개인정보보호 관련 법령에서보다 더욱 명확하고 표준화된 비식별화 기준을 제시하였고, 그 자체로서 개인을 식별할 수 있는 정보는 삭제하도록 하였다. 삭제 후에도 정보가 남아 있는 경우에 정보의 추가 가공 등을 통해 제공받는 자가 보유한 정보 및 인터넷과 언론 등에 공개되어 있는 정보와 결합하여 식별할 수 없도록 조치하도록 하였다. 이처럼 공공 영역에서와 마찬가지로 민간 부문의 개인정보 활용에 있어서도 합리적이고 명확한 기준에 따라 개인정보가 활용될 수 있도록 해야 한다. 그런데 모든 정보에 대하여 동의를 요하도록 한다면, 이로 인해 발생하는 유무형의 비용을 감당할 수 없을 것이다. 따라서 동의가 불필요한 정보의 유형을 법으로 정해 두는 법적 개선도 필요하다. 또한 빅데이터를 이용하는 기업 등이 관련 법규를 제대로 준수하는지의 여부를 감독 · 제재하는 감독시스템과 함께 빅데이터를 많이 이용하는 회사의 정보보호 당사자들로 구성된 정보보호 네트워크를 구축하여 자율적 규제를 도모하는 것도 방법이다. 기업 스스로도 이용자 데이터를 활용할 때 식별 가능성이 있는 데이터는 사전에 삭제하는 등 이용자의 프라이버시를 보호하기 위한 자발적인 노력도 필요하다. 유럽의 GDPR은 데이터 보호에 대한 기업의 책임을 더 가중시키고 있으므로, 우리도 이러한 추세를 좀 더 적극적으로 반영할 필요가 있다.

근래 빅데이터의 활용과 개인정보보호의 상충의 문제를 비식별화, 동형암호(Homomorphic encryption) 등 기술적 해법을 통해 해결하고자 한다. 비식별화의 경우 개인정보 가운데 특정 항목을 블라인드 처리해 식별이 안 되게 하는 것으로 다른 정보와 결합되면 재식별이 가능해지는 한계가 있다. 기술적으로 개인정보를 암호화하여 식별하지 못하도록 하여 데이터를 활용하고자 할 경우 비식별화는 재식별이 가능한 문제에 대한 해결방안을 제공해야 하는 상황이다. 예컨대 현재 사용하는 RSA[222]와 같은 3세대 암호체계가 공개키를 탈취당하거나 복호화되면 개인 민감정보들이 유출될 수 있다는 단점이 있다. 한편 동형암호는 소위 4세대 암호체계로 암호화된 상태의 정보를 가지고 바로 연산을 할 수 있으므로 공개키 탈취의 우려나 복호화된 정보가 유출되지 않는다. 이러한 점에서 빅데이터의 편리함을 유지하면서 개인의 민감정보에 대한 유출 우려가 완화되는 것으로 알려져 있다. 다만, 동형암호의 경우에도 데이터의 내용과 표의 제목에 대해 비밀 보장이 이루어지지만, 전체적인 표의 구조 및 열의 개수, 행의 종류, 규모에 대한 정보는 정보유출이 가능하다.

이처럼 빅데이터는 개인정보를 이용하여 유의미한 결과물을 만들어낸다는 점에서 활용 가치가 높으나, 개인정보를 재가공하는 절차가 필연적이므로 이러한 과정에서 정보의 누출 위험성이 상존한다. 그러므로 법적으로 이러한 개인정보를 활용하는 정보처리 주체에게 그 책임을 명확히 함으로서, 이를 통해 수준 높은 정보 관리 기술 즉, 보안 기술을 빅데이터의 활용 과정에 적절히 적용하도록 해야 한다. 다만 개정 데이터3법은 개인정보의 가명처리와 관련해 기업의 법적 책임이 불분명하다는 점이 비판을 받고 있다. 예를 들어 개인정보보호법 시행령은 가명정보를 활용하는 기업에 대해 '안전성 확보에 필요한 조치를 하라'고 규정하고 있는데, 여기서 안정성 확보에 필요한 조치가 어느 수준의 것인지 불분명하여 과

---

222) RSA 암호는 공개키 암호시스템의 하나로, 암호화뿐만 아니라 전자서명이 가능한 최초의 알고리즘으로 알려져 있다. RSA가 갖는 전자서명 기능은 인증을 요구하는 전자상거래 등에 RSA의 광범위한 활용을 가능하게 하였다. 이것은 1978년 로널드 라이베스트(Ron Rivest), 아디 샤미르(Adi Shamir), 레너드 애들먼(Leonard Adleman)의 연구에 의해 체계화되었으며, RSA라는 이름은 이들 3명의 이름 앞 글자를 딴 것이다.

연 기업은 안전성 확보를 위하여 어디까지 책임을 질 것인지 의문을 제기하고 있다. 가명정보가 유출 되어 다른 정보와 결합, 식별 가능한 개인정보로 재처리되는 문제가 발생하면 사업자는 사전에 어느 수준의 안전 정치를 해 놓아야 '안전성 확보를 위한 조치 의무 위반'에 대한 법적 책임을 지지 않게 되는지 불분명하기 때문에 기업 활동이 위축될 수밖에 없다는 것이다. 또한 이법 시행령에서는 가명정보에 대해서 개인정보와 같은 수준의 안전성 확보 조치를 할 것을 요구하고 있다. 특정 개인을 알아볼 수 없게 만든 가명정보를 민감정보나 개인정보와 같은 수준으로 관리하라는 것은 과도한 규제로 평가된다. 데이터3법을 개정하여 해외 선진국보다 10년 뒤처진 국내 빅데이터 산업을 활성화하기 위해 규제 개선을 하였으며, 그 대표적인 것이 가명정보의 활용 가능성의 길을 열어준 것이라는 점을 생각해 보면 불완전한 규제 혁파는 오히려 새로운 규제가 되기 때문에 데이터3법의 법 개정 취지가 무색해질 수 있다.

2) 프라이버시보호와 데이터통제의 구분, 그리고 '사전 동의' 요건

현행 개인정보보호법제는 정보 주체의 동의 없이는 개인정보를 처리할 수 없도록 하고 있다. 데이터를 통제하는 방식으로 개인의 신원이 노출되지 않도록 프라이버시를 보호하는 구조를 가지고 있어, 프라이버시 보호와 데이터 통제의 부분이 서로 결합되어 있다. 그런데 이에 대하여 데이터와 프라이버시는 그 보호 목적과 속성이 다르기 때문에 구별되어야 한다는 주장[223]은 매우 흥미롭고 설득적이다. 즉 프라이버시는 그 자체가 보호의 목적이 되는 데 비해, 데이터는 정보 주체의 자기결정권이 적용되는 객체에 불과하기 때문에 이와 같이 이해된다. 데이터 보호 영역에서 개인의 자기결정권은 자기정보 결정을 통해 개인의 권리를 증진하고, 개인과 데이터를 처리하는 사람들 간의 정보의 비대칭을 감소시킬 수 있도록 해야 한다. 따라서 데이터 보호는 정보 주체의 통제권이 적용되는 영역으로서 수단적 권리에 해당한다. 따라서 타인이 자신에 관한 어떤 정보를 가지고 있으며 어떠한 정보를 가지면 안 되는지를 통제하는 권리를 통해 데이터를 보호하는 것이다. 반면에 프라이버시 보호개념은 보다 기본적이고 실체적인 권리로서 특정한 상황을 제외하고는 보호되어야 하는 일종의 '비밀보호의 원칙(principle of confidentiality)'이 지켜져야 하는 영역으로서 그 자체가 보호대상이라는 말이다. 따라서 프라이버시보호와 데이터보호는 그것이 존재하는 차원이 다르기 때문에 달리 취급되어야 하고 결국 프라이버시보호의 근거가 정보의 자기결정권이 되어서는 안 된다는 것이다. 유럽연합법원(CJEU: Court of Justice of the European Union)에서도 프라이버시와 데이터보호는 다른 권리이며, 데이터보호 권리를 프라이버시권의 일부가 아니라 데이터보호에 대한 진정한 기본권으로서 개인에게 더 많은 통제권을 부여한 바 있다.[224] 그런데도 자기결정권으로 프라이버시보호와 데이터통제를 모두 도모하고자

---

223) 박미정, "보건의료 빅데이터 활용에 관한 법 · 정책적 개선방안 연구", 『한국의료법학회지』 제26권 제1호, 한국의료법학회, 2018, 167쪽 이하.

224) Official Journal of the European Communities, Charter of Fundamental Rights of the European Union, 2000/C 364/01: Article 8.

하는 것은 논리적으로 합리적이지 못하다는 판단이다.

정보 주체의 '사전 동의 요건'에 대한 고민은 여기서 시작된다. 우리나라 개인정보보호법은 정보 주체가 사전에 동의하여야만 개인 정보를 처리할 수 있는 사전 동의(Opt-in) 방식을 취하고 있으며, 여기서의 '사전 동의'의 근거는 개인정보자기결정권에 있다. 즉 개인정보자기결정권을 보장하는 수단으로서 데이터보호가 있고 또 그를 위한 수단으로서 '동의 요건'이 등장하는 것이다. 그런데 이 '사전 동의'를 구하는 것은 프라이버시를 보호하는 수단에 해당한다고 읽혀진다. 문제는 보건의료 데이터의 경우 환자가 의료 서비스를 받기 위해 개인정보의 이용 및 활용에 동의를 한다고 해도 빅데이터 분석과 관련해서는 동의 시점에는 생각하지 못하였던 처리를 요구하는 것이므로 동의를 받는 것이 어려우며 또, 2차 활용되는 경우 정보 주체에게 동의를 구할 수 있는 방법이 없는 경우도 매우 많다. 따라서 정보 주체가 사전에 동의해야만 개인정보를 처리할 수 있는 옵트인(opt in) 동의 방식을 견지하기보다는 제한적으로 정보 주체가 데이터 수집을 허용하지 않는다고 명시할 때만 정보수집이 금지되는 옵트아웃(opt out) 방식으로 전환하거나,[225] 동의 방식 이외에 별도의 데이터 통제권을 설정하는 방식에 대한 긍정적 고려가 필요하다.

보건의료의 경우, 민감한 개인정보를 다루고 있다는 점에서 우려가 적지 않으므로 제한적으로 도입하는 방안의 검토도 필요하다. 예컨대 희귀병 등의 난치성 질환 및 장기기증 분야 등 보건의료 일부 분야에서의 옵

---

225) 김민호, "빅데이터와 개인정보", 『KLCA Monthly Journal』 490, 상장회사협의회, 2016.

트아웃제도를 시범적으로 시행하는 것이다. 옵트아웃 방식을 채택하기 위해서는 제도에 대한 대중의 신뢰가 반드시 필요하며, 사회적 합의를 기반으로 이행되어야 한다. 중증이면서 고령의 만성질환자에게 우선적으로 이러한 옵트아웃 방식을 도입하는 것은 현실적으로 도입 가능성이 높다고 판단된다.

이와 관련하여 영국은 전국적인 데이터 옵트아웃을 2018년 5월 25일 도입하였고, 2020년까지 환자에 관한 비밀정보가 연구 및 기획(planning) 목적을 위하여 사용되는 경우 모든 의료기관들은 데이터 옵트아웃을 적용하도록 하고 있다. 우리나라도 환자에 대한 비밀정보를 연구의 목적으로 활용하는 방안을 충분히 도입 가능하다고 본다. 더 나아가 개별 환자의 치료에도 관련 정보를 활용할 수도 있을 것이다. 예컨대, 빅데이터 기술을 활용하여 유사한 질병을 앓고 있는 환자의 경과나 치료 방식에서의 효과를 공유하는 것이 가능할 것이기 때문이다. 영국과 같이 모든 의료기관에 데이터 옵트아웃을 적용하는 것도 검토할 수 있으리라 생각되지만, 개인정보보호에 대한 높은 관심과 누출 등 악용의 위험성이 있는 만큼 단계적으로 중증환자 및 고령의 만성질환자에게 먼저 적용하는 것이 타당하다고 본다.

3) 비식별화

질병의 진단과 치료 · 처방이 중심이 되는 보건의료의 특성상 장기간 축적되는 시계열 자료가 다수 존재하며, 빅데이터 분석기술을 통한 새로운 결과를 도출해 낼 수 있어 개인정보 수집 최소화 및 목적 명확성의 원칙이 지켜지기 어려운 측면이 있다.[226] 하지만 민감정보인 의료정보를 활용하기 위해서는 비식별조치가 필요하다는 것은 당연하다. 그런데 의료정보 및 유전자정보는 정보의 패턴이 고정되어 있지 아니하고 다양하며, 종류에 따라 그 양도 증가하는 특징을 보이고 있을 뿐 아니라,[227] 특정 개인을 알아볼 수 없는 형태에 대한 기준은 개인정보 처리자마다 다르게 판단될 수 있는 문제가 있다. 식별 기준으로서 식별가능성(Personally Identifiable Information, PII)이라는 추상적 · 포괄적 기준을 활용하고 있는데 개인정보의 객관적이고 명확한 보호범위를 예측하기 어렵다.[228] 2차 활용의 가능성도 높지만 민감한 정보이기 때문에 2차 활용을 위해 어떻게 비식별화할 것인가가 중요한 관심이다. 또한 비식별화조치가 특별한 의미가 없는 경우도 있다. 예컨대 유전체 데이터는 해독된 DNA서열에 개인 식별성이 없더라도 유전자의 빈도만으로 개인 식별이 가능하다는 특징이 있다. 따라서 건강정보의 2차 활용을 위해서는 비식별화 기준의 변화가 불가피하다.

그런데 우리 법제의 '비식별화'에 대한 해석은 매우 보수적이다. 「개인정보비식별조치가이드라인」은 데이터 활용을 위한 데이터보호규정이지만 '비식별화'에만 치중한 결과 비식별화되면 정보 보호의 규제로부터 자

---

226) 김근령 · 이대희, "보건의료 빅데이터 활용에 관한 법적 검토: 개인정보보호를 중심으로", 『과학기술법연구』 제24권 제3호, 한남대 과학기술법연구원, 2018.

227) Griffin M. Weber, Kenneth D. Mandl, Isaac S. Kohane(:2014), "Finding the Missing Link for Big Biomedical Data", *JAMA*, 311(24), 2479–2480.

228) 차상휘, "빅데이터 산업의 활성화에 따른 개인정보 보호에 관한 연구", 전북대 박사학위논문, 2017, 154쪽.

유로워진다는 사고를 생산하였고 그 결과 비식별에 대한 해석은 매우 엄격하고 보수적일 수밖에 없게 되었다.[229] 또한 활용의 대상이라는 이유로 정보의 비식별화에만 관심을 둘 것이 아니라 재식별 가능성 및 때로는 재식별 필요성에 대해서도 눈을 돌릴 필요가 있다. 즉, 이미 보호대상인 정보로 취급되는 가명화(pseudonymised)된 데이터뿐만 아니라 비가역적 비식별정보라서 정보보호의 대상이 아니라고 했던 익명화(anonymised)된 데이터도 기술 발전에 따라 재식별될 가능성이 있으므로 비식별정보의 보호에 대해서도 관심을 가져야 한다. 한편, 비식별화를 위하여 블록체인과 같은 신기술이 제안되고 있으며, 그 반면 재식별 기술이 등장할 수 있어 블록체인 무용론도 등장하고 있다. 재식별 가능성을 이유로 그 활용이 주저될 필요는 없다. 이것은 해킹기술이 부단히 나온다고 하여 보안이 포기되지는 않는 것과 같다.

아울러 보건의료 빅데이터의 활용에 있어 기존의 개인정보보호 원칙을 그대로 고수하기보다는 상황에 맞게 합리적으로 적용할 수 있는 발상의 전환도 필요하다.[230] 미국 백악관 보고서에 의하면,[231] 전후 사정 내지 맥락(context)의 중요성을 고려하여 빅데이터 활용을 통해 데이터 수집 시

---

229) 같은 취지, 박미정, "보건의료 빅데이터 활용에 관한 법 · 정책적 개선방안 연구", 『한국의료법학회지』 제26권 제1호, 한국의료법학회, 2018.

230) 김근령 · 이대희, "보건의료 빅데이터 활용에 관한 법적 검토: 개인정보보호를 중심으로", 『과학기술법연구』 제24권 제3호, 한남대 과학기술법연구원, 2018.

231) White House, *Consumer Data Privacy in a Networked World: A Framework for Protecting Privacy and Promoting Innovation in the Global Digital Economy*, 2012.2, p.16.

에는 예상할 수 없었던 방식으로 변할 수 있다는 것을 인정하며 데이터를 전후 사정에 적절하게 사용함으로써 소비자에게 혜택을 제공하여 혁신의 원천을 제공하며, 기업에게는 융통성을 제공할 수 있다고 제안하고 있다.

4) 비식별화 방법으로서의 블록체인

(1) 서

의료정보 활용에 있어서 개인정보보호에 대한 규제 및 개인정보 침해에 대한 우려에서 벗어나기 위하여 최근 이슈가 되고 있는 블록체인 기술에 기반한 의료정보의 활용방안이 주목을 받고 있다. 블록체인 분산 원장에 기반하여 정보 주체가 P2P 방식으로 자신의 의료정보를 직접 거래하고, 이용에 제공할 수 있도록 하는 경우 개인정보 이용에 대한 동의문제를 해결할 수 있어 기존 법규의 개정이나 신규법규의 제정 없이 의료정보 데이터 이용의 활성화를 도모할 수 있다.[232] 의료정보와 블록체인과 관련된 논의는 블록체인 기술을 이용하여 본인이 직접 자신의 의료정보를 관리할 수 있게 하여 「개인정보보호법」과 의료법상의 개인정보 사용 제한의 문제를 해결할 수 있다는 관점에서 시작된다. 각 의료기관에 흩어져 있는 의료정보를 개인에게 돌려주고, 의료정보가 안전하게 유통되게 하여 개인, 의료기관, 연구기관, 관련 기업 등의 이해관계를 중심으로 재편한다는 것이다.[233]

232) 심미랑 · 심현주, "바이오헬스 산업 발전을 위한 의료정보활용의 법적 쟁점", 『산업재산권』 제58호, 한국지식재산학회, 2019, 27쪽.

의료정보의 주체인 개인은 블록체인 기반의 앱 등을 통해 특정 의료기관에서 진단, 진료 등을 받은 자신의 의료정보를 전송받을 수 있어 다른 병원에 갈 때에 중복 검사를 받거나 자신의 진료차트를 직접 복사해서 들고 가야하는 수고를 덜 수 있다. 또한 스마트 계약을 통해 자신의 의료정보를 연구기관 등에 제공하고 그에 대한 인센티브로 토큰을 지급받아 사용할 수 있다. 이를 위해서는 의료정보 데이터의 표준화와 개인이 자신의 중요한 의료정보를 안전하게 보관하고 필요한 곳에 전달할 수 있는 플랫폼 구축이 필요하다.

(2) 마이데이터와 블록체인의 결합

팬데믹(pandemic)시대는 일상생활의 모습뿐만 아니라 경제 구도에도 많은 변화를 가져오고 있다. 이러한 생활상의 변화를 우리는 뉴노멀(New Normal)이라고 한다. 말 그대로 '새로운 평범한 것' 평범함의 기준과 내용과 옛날과 달라졌다는 것이다. 지금 뉴노멀의 대표적인 모습이 바로 '비대면'이다. 대면하지 않기 때문에 집중화보다는 '분산화'가 더 뉴노멀이다. 이 시대의 도시의 모습도 마찬가지이다. 스마트시티의 특징을 '도시의 탈중앙화'라고 한다. 모두 각자 분산하여 자기의 자리에서 살면서도 제 몫을 다하면 그만이다. 데이터도 마찬가지이다. 조직의 데이터, 집합된 데이터에서 개인의 데이터 · 마이데이터 시대가 도래한 것이다.

마이데이터(My Data)란 개인이 자신의 정보를 적극적으로 관리 · 통

---

233) 심미랑 · 심현주, "바이오헬스 산업 발전을 위한 의료정보활용의 법적 쟁점", 『산업재산권』 제58호, 한국지식재산학회, 2019, 31–32쪽.

제하는 것은 물론, 이런 정보를 신용이나 자산관리 등에 능동적으로 활용하는 일련의 과정을 말한다. 이를 활용하면, 각종 기관과 기업 등에 분산돼 있는 자신의 정보를 한번에 확인할 수 있으며, 업체에 자신의 정보를 제공해 맞춤상품이나 자산관리 컨설팅 등의 서비스를 추천받을 수 있다. 금융위원회는 2018년 7월 '금융 분야 마이데이터 산업 도입방안'을 발표하고, 예산을 투입하는 등 시범사업의 확대를 위한 노력을 기울이고 있다. 금융 · 통신 · 에너지 · 유통 · 의료 등 5개 분야를 대상으로 8개 공모사업을 추진하고 2023년까지 분야를 확대할 계획이라고 한다.

의료정보의 경우에도 마찬가지이다. 위의 금융정보와 같이 각 개인의 건강검진 결과 데이터나 백신 접종 데이터 등을 한데 모아 정보 주체가 스스로 접근하도록 하고, 그 활용이 간편하도록 돕는다면, 의료 소비자의 후생에도 상당한 도움이 될 것이라고 판단된다. 그러나 「개인정보보호법」상 보건의료정보는 대부분 민감정보에 해당할 만큼 보호의 중요성이 크다. 더욱이 보험사나 고용주 등에게로 유출되면 유무형의 차별로 이어질 수 있는 등 큰 사회적 파장이 야기될 위험성이 있다. 현재 이와 같은 정보의 연구를 위한 활용을 위해서도 철저한 비식별화가 필요하고, 그 방안에 대한 제도적 정비에 업계가 주목한 지 얼마 안 된 것으로 보인다. 따라서 더군다나 마이데이터 시스템의 적용을 통한 정보 주체자들의 자율적인 선택의 기회 증진을 위해서는 제도의 정비 및 실무의 정착이 시급한 선결과제이다.[234]

---

234) 김지희, "보건의료분야의 빅데이터 활용과 개인정보보호: 비식별화 중심으로", 『Law & Technology』 제15권 제2호, 서울대학교 기술과법센터, 2019.3, 65쪽.

이러한 마이데이터 사업을 지원해 주는 중요한 기술적 방법이 블록체인이다. 블록체인에 기반한 신원인증 서비스는 마이데이터 사업을 확장하고 가속화시킬 것으로 예상된다. 특정한 개인임을 알 수 없도록 개인정보를 비식별화할 경우 제3자가 이용하거나 저장 공간을 옮길 수 있어 정보 활용 가능성이 높아진다. 특히 블록체인의 분산 원장 기술을 이용하여 개인이 직접 데이터를 보유하면서 원하는 기관과 기업에만 데이터를 제공해 줌으로써 정보 주체의 '데이터 주권'도 보호할 수 있게 된다. 또 블록체인은 이러한 비식별화 개인정보를 외부에서 사용할 때 그 이력을 추적할 수도 있다. 분산 원장 기술을 이용하여 참가자가 모두 원장을 소유하고 대조해 검증할 수 있으므로 데이터를 굳이 중앙기관에 보관할 필요도 없다. 이와 같이 블록체인은 마이데이터 사업에 직접 활용되어 그 안전성을 지원하며 의료 분야에서도 정보 주체가 데이터 주권을 가지면서 의료정보의 의료기관간 교류, 건강 정보의 활용 등을 활성화할 수 있을 것으로 보인다.

(3) 블록체인 기술을 활용한 데이터 보호

① 의료 데이터의 유출 사례

의료 데이터의 중앙화된 관리에 따른 해킹이나 정보 유출도 정보 주체의 프라이버시 침해 우려를 높임으로써 의료 데이터의 통합관리에 따른 장애요인이 되고 있다. 현재 전 세계적으로 의료 데이터의 유출 사건이 지속적으로 발생하고 있으며, 그중에서 이미 상당 부분은 어떤 형태로든 건강기록에 접근할 수 있는 내부자로부터 발생하고 있다.[235] 예컨대

2017년 미국 펜실베니아의 Women's Health Care Group은 랜섬웨어로 30만 건의 환자 데이터가 유출되었고,[236] 국내에서도 2015년 IMS Health Korea가 의료 데이터를 약학정보원 등을 통하여 구매하여 데이터를 처리한 후, 다국적 제약사에 재판매를 하는 과정에서 의료 데이터가 유출되기도 하였다.[237] 이러한 데이터 유출은 중앙화된(centralized) 의료기록 관리 시스템에 기한 것으로서, 내부자에 의한 유출이나 해킹 등 중앙화되어 있는 단일 주체에 의한 문제점(single failure)은 이 주체에 의하여 관리되는 전체 개인정보 주체의 의료 데이터에 영향을 미칠 수밖에 없다. 이처럼 의료 데이터 자체의 특성, 의료기관 간의 상이한 의료 데이터 보유 형태, 의료 데이터의 산재, 프라이버시 문제로 인한 개인정보 주체의 성향 등으로 인하여 의료 데이터를 수직적으로, 수평적으로 통합 관리하는 것이 어려운 실정이다.

② 블록체인 기술을 활용한 보안 체제

정보 주체에 의한 의료 데이터의 이용 허락, 의료 서비스 제공자들 간의 의료 데이터 통합관리, 연구자들에 의한 의료데이터의 활용 등을 가능

---

235) 기사 내용: 5.6M Patient Records Breached in 2017, as Healthcare Struggles to Proactively Protect Health Data
http://contentenginellc.com/2018/01/26/56m-patient-records-breached-in-2017-as-healthcare-struggles-to-proactively-protect-health-data/ (검색일: 2020.5.31.)

236) 기사 내용: Women's Health Care Group Notifies 300,000 About Ransomware Attack
https://www.beckershospitalreview.com/healthcare-information-technology/women-s-health-group-notifies-300k-patients-following-ransomware-attack.html (검색일: 2020.5.31.)

237) 국민일보(2015.7.23.), "4,400만 명 진료, 처방 정보 47억 건 불법 수집, 판매됐다".

하게 하는 방법으로 블록체인(blockchain) 기술을 활용하는 사례가 증가하고 있다. 블록체인 기술은 암호화기술을 이용하여 블록체인에 존재하는 데이터 또는 기록의 변조를 방지할 수 있다. 또한 거래 상대방의 신원을 확인할 수 있으며, 의료 데이터의 교환에 따른 활용이 가능할 뿐 아니라 스마트계약(smart contract)을 통해 의료 데이터 이용 허락이나 활용과 관련하여 다양한 조건을 코딩(coding)하여 조건의 충족에 따라 자동적으로 계약을 집행할 수 있다. 스마트계약 등을 이용함으로써 개인정보 주체인 환자는 의료 데이터 이용을 허락할 수 있는 등 자신에 관한 의료 데이터를 통제할 수 있게 됨으로써 개인정보 자기결정권을 관철할 수 있다. 국외에서는 에스토니아 정부와 데이터 보안회사인 Gurardtime이 KSI (Keyless Signature Infrastructure)라는 블록체인을 이용하여 100만여 명의 건강정보를 관리하고 있다. 2016년 미국 MIT Media Lab 등이 지원하는 MedRec이라는 블록체인 기술이 연구되고 있다. 국내에서도 블록체인 기반의 개인 의료데이터 통합관리 플랫폼인 메디블록(Medibloc) 프로젝트가 시작되어 ICO를 성공적으로 진행한 바 있다. 블록체인 기술은 중앙화된 신뢰 기반 제3자(trusted third party) 없이도 데이터의 무결성과 진정성을 제공하고, 의료 데이터의 활용과 거래비용 절감뿐 아니라 의료 데이터의 안전한 관리 및 프라이버시보호 등 매우 다양한 혜택을 제공할 수 있다.[238] 현 시점에서 블록체인 기술이 빅데이터의 운영 과정에서 보안기술로는 가장 우수한 것으로 인식되고는 있으나, 이러한 기술이 완벽하

---

238) 김근령 · 이대희, "보건의료 빅데이터 활용에 관한 법적 검토: 개인정보보호를 중심으로", 『과학기술법연구』 제24권 제3호, 한남대 과학기술법연구원, 2018, 78쪽.

게 정보 보안을 보장해 줄 수는 없으므로 보다 진보된 기술의 연구가 필요하다.

③ 보건의료 데이터와 블록체인 도입

보건의료 빅데이터를 이용한 학술연구와 정보 주체의 개인정보를 보호하기 위한 법적 제도적 노력 이외에 보안 등에 최적화한 신기술의 신속한 도입이 필요하다. 예컨대 블록체인 등의 신기술 도입을 통한 보건의료 정보의 연계 · 활용을 하여야 한다. 한 신문 기사에 따르면 이미 과학기술정보통신부와 한국데이터산업진흥원이 공모한 2020년도 마이데이터(본인정보 활용지원) 실증서비스 지원 사업에서 선정된 기업 NDS에서는 블록체인 기반 분산신원증명(DID)을 적용, 민감한 개인 의료데이터를 안전하게 통합관리 · 활용하는 의료 정보 마이데이터 플랫폼을 구축하고 있다. NDS 마이데이터 플랫폼을 통해 개인이 본인의 유전자분석 정보, 약국 처방전, 건강검진 결과, 장내 미생물 분석 결과 등을 관리하고 제공하면 다른 의료기관이나 사업자는 이를 활용해 개인 맞춤형 진료, 건강기능식품 추천, 보험 서비스 등을 제공할 수 있게 된다.[239]

한편, 현재 블록체인 기술에 대해 그 안전성에 대해서는 우려도 일부 있는 것으로 보이지만, 현 시점의 기술로는 가장 보안 능력이 있는 것으로 판단된다면 도입하여 활용하면서 문제를 보완해 가는 노력이 필요하다. 이미 에스토니아는 모든 국민의 의료 데이터를 블록체인으로 관리하

239) 디지털타임즈(2020.6.24.), http://www.dt.co.kr/contents.html?article_no=2020062402109931650003&ref=daum (검색일: 2020.6.29.)

겠다는 계획하에 KSI(Keyless Signature Infrastructure)라는 블록체인 시스템을 이용하여 e-Health system을 구축하였다고 한다. 인구가 약 130만 명에 불과한 국가라는 점에서 빠른 시스템 구축이 가능했으리라 보이지만, 보건의료정보를 통합하여 잘 활용하고 있음을 고려할 때, 우리도 비슷한 규모의 도시에 시범적으로 도입해 본 후, 단계적으로 전국으로 확대하는 방안을 검토할 수 있다. 에스토니아에서는 디지털ID를 통해 모든 국민이 병원 방문 시 기록된 전자건강 기록을 언제든 몰 수 있는 환경이 구축되어 있다.[240] 보건의료정보에 대한 완전한 보안을 유지하는 동시에 접근 권한이 있는 사람에기만 접근성을 보장하고 있다. 특히 개인의 의료기록은 위 · 변조가 불가능한 블록체인을 통해서만 업데이트와 접근이 가능하다는 점에서 신뢰성이 높다. 각 의료기록은 개인의 응급상황뿐만 아니라 신약개발, 디지털 헬스 케어 등에 활용될 수 있다. 이와 같이, 에스토니아에서는 정부 차원에서 보건의료정보에 블록체인 시스템(KSI) 도입을 통하여 재식별 가능성 차단 및 보안을 강화하여 국민의 의료정보를 보호함과 동시에 관련 법 제정을 통해 의료 빅데이터를 신약 개발 및 의료기술 개발에 활용할 수 있도록 하고 있다.

240) 에스토니아의 디지털 id에 대해서는 e-estonia, e-identity 참조. https://e-estonia. com/solutions/e-id (검색일: 2020.5.31.)

5) 최소수집의 원칙

현행「개인정보보호법」제3조는 목적구속의 원칙으로 최소수집원칙을 규정하고 있다. 대부분의 데이터베이스를 활용하는 빅데이터 활용 단계에는 최소수집원칙을 위반할 가능성이 매우 많다. 특히 보건의료 빅데이터는 그 특성상 수집 및 활용에 있어 개인정보 최소화 원칙이 적용되기 어렵다. 데이터를 수집하는 목적이 건강정보의 관리뿐만 아니라, 기존의 데이터를 바탕으로 향후 발생 가능한 질병의 예측, 약물 부작용 정보 등을 수집하게 되므로 데이터의 분석 및 활용을 통해 새로운 결과를 도출하는 것이 중심이 되기 때문이다.[241] 최근의 상황은 정보 주체가 자발적으로 데이터를 생성할 수 있고 공유할 수도 있는 방향으로 진화하고 있다. 정보 주체의 정보 이전에 대한 권한, 목적구속을 보장하기 위하여 2차 활용에 대한 책임, 비식별화 같은 개인정보처리를 위한 개인정보 정의의 재정립이 필요하다.

6) 정보 주체로서의 적극성

정보처리에 있어 '동의 요건'은 방법상 완화는 가능할 지라도 포기될 수는 없다. 의료정보를 빅데이터로 활용하기 위해서는 제3의 저장소로 데이터를 보낼 수 있어야 하고 여기에는 환자의 동의가 필요하다. 이 데이터 저장, 보관, 활용과 관련하여 많은 사업자들에 대해 동의하여야 한

---

241) 김근령 · 이대희, "보건의료 빅데이터 활용에 관한 법적 검토: 개인정보보호를 중심으로",『과학기술법연구』제24권 제3호, 한남대 과학기술법연구원, 2018, 86-87쪽.

다. 동의를 받은 인력과 시스템을 두면 불가능하지는 않겠지만 사실상 어렵다. 결국 의료 빅데이터도 활성화되기 위해서는 정보 주체가 적극적으로 데이터 형성에 조력하지 않으면 안 된다. 나의 의료 데이터가 나와 내 가족을 위해 쓰여 지고 우리 사회를 위해 쓰일 수 있다고 생각하고 스스로 내 데이터를 보내고, 모아서 직접 보고, 데이터 처리 과정에 개입해야 한다. 이미 해외에서는 그런 서비스가 성장하고 있다.

제6절 디지털 헬스 케어에 있어 결정 능력이 부족한 고령자 등의 자기결정

1. 고령자 등 결정 능력이 부족한 자와 디지털 헬스 케어

2021년 4월 현재 우리나라 고령인구의 비율은 16.7%이다. 2017년 이미 고령사회에 진입하였으며, 2025년에는 고령인구 1000만 명을 돌파하게 되고 인구구성 비율은 20.5%로 초고령사회가 되고 2035년에는 30%를 넘을 것으로 예측된다. 말하자면 2025년에는 5명당 1명, 2035년에는 3명당 1명이 노령인구가 된다는 뜻이다. 고령화로 인한 의료 서비스 수요 증가 및 의료비 부담이 더욱 가중될 것이며, 저출산 고령화 경향으로 노동 가능인구가 축소되기 때문에 고령자를 위한 헬스 케어 서비스 인력 또한 점차 부족해질 전망이다. 이러한 상황에서 디지털 헬스 케어는 고령자를 위한 효과적인 헬스 케어 방식이 될 것으로 기대되고 있다. 한편 최근 고령자 헬스 케어의 경향은 요양시설에서 케어되는 것보다는 자신이 살고 있는 공간을 벗어나지 않으면서 케어되는 것을 선호하고 있으며, 고령자는 생활하던 지역에서 노년기를 보내는 것이 바람직하다는 지역사회계속거주가 성공적 노화 내지 노인복지의 지향점으로 제시되고 있다. 소위 고령자 복지에 있어 '탈시설화'와 '커뮤니티케어(community care)'이다. 한편 이러한 고령자 돌봄의 새로운 경향은 디지털 헬스 케어 방식의 서비스를 더욱 유용하게 하고 있다. 병원을 가지 않고도 모바일 폰, 단말기나 컴퓨터 등을 통해서 의료 서비스를 받을 수 있고, 농어촌에 거주하는 고령자들이 의료 서비스를 받을 수 있는 지역적 한계를 극복하지 못한 점이 중요한 장애요인이었으나 이런 점도 해소할 수 있기 때문이다.

이와 같이 고령자 헬스 케어에 있어 디지털 헬스 케어 서비스 방식이 유용할 수 있음에도 불구하고 가끔씩 발생할 수 있는 시스템 및 통신의 장애 기타 고령 사용자에게 디지털 헬스 기기는 낯설고 불편한 것이라는 인식이 존재할 수 있고 이런 장애는 디지털 헬스 서비스의 이용을 저해할 수 있다.[242] 다수의 연구에 따르면 의료 서비스 사용자는 의료 서비스로 인하여 삶의 질 향상, 의료비용의 절감과 같은 해당 기술이 갖는 장점을 정확히 이해하고 있을 때 그 사용에 대한 의도가 높아진다고 보고하고 있다.[243] 특히 중장년층에 비해, 노년층의 경우 자기효능감은 디지털 헬스

---

242) 이영주 · 이주희 · 나지영, "노인의 스마트 홈 헬스 케어 이용경험", 『한국콘텐츠학회 논문지』 제15권 제5호, 한국콘텐츠학회, 2015, 414-425쪽.

243) M. Heinz, P. Martin, J. A Margrett, M. Yearns, W. Franke, Hen-I Yang, J. Wong, C. K Chang(2013), "Perceptions of technology among older adults", *J Gerontol Nurs*, vol 39(1), pp.42-51. etc.

시기 이용 의도에 정(正)의 영향을 미치는 것으로 나타난다고 한다[244]. 자기효능감이라 함은 특정 상황에서 자신이 적절한 행동을 함으로써 문제를 해결할 수 있는 믿음 혹은 기대감을 말한다. 판단건대 서비스를 이용하는 자에 있어 자기효능감을 자기결정을 하는 중요한 요인이 된다. 이와 같이 보면 디지털 헬스 케어 서비스에 있어서도 서비스 이용자의 자기결정이 디지털 헬스 케어 서비스 이용에 중요한 의미를 가짐을 알 수 있다.

그런데 고령자의 경우 인지 능력이 떨어지는 경우가 많아 고령자에 있어 디지털 헬스 케어 서비스 이용에 자기결정이 어떤 의미를 가지는가는 중요한 쟁점이 될 수 있다. 헬스 케어 서비스는 그 유형과 결과에 따라 인체에 중대한 영향을 끼칠 수 있어 결정 능력이 부족할 수 있는 고령자가 헬스 케어 서비스에 대한 선택과 결정을 함에 있어 스스로 이를 판단할 수 있는 능력 소위 자기결정 능력에 대한 논의는 매우 중요하기 때문이다. 후술하는 바와 같이, 법학에서 자기결정은 자기책임과 연결되는바 결정이 곧 책임이라는 부담을 낳게 되는데 결정 능력이 부족한 자의 서비스에 있어서 자기책임은 강조되기 어려운 점은 지적해 두고 싶다. 이하에서는 (디지털 헬스 케어에 한정되지 아니하고) 의료와 복지에 있어서 결정 능력이 부족한 자의 자기결정에 관한 논의를 정리해보기로 한다. 의료와 복지에서는 결정 능력이 부족한 자의 자기결정이 어떻게 전개되며 어느 정도로 강조되어야 하는지 살펴보자. 물론 의료와 복지에 있어 결정 능력

---

244) 신혜리 · 김수경 · 김영선, "중고령자의 자기효능감이 디지털헬스기기 이용의도에 미치는 영향: 중장년층과 노년층 세대의 비교를 중심으로", 『디지털융복합연구』 제18권 제10호, 한국디지털정책학회, 2020, 13-22쪽.

이 부족한 자의 자기결정이 대면 방식의 헬스 케어와 디지털 헬스 케어 방식에 있어 이론적 차이가 있는 것은 아니지만 비대면 방식의 디지털 헬스 케어에서는 서비스를 받는 결정 능력이 부족한 고령자의 자기결정이 개입될 가능성이 더 적기 때문에 여기서 자기결정에 관한 논의는 더 중요한 의미를 갖는다고 판단된다.

2. 의료와 복지에서 자기결정

의료와 복지로 대표되는 사회보장 영역에서 '자기결정'이라는 용어가 강조되기 시작한 것은 1980년대 이후부터였으며 복지의 영역보다는 의료의 영역에서 먼저 그리고 현저히 나타났다. 예컨대 환자와 의사와의 관계에서의 고지 동의(Informed Consent)나 장기이식, 낳지 않을 권리, 생전 유언(Living Will: 본인이 직접 결정을 내릴 수 없을 정도로 위독한 상태가 되었을 때 존엄사를 할 수 있게 해 달라는 뜻을 밝힌 유언) 등이 그것이다. 그런데 최근에는 고령자, 장애인 등과 같은 사회복지 서비스 이용자에 대한 자기결정이 강조되고 있다.

사회복지에서의 자기결정에 관한 논의에는 두 가지의 흐름이 있다. 그 하나는 전문직 규범으로서의 측면 즉 사회복지행정 관료나 사회복지사 등 전문직과 사회복지 서비스 이용자와의 관계에서 전문직이 온정적 간섭주의(paternalism)를 취함으로써 서비스 이용자의 자기결정권이 제한되어 왔던바, 그에 대한 반발로 이용자의 권리 보장을 확보하기 위한 측면에서 이루어진 논의이고, 다른 하나는 사회보장의 시장화의 근거로서의 이용자의 자기결정 내지는 사회보장의 시장화를 통한 사회보장의 공급구조의 변화로써 자기결정이 강화되었는지 저해되었는지에 관한 논의이다.[245] 사회복지 실천과정에서의 자기결정에 관한 논의는 주로 전자와 관련이 있다.

법학에서 논의되는 자기결정이 자기의사, 자기지배, 자기책임 등의 용어로서 대표되는 행위자 본인의 사적 영역(privacy space)이 강조되는 데 비해, 복지에서 논의되었던 자기결정은 복지서비스 공급자와 그 이용자 간의 대립관계로서 복지 서비스 공급자인 사회복지사 내지 사회사업가는 일방적으로 급여하고 이용자는 수동적으로 수급하는 관계로서 이러한 양자 간의 대립관계 속에서 자기결정이 제한되는 것으로 이해하는 경향이 있다.[246] 또 서비스 이용자의 자기결정이 제한되는 원인이 사회복지사 등에게 있기 때문에 사회복지사 등은 이용자의 자기결정을 존중하는 노력을 하는 것을 그 중요한 책무라고 이해하였다. 비어스텍(F. P. Biestek)이 그의 저서 『개별사회사업관계(*The Casework Relationship*)』를 통하여 '사회복지실천 과정에서 이용자(client)의 자기결정은 존중되지 않으면 안 되는 하나의 원칙'이라고 한 것[247]도 바로 이러한 이유이다.

---

245) 이에 관한 자세한 것은 이호용(a), "사회보장의 시장화와 자기결정", 『한양법학』 제22권 제3집, 한양법학회, 2011 참조.

246) 이것은 의료관계에서의 고지 동의의 문제와 아주 유사하다. 의료관계에서는 전문직인 의사에 의해 환자의 자기결정권이 제한된다고 하여 환자의 자기결정이 저해되는 원인을 의사에게서 찾기도 한다.

247) 비어스텍은 사회복지실천의 7가지 기본원칙으로 ① 개별화(Individualization), ② 의

사회복지에서 자기결정은 자립의 구성요건 중 가장 중요한 테마 중 하나로 손꼽히고 있다. 사회복지 서비스 이용자가 본래 갖추고 있는 혹은 어떤 이유로 잠재화되어 있지만 억압되어 있는 자기결정의 능력을 사회사업가의 평가와 독려에 의해 이를 이끌어 내는 것은 사회사업가의 가장 중요한 책무라고 한다. 따라서 사회사업가가 '자기결정을 할 만한 능력을 가지고 있다고 판단한 자'만을 주체로 한 자기결정은 매우 한정적 자기결정이라고 해야 할 것이다. 한편 사회복지 서비스의 영역에서 자기결정은 곧 자기책임이라는 도식이 확대되어 가고 있는데 사회복지에서 이런 도식이 언제나 정당한 것은 아니다. 이 도식을 자기결정에 관한 개별 사례에 적용함으로써 사회복지 실천과정에서 여러 문제가 발생되고 있다. 자기결정권은 자기책임을 전제로 할 수 있으나, 자기결정과 자기결정권은 다르다. '자기결정'은 존중되어야 할 현상 내지 이념이고 '자기결정권'은 주어진 권리이기 때문이다. 사회복지에서는 오래전부터 특히 사회복지실천 혹은 사회사업(social work)에서 자기결정의 원칙이 존재하여 왔는데, 그것은 이용자의 자기실현을 도모하는 것 내지 문제해결의 방식에서 의뢰자와 사회복지행정과의 관계성을 구축하기 위하여 인정된 것이었다. 즉 복지 서비스 이용자 즉, 자기결정의 주체로부터 궁극적으로 주장되는 것은 자립 내지 자율 그 자체라기보다는 자신과 사회와의 불안정한 관계

도적인 감정표현(Purposeful expression of feelings), ③ 통제된 정서적 관여(Controlled emotional involvement), ④ 수용(Acceptance), ⑤ 비심판적 태도(Non- judgmental attitude), ⑥ 자기결정(Self-determination), ⑦ 비밀보장(Confidentiality)을 들고 있다. F. P. Biestek, *The Casework Relationship*, Loyola University Press, 1957.

속에서 배제되지 아니하고 사회 속에서 그 존재를 인정받는 것이라고 할 수 있다.

이 연구에서는 사회복지와 자기결정에 관한 다양한 테마 중 '자기결정의 주체'에 관한 내용을 다루고자 한다. 특히 자기결정 주체는 어떤 '인간상'을 전제로 하고 있으며, 결정 능력이 부족한 사람들의 '결정 능력'에 관한 논의를 해 보고자 한다.

3. 자기결정의 본질과 결정 능력

1) 자기결정의 본질

오늘날 자기결정이라는 말은 개인의 자기표현 내지 자기 인생에 관한 보다 나은 선택을 하기 위한 중요한 요건으로 인식되고 있으며 가끔은 권리로서 주장되기도 한다. 특히 자기의 인생에서 중요한 결정을 할 때 다른 사람에 의해 일방적으로 강요당하는 것은 매우 부정적으로 평가된다. 다른 사람으로부터 임신 · 출산을 강제당하지 아니할 권리인 '중절의 권리'나 자기의 생명에 관한 중요한 사항을 의사와 같은 다른 사람이 아닌 자기가 결정해도 좋다는 '환자의 자기결정권'은 그 대표적인 예이다. 또한 최근 생명과학과 의료기술의 괄목할만한 발전에 따라 생명의 조작가능성이 열리고 있으며, 이에 따라 자기결정의 문제는 생명윤리 분야에서도 활발히 논의되고 있다. 따라서 생명복제기술에 의한 생명 탄생의 영역에서는 자기결정의 문제가 첨예화되어 인간의 생명이란 무엇이며, 언제부터 인간이라고 할 수 있는가의 여부, 또 인간의 생명에 대해 어디까지 개입할 것인가 등에 관한 논의가 윤리적인 문제와 함께 논의되고 있다.

이와 같이 자기결정은 다양한 측면과 영역에서 사용되는 용어이며, 그 의미하는 바는 다양하다. 또 자기결정은 권리인가, 이념인가, 아니면 권리라고도 이념이라고도 말하기 어려운 단순한 현실적 행위 그 자체일 뿐인가? 등과 같은 성격규명의 문제도 여전히 논의되고 있다. 인생은 선택의 연속이라는 관점에서 보면 사람은 아침에 일어나 잠이 들 때까지 무엇을 먹고 무엇을 할 것인가라는 일상생활에 관한 소소한 자기결정에서부터 어떠한 임무를 수행할 것인가? 누구와 살 것인가 등과 같은 인생사의 커다란 결정에 이르기까지 날마다 다른 장면의 자기결정을 하게 된다. 자기결정은 사람이 생존해 있는 이상, 없어서는 안 되는 것 내지 하지 않을 수 없을 것 등으로 파악되고 있다.

한편 법학에서는 자기결정의 기본적 문제 예컨대 자기결정은 기본권의 일종인지, 헌법상 자기결정이 어떠한 근거나 구조를 가지며 그 내용과 제약원리는 무엇인지 등이 논의되며,[248] 개별적인 문제로서 낙태, 성적인 행위, 의료행위 등에서의 자기결정의 문제가 논의되고 있다.[249] 그리고

---

248) 헌법학에서 자기결정에 관한 기본적 논의로는 김강운, "헌법상 자기결성권의 의의", 『법학연구』 제20호, 한국법학회, 2005; 민병로, "헌법상 자기결정권과 후견주의", 『법학논총』 제32권 제1호, 전남대 법률행정연구소, 2012; 권흥준, "공법(公法): 자기결정권에 관한 헌법재판소의 판례분석", 『법학논총』 제17집, 한양대 법학연구소, 2000 외 다수가 있다.

249) 관련 논문으로는 정철, "상담을 통한 낙태 결정방식의 헌법적 검토", 『공법연구』 제40권 제1호, 한국공법학회, 2011; 박태신, "환자의 자기결정권에 관한 연구: 의사, 환자관계의 유형을 중심으로", 『연세법학』 제24호, 연세법학회, 2014; 강수경, "어린이와 헌법상 자기결정권", 『사회과학연구』 제12호, 덕성여대 사회과학연구소,

거기에서는 자기결정권이 주로 국가에 의한 간섭을 받지 아니하고 개인이 사적인(private) 일을 스스로 결정할 권리로서 이해되며 현실적으로 보장되고 있는 권리는 매우 사적인 것, 즉 피임이나 중절, 결혼이나 이혼, 자기의 생명이나 신체, 용모나 취미. 기호 등과 같이 프라이버시 영역에 관한 것을 결정할 권리로 파악된다. 또한 헌법상의 권리로서는 명확히 자리 잡기는 쉽지 않아서 기존의 법적 권리의 틀에서는 아직은 수용하기 어려운 다양한 자기결정권의 주장, 예컨대 페미니즘의 주장에서 볼 수 있는 남녀 간의 격차 시정을 구하는 여성의 자기결정권이나 동성애를 비정상으로 보고 열등한 것으로 취급하는 사회에 이의를 제기하는 동성애의 권리, 동성애자의 자기결정권 등도 주장된다. 그런데 이러한 주장은 권리를 주장하는 형태로 되어 있지만 명확한 헌법상의 근거를 가지고 있는 것이 아니다.

2) 자기결정 주체의 전제로서 결정 능력 그리고 그 판단

이상과 같이 자기결정을 둘러싼 상황은 복잡하며, 문제된 장면이나 상황 혹은 그것을 논의하는 주장자의 관점에 따라 긍정적으로 파악되기도 하고 비판적으로 파악되기도 한다. 그러나 자기결정이라는 말에 대해서 긍정적 혹은 부정적 태도의 밑바탕에는 자기결정을 하는 주체로서의 인간을 어떻게 파악할 것인가의 관념이 깔려 있음을 알 수 있다.

2006; 김상찬, "의료에 있어서 미성년자의 자기결정권", 『법학연구』 제42호, 한국법학회, 2011; 이석배, "결정무능력환자와 자기결정권", 『한국의료법학회지』 제18권 제1호, 한국의료법학회, 2010 등 다수가 있다.

문제는 결정 능력이 부족한 자 예컨대 아동이나 지적 장애인, 정신장애인, 인지 능력이 부족한 고령자 등 결정 능력이 거의 없거나 열등한 사람들이 자기 결정을 할 때 이다. 대개 결정 능력이 있는 경우 자기결정은 곧 자기책임과 연결되어 다른 사람에게 피해를 주지 않는 한 자기 것 모두를 스스로 결정해도 좋다는 자유로 주장되며, 스스로의 것은 스스로 결정하되 스스로 책임을 져야 한다고 해석된다. 그러나 결정 능력이 부족한 사람의 경우에는 자기결정을 한다고 하여도 실제로 스스로 결정할 수 있는 범위는 한정되며 (타인에 의해 결정되는 경우가 많기 때문에) 어디에서 어디까지를 제도로써 자기결정을 보장할 수 있을 것인가도 문제이다. 이런 면에서 자기결정권을 실현하는 것은 환상에 불과하며 애초에 스스로 결정할 수 없는 것을 스스로 결정하도록 함으로써 현실적으로 다양한 문제가 발생하고 방치되고 있다고 지적하는 견해도 있다.[250)]

이와 같이 자기결정권을 논하는 전제로서, 결정할 수 있는 자기책임을 전제로 한 결정 능력 있는 자의 자기결정뿐만 아니라 현실적으로 다양한 핸디캡을 가지고 있는 결정 능력이 부족한 사람도 자기결정의 주체가 될 수 있을지를 선제적으로 논의하여야 하며, 충실하지 못한 자기결정임에도 불구하고 자기결정의 이름 아래에서 이루어질 수 있는 다양한 부정적 상황이나 권리침해 현상에 대하여 중요한 논의거리를 제공하는 것은 매우 의미 있는 연구라고 생각된다.

---

250) 자기결정의 실현에 대해 부정적 입장을 견지한 견해로는 小松美彦(b), 『自己決定は幻想である』, 洋泉社, 2004가 있다. 이 견해에서는 권리로서의 자기결정은 물론이고 이념으로서의 자기결정에 대해서도 부정적 입장을 취한다. 다만 사실로서의 자기결정에는 일정한 가치를 둘 수 있다고 한다.

일반적으로 강한 사람이거나 약한 사람이거나 자기결정을 논할 때에는 그 주체에게 자기결정을 할 정도의 능력이 있다는 전제가 상정되어 있다. 그런데 실제로는 자기결정의 범위와 조건이 문제되는 경우라도 자기결정을 할 능력 그 자체가 문제되지는 않는다. 왜냐하면 자기결정을 할 수 없거나 자기결정을 할 능력이 충분하지 않는 경우에는 자기 스스로의 결정이 아니라 보호에 기초한 타자결정이 작동하며, 이것도 온정적 간섭주의(patenalism)에 의해 정당화될 수 있기 때문이다. 이러한 입장은 민법, 형법, 정신보건법 등 법제도에서도 나타나며 인간관계에서도 나타난다. 예컨대 정신장애자를 강제로 입원시키는 정신보건법상 강제입원제도나 심신장애자의 책임 능력에 기초하여 형사책임을 면제하는 형법 제10조의 규정, 민법상의 성년후견제도 등과 국민기초생활보장이나 노인장기요양서비스 등 사회복지 영역에서 전형적으로 보이는 보호와 관리에 기초한 서비스제공자와 수급자의 관계, 또 가정 내에서 친자나 부부관계 속에서 나타난다.

그런데 여기서 자기결정 능력과 관련하여 다양한 기본적 문제가 발생한다. 즉 실제로 어떤 능력을 의미하는 것이며 자기결정의 주체가 되는 개인의 능력을 누가 어떻게 판단하는가? 또 자기결정 능력의 있고 없음을 누구나 이해할 수 있게 객관적으로 결정할 수 있는가 아니면 다른 어떤 기준에 의해 판단해야 하는 것인가? 생각건대 인간의 탄생으로부터 죽음에 이르기까지 전개되는 성장 · 발달과정에 걸쳐 다양한 능력의 변화와 발전을 가능성을 생각해 보면 어떤 관점에서 어떤 능력을 고정적인 것으로 보고 그 능력이 있고 없음을 다른 사람이 일방적으로 판단하는 것이 과연 옳은가 하는 의문이 생긴다. 어떤 사람의 자기결정 능력을 부정하거나 열등하다고 봄으로써 결과적으로 자기결정 주체로부터 배제하고 동시에 그 자를 보호 대상으로서 일방적으로 타자결정의 대상으로 하는 것은 그것이 선의에서 시작된 것일지라도 과연 정당화될 수 있을지, 또 그 자를 자기결정 주체에서 배제하는 것은 결과적으로는 결정 능력이 있는 사람들에 의해 지탱되고 있는 사회로부터도 배제되는 것이 아닌지, 또 그러한 자기결정 주체로서의 주체성을 부정하는 것이 인권침해에 해당할 우려는 없는지 생각해 볼 문제이다.

여기서는 이상과 같은 문제의식을 토대로 자기결정 능력이 충분하지 아니하여 완전한 자기결정을 하기 어려운 고령자, 아동, 지적 장애자 등의 자기결정에 관하여 인권의 관점에서 분석하고 그 자기결정의 한계와 가능성을 검토하고자 한다. 이를 위하여 자기결정 주체는 어떤 인간상을 가지고 있는가? 또 그와 같이 상정하는 경우의 한계는 무엇인가? 등에 관하여 논의하고, 그 다음 자기결정의 전제가 되는 결정 능력에 관해서 검토하며 능력의 유무를 다른 사람이 판단하는 것이 과연 적절한지 검토한다. 이러한 논의를 바탕으로 자기결정 능력이 부족한 사람들의 자기결정의 가능성에 관해서 살펴본다. 또 그 결과 자기결정 능력이 결여되어 있다거나 부족하다는 이유로 특정한 자를 자기결정의 주체에서 배제하는 것은 그 자의 사회적 주체성을 부정하는 것이며, 인권침해에 해당할 수 있음을 지적하고자 한다.

4. 자기결정 주체로서의 인간상과 그 한계

1) 서

일반적으로 자기결정이라고 하는 말을 긍정적으로 받아들이고 자기결정에 의한 개인의 자유 확대를 적극적으로 주장하는 입장에서는 그 전제로서 결정 주체가 결정 능력이 있음을 상정한다. 그러나 이러한 전제 속에는 결정 능력이 부족한 사람의 자기결정은 자기책임을 담보할 수 없다고 인정하는 경향이 있다. 이하에서는 자기결정의 주체로서 결정 능력 있는 인간은 어떤 인간인지, 또 그 인간상이 갖는 한계는 무엇인지, 결정 능력이 부족한 사람에게 자기결정을 인정하는 경우 발생하는 문제점 등에 관하여 검토해 보고자 한다.

2) 자기결정 주체로서의 인간상

자기결정이라는 말을 가장 단순하게 이해하면 '자기 스스로 스스로의 것을 결정한다'는 의미이다. 거기에는 '자기'에 상대하는 말로서 '다른 사람'이 상정되고 있으며, 다른 사람에 의한 자기의 결정을 부정한다는 의미를 강하게 포함하고 있다. 또 자기결정의 개념은 자유의 관념과도 밀접한 관련이 있다. 근대적 자유 관념에서는 다른 사람과의 관계에서 자율과 간섭 · 침해의 배제뿐만 아니라 사회와의 관계에서 정치적 자유나 내면의 자유, 나아가서는 인간과 세계와의 관계에서 자유의지나 행위의 자유가 모두 자유라고 하며, 자유의 주체로서의 자기를 명확히 의식하고 자유의 객체로서 세계와 사회 그리고 다른 사람들과의 관계 속에서 자기에 관한 일을 자유로이 결정한다는 의미를 강조한다.[251] 또 자기결정은 외부로부터의 간섭이나 침해의 배제라고 하는 소극적 측면뿐만 아니라 선택, 자유의사, 자기지배 등과 같은 능동적이고 적극적인 측면도 있기 때문에 자율과 같은 의미로도 이해된다. 뿐만 아니라 자기결정은 개인의 복리나 행복한 삶을 영위하는 데 필요 불가결한 요소로 여겨지기도 한다.[252] 이런 여러 이유로 자기결정에는 이성적인 결정 능력이 중요시된다.

한편, 자기결정의 자유를 규정하는 견해로서 J. S. Mill의 자유론에 따르면 어떤 사람의 자유가 제한되는 것은 그것이 다른 사람의 자유를 침해할 때만 가능하고 역으로 다른 사람에게 위해를 가하지 않는 한 개인의 자유는 제한되지 않아야 한다고 한다. 또 이 견해에서는 도덕주의적인 의미가 포함된 자율의 개념을 부정적으로 파악하여 사람들의 자의성의 권리 즉, 좋아하는 것을 제멋대로 할 권리가 자기결정권의 중요한 내용이라고 주장하기도 한다. 그러나 개인은 다른 사람의 이익에 대해 편파적인 행동을 할 때 책임을 지고, 사회보호를 위해 처벌이 필수적이라면 처벌을 감수해야 한다.[253] 이와 같이 자율적으로 행한 개인에게 이성적 자기결정 능력이 요구되기 때문에 필연적으로 자기결정의 결과에 대한 충분한 책임 능력도 요구된다. 그 결과 결정 능력 있음을 전제로 한 자기결정은 결과에 대해 자기책임을 강조하는 결과로 이어지는 것이다.

---

251) 小柳正弘,『自己決定の理論と私一たちの自由』, ナカニシヤ出版, 2009, 11頁.

252) 玉木秀敏, "自律の價値と楚越主義的自由主義",『現代法の展開: 自己決定の諸相』, 有斐閣, 2004, 283-310頁.

253) 존스튜어트 밀(김형철 옮김),『자유론』, 서광사, 1992, 126쪽.

이와 같이 보면, 자기결정의 주체로서의 인간 개념에는 국가 혹은 자신이 맺고 있는 관계에서 지배적인 권력을 가진 주체의 지배나 간섭으로부터의 벗어나 자유를 희망하며 그 자유를 얻기 위해 저항하는 자세를 내포하고 있는 인간이 상정되었다고 할 것이다. 이 인간상은 오늘날 민주주의 사회의 기반을 만들었으며 시민적 자유를 쟁취한 근대 시민사회의 주역으로서 '자립한 자율적인 인간'이다. 즉 자기결정이 상정하는 인간상은 근대사회를 연 시민이며 이들은 자기결정을 할 힘과 정신적 능력을 갖추고 있음을 전제로 한다. 낳을 권리와 낳지 않을 권리에 관한 여성의 자기결정, 간통이나 성매매에 관한 성적 자기결정, 정보공개 등 자기정보에 관한 사항을 스스로 결정할 수 있는 정보에 관한 자기결정 등 자기결정으로 주장되는 사례들을 생각해 보면, 이것들이 기존의 고착화된 권력이나 그에 따른 사상에 대한 저항임을 알 수 있다. 그러나 실제로는 '자립한 자율적인 인간'으로서 자기결정권을 자유롭게 행사할 수 있는 자는 특권적인 일부의 사람을 제외하고는 많지 않으며, 대부분은 자기결정권이 충분히 보장되어 있지 못하면서도 자유를 얻기 위해 권력에 저항하지는 못하는 약한 존재이다.

3) 자기결정 주체로서의 인간상의 한계

(1) 비합리적이고 부자유한 현실적 인간

이상에서 본 바와 같이 자기결정의 주체는 자립적이고 자율적인 인간상이 상정된다. 이때의 자기결정은 결과에 책임을 져야 하며, 그 자기결정은 다른 사람의 자유를 침해하지 않는 범위 내에서만 가능하다. 그 범위 안에서는 그것이 다른 사람에게는 우려스러운 행위일지라도 자기결정이라고 이해된다.[254] 그러나 이에 대하여 "실제 인간은 반드시 합리적, 이성적인 것은 아니며 오히려 다른 사람에게 의존하는 경우가 많은 존재이다." 또 "자유롭게 한 자기결정이라고 할지라도 그것은 일상적인 몇 가지 것에 그칠 뿐, 실제로는 다양한 제약 아래에 있어 자유롭지 못하다"고 하면서 자기결정에 전제된 인간상을 비판하는 견해도 있다. 이 견해에 따르면 예컨대 태아의 생명권과 대립되어 있는 여성의 출산에 관한 자기결정권과 관련하여, 자기결정권을 어디까지 인정할 것인가의 문제만을 따질 것이 아니라 그것보다 먼저 그러한 권리를 주장하는 여성의 곤란한 상황 내지 다양한 사회적 제약을 고려해야 한다고 지적한다. 여성의 자기결정권의 주장은 스스로 어떤 결정을 해도 좋다는 자유를 주장하는 것이 아니라 자신의 신체마저도 자유롭게 하지 못한다는 현실 속에서 어쩔 수 없는 상황에 대한 저항의 표시이기 때문이다. 즉 여성의 중절을 금지하는 법률 아래에서 불법적으로 이루어지는 임신중절에 의한 생명 위험, 중절하지 않을 수 없는 사회적 · 경제적 상황, 전통적인 가부장제에 기반한 여성의 출산 강제, 사회적으로 널리 침투되어 있는 억압적 가치관이나 여성 스스로가 주체적으로 피임을 선택할 수 없는 부부관계에서의 남녀의 격차뿐만 아니라, 임신과 출산, 자녀 교육에 관한 사안에서 여성이 담당해야 할 주요한 위치, 국가나 사회, 남성의 책임이 방기되고 있는 상황 등과 같은 점에 대한 고려를 피할 수 없기 때문이다.[255] 마찬가지로 지적 능력

---

254) 자기결정의 주체에 관한 자세한 내용을 담고 있는 저서로는 仲正昌樹, 『不自由論: 何でも自己決定の限界』, 筑摩書店, 2003.

이 부족한 고령자등의 자기결정권과 관련해서도 그들의 자기결정권 자체만을 문제시하는 데 그칠 것이 아니라 관련 국가정책이나 경제적 · 사회적 배경, 권력 격차를 배경으로 한 관계자들에 관한 문제 등에 눈을 돌리지 않으면 안 된다.

(2) 사회 속에서 결정 당하는 약한 인간의 자기결정의 한계

실제 개개의 구체적인 경우를 파악해 보면 실제로 자기결정권의 이름하에 행해지는 자기결정이 다양한 모순과 문제를 가지고 있다. 주지하다시피 자기결정권은 1960년대 말이래 미국과 유럽을 중심으로 억압적 상황이나 부조리에 대하여 이의를 제기하는 다양한 사회운동 속에서 권리로서 주장된 것이다. 그 대표적인 예가 여성의 '임신 중절의 권리'이다. 이것은 '낳거나 낳지 않는 것은 여성이 결정한다'라는 말에서 볼 수 있듯이 전통적 가부장제에 기초한 여성차별이나 법에 정한 중절금지규정의 존재에 따라 여성이 피임의 자유 없이 임신을 강제 당하는 상황에 대하여 어디까지나 여성이 주체가 되어 결정할 것을 강조하기 위하여 주장된 것이다. 그러나 여성에게 출산의 자유를 의미하는 중절의 자기결정권은 태아의 생명을 침해하는 것이어서, 여성의 자기결정권과 태아의 생명권의 선택의 문제를 남긴다. 또 최근 불임치료술이나 유전자기술의 발전에 따라 여성에게는 단순히 낳거나 낳지 않거나를 선택하는 것에 그치지 아니하고 아이를 출산하기 위한 불임치료술을 어디까지 허용할 것인가? 또

---

255) 若尾典子, "自己決定と女性", 『法の科學』 第28號, 日本評論社, 1997, 112頁.

이상이 있는 경우에 태아의 생명을 어떻게 다룰 것인가도 종국적으로 자기결정권의 문제와 결부된다.

태아의 출생 전 진단받을 것인가 여부를 자기결정하는 데에는 진단받은 후 중절을 한다면 이런 선택을 할 수밖에 없었는가, 출산을 선택한다면 장애아를 어떻게 기를 것인가 등과 같이 임신, 출산, 양육 등에 관한 곤란한 선택을 강요당하게 된다. 동시에 태아의 인생에 관한 자기결정을 태아 자신이 아니라 다른 사람인 산모가 박탈해도 좋은가의 문제나 출생 전 진단 결과로 태아의 선택적 중절이 결국은 고귀한 한 인간의 생명을 선택하는 것이 된다는 문제, 건강한 아이를 낳을 것이 기대되는 사회적 가치관 속에서 구태여 장애아를 낳아 기르는 것의 곤란성 등 다양한 어려움이 자기결정에 대한 통제기제로 작용하게 된다. 따라서 자기책임에 맡긴다고는 하지만 이미 정해진 사회적 결정은 출생 전 진단을 받고 있는 자 혹은 진단의 결과 출산을 선택하는 자를 억압하게 된다. 따라서 출생 전 진단에 관한 자기결정은 개인이 결정해도 좋다거나 결정해야 한다거나 하는 문제가 아니라 사회 전체가 어떠한 사회를 선택할 것인가의 문제와 깊이 관련이 있다. 이런 이유로 '자기결정이라고는 하지만 이미 사회적으로 선택된 결과를 개인에 의해 자기결정의 결과로 인식하게 하여 사회문제로 삼거나 국가나 사회의 책임을 회피하게 하는 것'이라고 하는 비판[256]도 가능한 것이다.

또한 의사에 대한 환자의 권리로서 주장되었던 의료 분야에서 환자의

---

256) 仲正昌樹, 『不自由論: 何でも自己決定の限界』, 筑摩書店, 2003.

자기결정권은 그 후 의료기술의 진보와 생명과학의 발전에 따라 다양한 선택지를 제공하면서 윤리적 근거로도 판단하기 어려운 다양한 문제들을 낳고 있다. 그 대표적인 예가 연명치료의 거부에 관한 존엄사의 문제나 생명유지를 위한 참기 어려운 고통을 거부하는 안락사의 문제이다. 또 인간의 죽음에 대한 철학적, 사회문화적 고민 속에서 자기결정권을 이유로 본인의 의사를 어디까지 존중할 것인가, 인간이 생명에 개입하는 것을 어디까지 허용할 것인가 하는 문제도 제기된다. 또한 생명연장기술의 발전도 자기결정에 관한 중요하나 화두거리를 던진다. 최근 복제기술 특히 배아줄기세포 이용 가능성과 관련하여 인간의 생명이란 무엇인가, 인류의 '종의 보존'이라는 관점에서 그러한 기술을 이용하는 것은 어디까지 인정되어야 하는가 등과 같은 숙고가 필요한 문제를 발생시킨다. 이러한 문제들은 단순히 자기결정권과 생명권의 대립구도만으로는 파악할 수 없는 복잡한 상황에 이르게 한다. 여기에는 인류 전체로서의 인간이나 인간으로서의 생명을 어떻게 정의할 것인가가 문제되며 인간이 가진 자기결정권에 대해 생명의 존엄뿐만 아니라 인간의 존엄이라고 하는 개념을 대치시킴으로써 그것을 한계 지으려는 노력도 계속되고 있다. 이와 같이 자기결정의 문제는 자기결정을 허용할 것인가 그 자체의 문제만으로 해결되는 것이 아니라 다양한 사회적 상황 및 구속과의 관계성을 고려하지 않으면 안 된다. 환자와 가족의 자기결정을 기초로 한 '장기이식'의 경우에도 마찬가지이다. 이 경우에는 일상생활 속에서 부단히 행해진 자기결정이 환자와의 관계에서 비로소 이루어진 것이라는 점이 강조되어 뇌사를 포함한 인간의 사망도 본래 사망한 사람과 사망하지 않은 사람과의 관계에서 비로소 성립하는 것이라고 생각된다. 한편 실제 장기이식을 둘러싼 현상에 있어서는 개인이나 가족의 자기결정권의 존중이라고 하는 미명하에 죽음이 살아 있는 사람 속에서 갇히게 되고 살인이 정당화된다는 비판도 있다.

한편, 이성적 합리적인 자기결정 능력을 전제로 한 자기결정은 필연적으로 자기결정에 따른 결과 책임을 져야 할 의무를 수반한다. 따라서 자기결정을 하는 개인이 능력에 따라 사회적으로 평등한 조건하에서 자발적으로 책임을 지는 경우에는 별다른 문제가 발생하지 않는다. 그러나 그것이 권력을 가진 자에 의해 가지지 못한 자에 대한 일방적 요구 즉 가지지 못한 자에 대한 자기결정의 강제라고 하는 형태로 나타나는 경우 그것은 권력관계상 강자가 (자기결정을 한) 약자에게 책임은 강요하면서 의무는 방기하는 결과로 나타나는 경우가 많다. 이러한 예는 노동시장에서도 잘 나타난다. 최근 노동시장의 규제 완화에 의한 고용 형태의 변화나 그에 따라 생긴 비정규직 사원의 증대와 기업의 파견 증대 등과 같은 상황 속에서 강제된 자기결정이 나타나며 정규직이라 할지라도 직장 생활 속에서 자기결정이 강요되는 상황은 비일비재하다. 그러나 이 상황 속에서도 국가나 기업의 책임을 묻기보다는 오히려 피고용자 측 특히 비정규직 사원의 자기결정에 따른 자기책임원칙이 강조된다. 즉 자립한 개인의 다양한 선택의 결과이며 자기책임이라는 이름 아래 장시간의 노동과 가혹한 노동환경 속에 방치되는 것이다.[257] 이와 같이 자기결정은 일정한

---

257) 笹沼弘志(a), "人權の臨界: 幸福を追求する權利", 『法學セミナ』 第615巻, 日本評論社, 2007, 72頁.

사회적 관계 속에서 결정할 수 없는 구조이면서도 결정이 강제된 결과 책임을 져야 하는 모순적 상황이 발생하는 것이다.

사회복지 영역에서도 마찬가지이다. 최근 사회복지 서비스 분야에서는 직권에 의한 보호보다는 신청에 의한 급부가 많아지고 특히 노인장기요양제도가 활성화되면서 종래 복지행정에 의한 보호조치로부터 계약에 기초한 당사자의 선택으로 사회보장의 시장화에 따른 정책 전환에서는 사회복지 서비스를 받는 측의 자기결정의 존중이 강조되기는 하지만 실제로는 복지 영역에서 국가재정을 긴축하여 이용자가 어쩔 수 없는 상황에서 적은 선택지 중에서 어쩔 수 없는 선택을 강요당하는 상황이 적지 않게 발생한다. 이러한 상황으로 인하여 자기결정권을 타자에게 지배되고 의존하고 있는 약한 사람이 국가나 사회 혹은 권력관계상 우위에 있는 다른 사람으로부터 지배나 간섭에 저항하여 자신이 처한 억압적 상황에 대하여 목소리를 높일 권리라고 파악되기도 한다. 그런데 아이러니하게도 이러한 저항적 의무의 요구를 수반하는 약한 사람의 자기결정권의 주장은 모든 약한 사람이 자기결정할 수 있는 주체가 될 것을 요구하기 때문에 결과적으로는 고통을 느낄 능력은 있더라도 그것을 제거하기 위한 행동을 할 실행이나 용기, 결단 등을 갖지 못한 자 혹은 고집이 강하거나 고통을 느끼지 못하는 자에게 자기결정권을 적극적으로 인정하는 경향이 있다. 이 때문에 저항하기 어려운 자, 자기결정권을 주장할 수 없는 자에게 현상의 불만족에 대하여 왜 저항하지 않는가를 묻는 강자의 논리가 적용되기 쉽고 때로는 이러한 약자에게 자기책임의 결과를 묻는 어리석은 판단을 하기도 한다.[258]

이상과 같이 판단해 보면, 고령자 등 결정 능력이 부족한 사람의 경우에도 어느 정도의 결정 능력을 갖추었다면 이에 대해 결정 능력을 인정하고 자기결정의 주체로 보아야 한다는 것은 당연하다.[259] 그러나 이러한 입장이 갖는 부정적인 측면도 유의해야 한다. 즉 이러한 입장은 경우에 따라서는 결과에 대하여 능력 이상의 책임을 당사자에게 요구할 수 있기 때문이다. 결정 능력이 미숙하기 때문에 사회나 다른 사람의 도움이 필요함에도 불구하고 이런 점이 경시된다거나 극단적으로는 부양의무자나 사회가 져야 할 책임도 방치되는 등 사회에 의한 방임이 정당화될 수도 있다는 점에 유의해야 한다.

5. 결정 능력의 의미와 그 판단

1) 서

이미 본 바와 같이 자기결정을 하는 주체는 당연히 자기결정을 할 수 있는 정도의 충분한 능력과 그 결정에 대한 충분한 책임 능력을 가지고 있다는 점을 암묵적으로 전제하고 있다. 따라서 일반적으로 자기결정 능력에 흠결이 있어 자율적 주체가 되는 것을 기대할 수 없는 경우, 국가와

---

258) 笹沼弘志(b), “人權の臨界: 權力への抵抗と法の支配”, 『法學セミナ』 第631卷, 日本評論社, 2007, 73–76頁.

259) 鮎川潤 · 内田伸子 外, “子どもの權利擁護と自己決定をめぐって”, 『法律時報』 第75卷 第9號, 日本評論社, 2003, 4–23頁.

사회 혹은 일상생활에서 중요한 의사결정의 기회에서 배제되고 스스로의 인생에 깊게 관련되어 있는 중요한 결정 사항을 다른 사람에게 맡기지 않을 수 없으며, 단지 그러한 결정에 따르는 객체로서만 존재하게 되는 것이다. 또 그 결과 타자결정에 의해 보호가 필요한 존재가 되고 자기결정의 가능성이 일방적으로 박탈됨과 동시에 자기결정 능력 있는 주체에 의한 지배가 정당화될 수 있다.

그렇다면 자기결정 능력이란 어떠한 능력이며 누가 어떠한 기준에 의해 판단할 것인가? 자기결정 능력을 다른 사람이 객관적으로 판단하는 것은 가능하고 적절한가? 이하에서는 자기결정 능력의 내용과 자기결정 능력의 유무를 다른 사람이 판단하는 것의 문제를 검토하고자 한다.

2) 결정 능력의 의미

일반적으로 자기결정 주체의 요건으로 상정되고 있는 것은 자율적 주체 혹은 이성적이고 합리적 주체일 것이 요구된다. 그러나 이러한 자율, 이성 또는 합리성을 갖추었다함은 실제로 어떠한 능력을 말하는 것일까? 인간의 자기결정에 관한 능력을 지적 성숙이라는 개념으로 이해한다면 자기결정이란 미숙한 존재로서의 인간이 성숙한 결과로서 자기의 생각에 따라 의도적으로 행위를 할 수 있는 능력, 자기가 선택한 행위를 실행할 수 있는 능력이라고 파악할 수 있을 것이다. 따라서 합리성 있게 결정할 능력이라는 것은 의도된 바 목적 실현을 위하여 행위할 능력 전체를 의미할 뿐만 아니라 목적의 설계를 포함한 계획에 관한 능력도 포함한다. 또, 필요한 경우 조직의 운영 능력을 포함한 계획을 실행하기 위한 실천적 능력도 포함한다고 이해된다. 또한 행위의 자발적 선택을 저해하는 요인으로부터 자유로울 수 있는 능력도 결정 능력의 중요한 요소가 된다. 예컨대 자기결정을 무력화시킬 수 있는 상황적 요건으로는 다음과 같은 것들이 제시될 수 있는데 이런 저해 요소를 물리칠 수 있는 능력이 바로 자기결정 능력이라는 것이다. 첫째, 자신이 선택하고자 하는 바와 다른 뭔가를 하려는 움직임이 눈앞에 있고 둘째, 그 다른 것을 하지 않는 것보다 하는 것이 오히려 자연스럽고 셋째, 그 다른 것을 하는 관습이 있고 넷째, 주위의 누군가가 그것을 하고 있고 다섯째, 권위 있는 사람 예컨대 부모나 의사가 그렇게 할 것을 권하는 경우 등이 그에 해당한다. 이러한 저해요인이 지배하고 있는 경우에는 스스로의 판단에 따른 결정을 할 수 없으며, 이에 종속되는 한 결정을 하더라도 본래적 의미에서의 자기결정이라고 할 수 없다.[260] 또 이 견해에 따르면, 그 결과 행위의 자기결정의 단계는 행위인가 아닌가의 차원, 행해진 행위가 자신의 의지에 따라 선택된 행위인가 아닌가의 차원, 선택된 행위의 우열이 문제되는 차원 즉 적어도 이성적인 선택이 아닐지라도 문제되지는 않으나, 비이성적이거나 어리석은 행위가 문제되는 차원 등의 세 단계로 구별할 수 있으며, 이것은 인간의 성숙단계에 대응하는 것이라고 이해될 수 있다고 한다.[261]

이와 같이 자기결정 능력에 엄격한 조건을 부여하게 되어 있으며, 이

---

260) 岡部勉, "不合理・愚かさ・弱さ: 自己決定論再考", 『自己決定論: 哲學・法學・醫學の現場から』, 九州大學出版會, 2008, 17-18頁.

261) 岡部勉, "不合理・愚かさ・弱さ: 自己決定論再考", 『自己決定論: 哲學・法學・醫學の現場から』, 九州大學出版會, 2008, 18-19頁.

상은 '자립하여 자율적으로 행동하는 인간'의 자기결정 능력에 관한 전형적인 이해라고 생각된다. 근대국가의 정치제도나 법제도는 인간의 자기결정 능력에 대한 이러한 이해를 전제로 하여 형성된 것이다. 그 결과 이러한 국가의 정치와 법에 관계하는 자는 당연히 고도의 자기결정 능력을 가진 자율적인 인간이어야 한다고 생각된 것이다. 그러나 지금까지 본 바와 같이 이러한 제도를 담당하거나 그에 따라 살아가는 인간 중에는 이러한 인간상에 부합하지 않는 비합리적이고 종속적이며 약한 인간이 있기 때문에 이 인간상을 전제로 한 제도를 현실의 인간에 적용하는 경우 종종 모순이 생겨나기도 한다.

그 대표적인 것이 형법에 의한 책임성 판단과 그에 따른 법제도라고 생각된다. 형법에서는 범죄의 성립과 관련하여 구성요건에 해당하고, 위법하고, 책임성 있는 행위일 것을 요건으로 하고 있다. 따라서 인간의 행위가 범죄로 성립하기 위해서는 행위를 하는 자에게 책임 능력이 있을 것을 전제로 한다. 그리고 여기에 책임능력이란 범행을 하는 자 측에서 보면 범행 시 주관적으로 지금 악한 행동을 하고 있다는 인식이 있을 것을 의미하고, 사회 측에서 보면 행위자의 이러한 주관적인 판단에 대한 도의적인 비난 가능성을 의미한다. 즉 자유로운 의사에 기초하여 다른 행위가능성을 충분히 음미한 다음 악하다고 인지된 행위를 결행한 경우에만 유책성을 인정하게 되는 것이다. 그러나 실제의 범죄 동기를 보면 다양한 충동적 격정이나 한, 질투, 우월감, 성적인 충동에 의한 영향, 광적인 생각, 의지박약에 의한 욕구 충족을 위한 행동 등을 들 수 있는데, 이것들은 자기결정 주체인 인간이 전제하고 있는 자발적 · 의도적인 행위의 선택으로서의 자기결정의 모습과는 상당한 거리가 있다. 이 때문에 범죄행위를 행하지 않을 수 없는 심정 상태에 있는 현실의 약한 인간을 앞에 두고 그 책임능력을 교과서처럼 엄정히 판정하는 경우, 이러한 자기결정은 합리성 능력의 실현이라는 의미에서의 자기결정이라고 할 수 없으며 그 때문에 행위자의 대부분에 대하여 형사책임을 물을 수 없는 상황이 된다. 그럼에도 실제 형사재판에서는 이와 같은 픽션에 가까운 책임 능력에 기초하여 약한 인간에 대하여 책임을 묻고 그 책임에 따른 형벌을 과하게 되는 것이다.

3) 결정 능력의 판단

한편, 형법에서는 심신상실자 및 심신미약자에 대해서 형벌을 감면하는 규정을 두고 있다(형법 제10조). 이 규정은 일반적으로 정신장애자나 지적장애자의 형사책임을 면제하거나 감경하는 근거 규정으로 작동한다. 실제 형법의 적용에 있어서는 정신장애자나 지적장애자라고 인정된 사람에 대해서만 형법 제10조를 이유로 일정한 판정 기준에 따라 정신감정을 근거로 책임 능력이 없다고 판단되는 경우에 한하여 형벌을 과하지 않고 있으나, 엄밀한 의미에서 형사책임을 묻지 않아야 하는 사람에 대하여도 완전한 책임 능력이 있다고 인정하고 형벌이라는 형태로 행위자의 능력 이상의 책임을 지우기도 한다. 그러나 정신감정이나 책임 능력의 판단에 관해서 과연 정신적 지적 장애가 범죄행위에 주는 영향의 정도를 다른 사람이 객관적으로 판단하는 것은 어려울 뿐만 아니라 만약 피고인이 무죄를 얻기 위하여 일부러 정신장애자의 모습을 한다면 그것을 알아차리지 못할 수도 있다. 결국 그 판단은 주관적 자의적인 것에 불과할 수 있다는 것이다. 범죄인 본인밖에 알 수 없는 동기나 범행시의 정신 상태를 다른 사람이 후에 객관적으로 정확히 판단하는 것은 불가능하다.[262)]

그러나 정신장애나 지적장애에서 문제되는 능력장애란 어떤 것이며 능력의 이상과 정상이란 무엇을 기준으로 하는 것인가? 이성적 능력의 반대되는 상태로서 파악되는 정신장애에 대해 알아보자.

일반적으로 정신장애란 정신에 이상이 있는 상태를 말하며 사물의 정상적인 판단을 할 수 없는 상태라고 이해된다. 예컨대 정신장애의 대표적인 질환인 '조현병(정신분열증)'에 관하여 미국정신의학회에 따르면 그 의학적 판단 기준에는 ① 망상, 환각, 와해된 언어, 전반적으로 비정상적인 행동, 음성 증상의 5가지 증상 중 2가지 이상이 한 달 이상일 것 ② 사회적, 직접적 기능의 손상—직업, 사회적 관계 또는 자기관리 중 하나 이상에서 이전에 비해 심각하게 기능 수준이 떨어질 것 ③ 6개월 이상의 조현병의 증후가 지속될 것 ④ 조현정동장애, 기분장애, 약물이나 기타 내과적 질환, 자폐증, 전반적 발달장애 등이 아닐 것 등을 기준으로 들고 있다.[263)] 그런데 이러한 판단 기준의 바탕에는 인간은 본래 합리적 존재라는 사상이 깔려 있고 다수의 기준에서 일탈하였다고 판단되는 비합리적 행동이 있으면 장애 혹은 질적으로 절대적 차이가 있는 이상(異常)이라

---

262) 金井直美, "人權の視點からみた刑法39條の妥當性", 『政治學研究論集』 第32號, 明治大學大學院, 2010, 79-102頁.

263) 미국정신의학회의 정신장애 진단 및 통계 편람 제5판(Diagnostic and Statistical Manual of Mental Disorders : DMS-5)

고 파악해버리고 만다는 점에 문제가 있다. 또 이러한 진단 기준은 객관적으로 수치화될 수 있는 것이 아니라 본인이 말하지 않는 이상 발견하기가 대단히 어렵기 때문에 결국은 소송을 통해서 판단할 수밖에 없는 경우가 많다. 이 때문에 의학적 진단에 있어서는 의사의 오랜 경험에 따른 주관적 판단에 의존할 수밖에 없다.

한편, 인간은 본래 비합리적이라는 입장에서 조현병에 있어 능력 장애를 정상적인 심리 상태와 다른 이질적인 것으로 보지 아니하고 인간의 정신현상의 하나에 불과하다고 이해하는 견해도 있다.[264] 이 입장에 따르면 정신병질의 하나인 조현병의 환각과 망상은 인간이 상호 의존하는 세계 속에서 사회 구성원들 모두 느낄 수 있는 불안이나 우려에 근거하고 있는데, 이러한 불안이나 우려는 모든 인간이 공유할 수 있는 감각이며 결코 이상한 것이 아니라고 한다. 또 정신장애란 일정한 기준에 따라 정상과 이상을 판단할 수 있는 것이 아니라 어디까지나 일반적 인간의 정신현상 속에서의 상대적 차이가 첨예화된 것에 불과하다고 한다. 이러한 이해는 지적장애에도 적용된다. 일반적으로 지적장애란 지능이 부족한 것이라고 이해되며 통상 지능테스트에 의한 일정한 IQ 수치를 기준으로 능력의 정상과 이상을 판단하는 것이다. 그러나 이러한 지능적 차이란 일정한 기준을 넘어 질적으로 완전히 다른 상태가 출현하는 것이 아니라 어디까지나 인간의 연속한 지능의 편차에 불과하며 그 능력은 상대적인 것이다. 인식의 세계는 긴 역사 속에서 형성된 것이므로 후세의 사람들이 이

264) 瀧川一廣,『こころの本質とは何か: 統合失調症 · 自閉症 · 不登校のふしぎ』, 筑摩書店, 2004, 24-25頁.

것을 습득함에 있어 빠른 사람도 있고 느린 사람도 있기 마련이다. 결국 인간의 인식이란 본질적으로 사람마다 다소 더디게 발전할 수도 있는 지각을 내재하고 있으며, 따라서 인간의 다양한 능력은 일정한 기준에 따라 정상 · 이상 혹은 뭔가가 있고 · 없음으로 판단되는 것이 아니라 어디까지나 상대적 정도의 차이를 나타내는 것에 불과하다고 이해된다.

이렇게 보면 인간의 탄생에서 성인에 이르기까지 과정을 미숙에서 성숙으로 성장과정에서도 마찬가지이다. 예컨대 자기결정 능력에 관하여 어른과 아이 사이에 질적으로 차이 있는 능력 격차가 존재하는 것이 아니라 그 능력은 어디까지나 상대적인 것이며 성장단계를 거쳐 점차 높아지는 것이라고 이해된다. 다만 생물적인 측면에서 능력의 성장과는 달리 자발적인 의지의 관여가 불가피한 자기결정 능력의 경우 방치해도 자연적으로 성장하는 것은 아니므로 주위의 어른들이나 사회가 아이들에 대해서 그 발달단계에 따라 적절한 자기결정의 기회를 줄 필요가 있다. 그리고 그러한 기회가 부여됨으로써 아이들은 자발적으로 자기결정을 할 수 있으며 성장과정에 따라 자기결정의 경험을 쌓음으로써 성숙한 자기결정 능력의 발달을 이루게 된다. 반대로 부모를 비롯한 주위의 어른들이 아이들의 자기결정을 존중하지 아니하고 어른이 결정한 것을 일방적으로 강제하거나 어른들이 모든 것을 대신 결정하게 된다면 아이들의 자기결정의 기회를 박탈하는 것이 되고 그 자기결정 능력의 발달은 저해될 것이다. 따라서 자기결정의 기회는 본래 능력과 연령이라는 다양한 조건에 따라 인정될지 여부가 결정되는 것이 아니라 모든 인간에 대해서 인정되고 그 기회가 보장되어야 한다.

4) 자기결정과 책임 능력

다음으로 자기결정의 결과에 대한 자기책임의 문제를 생각해 보자. 책임능력은 자기결정의 기회를 주거나 스스로 자기결정을 한바, 그 결과가 부적절한 것이 된다면 거기에 관해 반성하고 또 다음의 자기결정에서는 그 점을 반영하여 한다고 하는 피드백 과정을 거침으로써 그 능력이 체득되는 것이다. 또 다른 사람이 아니라 자기 자신이 자기결정을 하였다는 점 때문에 스스로 선택한 결과에 대해서 책임의식이 발생하고 책임 능력도 높아지게 된다. 그러나 처음부터 자기결정의 기회가 주어지지 않는다면 책임 능력을 충분히 발달시키는 것이 불가능해질 뿐만 아니라, 스스로가 자기결정을 통하여 다른 사람이나 사회에 자발적으로 관여하고 있다고 하는 인식을 가질 수도 없게 될 것이다. 책임이란 다른 사람으로부터 일방적으로 부여되는 것이 아니라 스스로의 자기결정의 결과에 대한 반성을 통해서 비로소 자발적으로 생겨나는 것이며, 책임 능력을 갖추기 위해서도 우선 자기결정 능력을 발달시키기 위한 적절한 기회와 경험을 보장하는 것이 전제가 되어야 한다. 즉 책임 능력이 있기 때문에 자기결정이 인정되는 것이 아니라 자기결정을 인정하게 됨으로써 그 자체로 자기책임의 능력도 길러지는 것이다.

결론적으로 자기결정 능력을 포함하여 다양한 능력은 정상 · 이상 혹은 질적인 차이의 있고 · 없음과 같은 전체 · 전무로 파악되어서는 아니되며, 인간의 능력의 모습은 스펙트럼과 같이 연속적으로 이어지는 속에서 상대적인 차이로 파악되어야 한다. 또 자기결정 능력의 정도도 본래의 진단명이나 연령차와 같은 형식적 카테고리로 얽매어서는 안 되고 개인의 발달단계나 그 당시의 상황에 따라 상대적으로 판단되어야 하며, 자기결정의 기회와 경험은 가능한 한 모든 인간에게 부여되지 않으면 안 된다.

6. 결정 능력이 부족한 자의 자기결정 기회의 보장과 보완 방법

1) 결정 능력이 부족한 주체에 대한 결정 기회의 보장

끝으로 자기결정 능력이 결여되어 자기결정의 기회와 범위, 경험이 현저히 낮은 사람들의 자기결정과 조건에 대해서 살펴보자. 전술한 바와 같이 자기결정의 능력은 그 정도에 상대적인 차이는 있으나 모든 인간이 동등하게 가지고 있는 능력이다. 그리고 모든 사람은 다양한 발달단계에 따른 능력에 따라 자기결정의 기회가 보장되어야 하고 그 속에서 자기결정의 경험을 쌓음으로써 자기결정 능력의 발달을 촉진하게 되는 것이라고 생각된다. 한편, 이러한 자기결정에 관한 능력을 자율적으로 자기결정을 할 수 있는 사람의 것으로만 파악하여 그렇지 못한 자의 자기결정 능력을 부정하고 일방적으로 그 기회를 박탈하는 것은 그러한 사람으로부터 자기결정의 주체가 될 수 있는 가능성을 박탈하는 것이다. 즉, 권리 주체로서의 인격을 인정하지 않는다는 의미에서 능력 격차를 배경으로 상대적으로 능력이 유리한 자가 능력이 불리한 자에 대하여 인격침해를 하는 것이라고 말할 수 있다. 그런데 이러한 상황을 인권침해라고 보고, 소송을 통하여 타자결정에 저항하기 위하여 자기결정권의 주장을 하는 정도만으로는 보호의 대상으로는 보는데 그칠 뿐 타자결정이 일방적으로 강제된 사람들의 자기결정 기회를 보장하는 것과는 거리가 멀다. 그러나 이러한 사람들의 다수는 적어도 외형상으로는 타자로부터의 직접적 지원을 필요로 하고 타자에 의존하지 않고는 보장될 수 없는 경우가 많다. 또 예컨대 자기결정을 하고 싶다고 기대하더라도 실제로 그 결정을 실행에 옮기기 위해서는 타자로부터의 지원이나 협력이 불가피한 경우도 많다. 이런 이유로 많은 경우 자신을 보호해 주는 타자에 대해서 저항의 목소리를 낼 수 없었으며 다양한 보호의 이름 아래 행한 일방적 타자결정의 억압이나 관리라는 이름의 타자로부터의 지배에 대해 복종하지 않으면 안 되었다. 하지만 일상생활 속에서 타자의 지원이 필요하더라도 그것을 이유로 자기결정의 능력이나 기회를 부정하거나 일방적으로 타자결정이 정당화되어서는 안 된다.

한편, 실제 사회에서의 자기결정의 모습을 보면 자기 개인에만 관계되는 사안인 것처럼 보이더라도 실제로는 완전히 스스로만으로 자기결정을 할 수 있는 상황은 거의 발생하지 않으며 그 자기결정에는 보통 타자의 존재가 직간접적으로 관여하고 있음을 알 수 있다.

그렇다면 일상생활 속에서 타자로부터의 직접적인 지원을 필요로 하는 사람의 경우 자기결정 능력을 인정하여 자기결정의 기회나 경험을 보장한다 하더라도 그러한 사람들을 실제로 지원하거나 직간접적으로 관여하는 상대적 능력 우위 자의 적극적 관여를 피하기는 어렵다. 그러나 타자에 의존하지 않을 수 없는 자가 자기결정을 하는 과정에서 그의 자기결정을 지원하는 자가 선의에 의한 배려를 가지고 있어서 그 정도로만 관여하는 것에 대해서도 허용해서는 안 된다. 왜냐하면 온정적 간섭주의

(paternalism)는 보통 선의에 의해서 성립되는 것이기는 하나, 동시에 거기에는 능력 격차에 따른 권력차이가 존재하고 타자로부터의 의존이 불가결한 자에 대한 지배나 인권침해의 가능성도 상존한다. 그렇기 때문에 지원하는 측에는 대해서도 일정한 조건이 요구되는 것이다. 이하에서는 그 조건에 관하여 검토해 보고자 한다.

2) 결정 능력이 부족한 주체에 대한 자기결정 보완 방법

그렇다면 보호에 기초한 타자로부터의 강제라고 하는 소위 온정적 간섭주의(paternalism)적 입장은 자기결정의 존중이라고 하는 관점에서는 선의에 기초한 것이라고 하더라도 기본적으로는 부정되어야 한다. 그러나 어떻든 타자로부터의 보호가 필요하다고 판단되는 경우에 일체의 온정적 간섭주의가 부정되어야 하는가? 이러한 의문에 대해서 어떻든 개입이 필요한 경우에 '착한 온정적 간섭주의'와 '나쁜 온정적 간섭주의'를 구별하여 그 유형화를 시도한 견해가 있다. 이 견해에 따르면 본인의 의지는 존중되어야 하나, 본인의 자유(즉, 얽매이지 않는 것)가 아닌 자율(즉, 의지적 판단)의 실현을 보완하기 위해서만 온정적 간섭주의가 정당화된다고 주장한다. 그러나 여기서도 문제가 되는 것은 본인의 자율의 실현을 목표로 하더라도 개입할 것인가의 여부 즉 타자결정을 할 것인가의 여부는 최종적으로는 타자의 판단에 맡겨지고 만다는 점이다. 모든 온정적 간섭에는 '본인을 위한'이라는 전제를 피할 수 없으나, 개입하는 자가 보기에 본인의 언동이나 행동이 비합리적으로 보이는 경우에는 바로 개입함으로써 본인의 의지가 쉽게 부정될 위험이 언제나 존재한다. 또 무엇이 본인의 자율에 의한 일인가 혹은 본인의 자기결정은 어느 정도까지 허용되는가의 문제를 생각해 보면, 그러한 판단의 주체로서는 본인이 아니라 어디까지나 개입하는 타자가 상정되기 때문에 결국 본인의 자기결정은 개입하는 자가 허락한 범위나 사정에 한정될 우려가 있으며 경우에 따라서는 자기결정이 단지 은혜로서 부여되는 것일 뿐이라고 치부될 수도 있다.

한편, 능력상 유리한 입장에 있는 자가 경우에 따라서는 능력상 불리한 입장에 있는 자의 자기결정에 개입하는 방식으로 타자결정을 하는 것을 허락하는 것이 아니라 완전한 자기결정도 완전한 타자결정도 아닌 소위 '공동결정'이라고 하는 방안을 탐색하는 견해도 있다. 예컨대 "자신의 것은 스스로 결정한다"는 자기결정을 '엄격한 자기결정'이라고 하는 한편, 다양한 자기결정의 배후에는 타자가 존재할 수 있다는 점에 착안하여 타자의 수용 · 향수라고 하는 원칙을 세운 '완화된 자기결정'의 방법으로 결정 능력이 부족한 자의 자기결정을 지원하려는 견해가 그것이다. 이것은 개인이 스스로의 것을 결정하는 자기결정이 아니라 (지원하는 자)다수가 다수 개인들의 자기결정을 지원하는 방안 등이 그러한 예이다. 생각건대 소위 공동결정이라고도 할 수 있는 자기와 타자의 공동작업, 즉 긴밀한 커뮤니케이션이나 수용적인 관계에 기초한 정서적인 교환 속에서 생기는 결정의 모습을 어떻게 모색하더라도 거기에는 지원하는 측에서는 반드시 일정한 자각을 할 필요가 있다고 생각된다. 그것은 어떤 선의일지라도 혹은 어떻게 상대방을 이해시키도록 한 것이라도 상대방이 완전히 자기와 같을 수는 없다는 의미에서, 타자인 한 거기에는 스스로의 생각이나 오해 등 인식의 차이에 따른 이해의 불일치 가능성이 존재한다는 자각이다. 또 (자기와 타자가) 공동결정을 할 때 일견 대등한 관계로 보이는 경우에도 상대방에게 능력상 유리한 입장에 있는 자와 불리한 입장에 있는 자 사이에는 능력 격차에 따른 권력관계가 엄연히 존재하며 능력상 유리한 입장에 있는 자에게는 불리한 입장에 있는 자의 자기결정을 부정한 위험성이 상존한다는 인식을 가질 필요가 있다. 이러한 자각과 인식이 없으면 공동결정이라고도 불리는 타자와 공동으로 하는 결정의 모습은 결국 쉽게 지원자에 의한 온정적 간섭주의로 전환하여 타자결정에 의한 과잉한 간섭을 초래하거나 역으로 능력 이상의 자기결정이나 자기책임을 강제하여 그 자를 방치하는 결과가 될 수도 있다.

7. 결어: 자기결정 능력이 부족한 고령자 등의 자기결정은?

다른 유형의 자기결정에서도 그러하듯이 지적 능력이 부족한 고령자 등의 자기결정권과 관련해서도 그들의 자기결정권 자체만을 문제시하는데 그칠 것이 아니라 관련 국가정책이나 경제적 · 사회적 배경, 권력 격차를 배경으로 한 관계자들에 관한 문제 등에 눈을 돌리지 않으면 안 된다. 또한 자기결정에서 자기책임이 중요한 부분을 차지하기도 하지만 자기결정 능력이 부족한 자의 자기결정에 있어서는 자기책임이 전제되어서는 아니된다. 자기결정과 책임 능력의 관계는 책임 능력이 있기 때문에 자기결정이 인정되는 것이 아니라 자기결정을 인정하게 됨으로써 그 자체로 자기책임의 능력도 길러지는 것이라는 관점에서 이해되어야 한다. 또한 자기결정 능력을 온전히 자율적으로 자기결정을 할 수 있는 사람의 것으로만 파악하는 것 그렇지 못한 자의 자기결정 능력을 부정하고 일방적으로 그 기회를 박탈하는 것이 되어 적절하지 않다. 다양한 자기결정의 배후에는 타자가 존재할 수 있다는 점에 착안하여 타자의 수용 · 향수라고 하는 원칙을 세운 '완화된 자기결정'의 방법을 수용하지 않으면 안 된다. 가족 기타 케어를 담당하는 자와의 커뮤니케이션이나 수용적인 관계에 기초한 정서적인 교환을 통하여 공동의 자기결정을 할 수 있으며 이런 공동의 자기결정도 자기결정의 방법으로 수용하여야 한다. 다만 공동의 자기결정에 있어서도 능력 격차에 따른 권력관계가 엄연히 존재할 수 있어 과잉한 간섭을 하거나 능력 이상의 자기결정을 강제해서도 안 된다. 생각건대 상대적으로 능력상 유리한 입장에 있는 자가 보통 그러한 위험성을 인식하고, 능력상 불리한 입장에 있는 자의 자기결정의 의의를 인식하여 그러한 자기결정의 기회를 적극적으로 확보할 수 있다는 강력한 책임의식이 없다면 그러한 자기결정은 보장되기 어렵다. 또 능력이 있는 자나 부족한 자나 인간이 자기의 인생에 대하여 주체적으로 살아가는 적극적 자세를 가지기 위해서는 스스로 타자나 사회와의 관계 속에서 자기결정을 하고 있다는 자각을 가지지 않으면 안 된다.

IV. 디지털 헬스 케어, 촉진할 것인가 규제할 것인가?

Ⅳ. 디지털 헬스 케어, 촉진할 것인가 규제할 것인가?

1. 4차 산업혁명의 흐름과 인간 중심사회

4차 산업혁명의 현상이나 그것이 가져올 미래에 대해 모두가 동의하는 것은 아니다. 그에 대한 비판적 검토와 논의 전환의 필요성을 주장하는 견해도 여전히 있다. 찬란한 문명의 이기를 찬양하기도 하지만 거대기술 사회의 출현은 인간 문화를 통제하고 인간을 볼품없는 존재로 만들어 버릴 것이며 대기업 중심의 기술독점 사회는 계층 간 불평등을 고착시킬 것이라는 우려도 있다.[1] 그것은 우리가 맞이할 미래는 열려 있으나 불확실하기 때문이다.[2] 4차 산업혁명을 이야기한 클라우스 슈밥의 예측이 명확히 현실화되고 있다고 단언하기도 어렵다. 또, 4차 산업이라는 용어도 독일이나 일본에서 많이 사용할 뿐 미국에서는 잘 쓰지 않는다고 한다. 다만 영미권에서도 이 시대의 변화에 대해 디지털 트랜스포메이션[3]이라는

---

1) 4차 산업혁명을 루이스 멈포드의 제도론 관점에서 비판적으로 논의한 것으로는 나중규 · 김종달, "4차산업혁명 논의의 비판적 고찰", 『사회과학연구』 제56집 제2호, 강원대 사회과학연구원, 2017.

2) 윤기영, "4차 산업혁명에 대한 검토와 논의의 전환 필요성", 『미래연구』 제1권 제2호, 미래학회, 2016, 39쪽.

3) 디지털 트랜스포메이션(digital transformation, DT)은 클라우드 컴퓨팅을 활용하여 문제를 해결하고 소유 중인 하드웨어 사용자에 대한 의존성을 줄이되 구독 기반 클라우드 서비스에 의존성을 증대시키기 위해 새롭고 빠르고 자주 변화하는 디지털 기술을 사용하는 방식을 말한다.

단어를 주로 쓰는 것을 보면 4차 산업혁명이나 디지털 트랜스포메이션이나 모두 디지털과 정보 변혁을 중심으로 한 사회현상은 공통적인 것 같다.

4차 산업혁명시대에서도 인간은 객체나 과정이 아니고 여전히 주체이고 목적이어야 한다. 맹목적 기술 중심 사회(technology oriented society)에 대한 우려를 우리는 부담스러워해야 한다. 4차 산업혁명의 핵심적 기반인 인공지능, 빅데이터, 클라우딩 컴퓨터 등이 거대 자본에 정보와 자금의 집중을 가속화시킬 것이라는 점은 부인하기 어렵다. 그 다음 수순으로 기술독점, 거대자본과 중소자본 간 그리고 부자와 빈자 간 불평등 구조가 고착화될 것이라는 우려가 현실화되지 않도록 국가가 보다 적극적으로 개입해야 한다. 국가경쟁력 강화라는 이름아래 거대자본 중심의 권력구조가 완성되지 않도록 분산적 거버넌스를 형성하도록 국가가 지속적으로 노력해야 한다. 사회는 거대자본만으로 미래가 보장되지 않기 때문이다. 현 시점의 큰 흐름인 기술 중심 사회에서 인간 중심 사회로 되돌려 놓기 위해서 국가의 제도적 모델 선택은 세계적 흐름은 이어가되, 사회적 평등과 힘의 분산이 이루어지는 사회 구조를 유지할 수 있는 것이어야 한다.

2. 의료패러다임 변화의 한계와 의료의 공공성

인공지능, 사물인터넷 등 정보통신기술의 발달과 정밀의료, 유전자가위 등 의료기술의 발달은 기존의 의료패러다임에 변화가 필요하다는 인식을 가져왔다.[4] 즉 지금까지 의료기관을 중심으로 한 의사와 환자의 단편적 구조로는 향후의 의료산업 발전에 한계를 가져올 수밖에 없다는 것이다. 물론 의사를 중심으로 한 의료 서비스의 법률관계 구조가 가장 기본적이고 원칙적인 모습임은 부인하기 어렵다. 그러나 괄목상대하게 발전하는 과학기술에 보조를 맞추지 않으면 의료의 산업적 발전뿐만 아니라 그에 부수하는 의료 서비스의 발전도 한계에 직면할 수밖에 없다. 현행 의료법은 아직 '의료인'의 '의료행위'만을 인정하고 있다. 의료 서비스의 주체는 의료인이며 이들의 판단과 결정은 절대적인 가치를 갖는다. 또 이들이 하는 의료행위만이 법에서 허용되는 의료 서비스의 중심적 모습이 된다. 따라서 최첨단 기술이 적용되더라도 아직까지 보건의료산업은 기본적 신체정보, 혈압체크, 혈당체크 등과 같이 기존의 '의료법에 저촉되지 않는 범위' 안에서만 활용될 수 있으며, 이를 벗어나는 행위나 작동은 의료법에 저촉될 수 있어 분쟁의 가능성이 상존하는바 기존의 의료패러다임 변화에 대한 인식이 팽배하더라도 그 변화의 폭은 작고 소극적일 수밖에 없다.

한편, 보건의료 서비스는 헌법상 근거가 도출되는 국가의 책무이면서 국민에게는 기본권으로서 국가에게 요구할 수 있는 권리이기도 하다. 이 권리의 기저에는 헌법 제10조의 인간 존엄 가치에 관한 규정이 있고, 구체적으로는 제34조에서 인간다운 생활을 할 권리와 그 부속적인 권리로서 제36조 제3항에서는 보건에 관한 국가의 국민보호에 관한 규정이 있으며, 여기서 국가의 보건의료에 대한 책무와 국민의 건강권이 도출된

---

4) 정현학 · 최영임 · 이상원, "4차 산업혁명과 보건산업 패러다임의 변화", 『보건산업브리프』 제125권, 한국보건산업진흥원, 2016, 11-20쪽.

다.[5] 그런데 이러한 보건의료의 문제는 국민 전체와 관련이 있으며, 일회적이지 않고 평생에 걸쳐서 그리고 지속적으로 발생하는 특성을 갖는다. 따라서 국민 일부를 보건의료 서비스로부터 배제하거나 독점하게 해서도 아니 된다. 즉 보건의료에 대한 국민의 기본권은 자유권적인 성격과(국가로부터 배제되지 않을 것), 사회권적인 성격(국민 일부에 의해 독점되지 않을 것)을 모두 갖는다. 원격의료를 비롯한 디지털 헬스 케어의 찬성과 반대에 대한 논쟁은 보건권의 사회적 성격에서 시작된다.

흥미롭게도 '보건의료 서비스를 국민의 일부만 누려서는 안 될 것'이라는 보건권의 사회권적 성격과 이것의 구체적인 실현 모습인 의료의 공공성은 디지털 헬스 케어를 긍정하는 입장과 부정하는 입장에서 모두 활용된다. 디지털 헬스 케어를 국민 보건을 위해 더 확장되어야 한다는 입장에서는 온 국민에게 동등한 의료 서비스 즉, 지역사회 중심의 공공의료 서비스가 이루어져야 한다거나, 지역 간 의료 격차를 해소하고 오지나 벽지에 있는 환자도 의료 서비스를 받을 수 있어야 한다는 점에서 원격의료를 주장한다. 더 나아가서는 의료 서비스의 모든 프로세스를 의사를 중심으로 그의 판단과 결정에 따라 할 필요는 없으며, 현행법상의 의료행위가 아닌 '의료적 서비스' 예컨대 단순한 혈압, 혈당 측정의 전송 등을 통한 의료적 서비스는 반드시 의사의 개입이 없이도 허용되어야 한다는 입장인 것 같다.[6]

---

5) 건강권의 헌법적 근거에 대해서는 성낙인, 『헌법학(제18판)』, 법문사, 2018, 1445쪽; 강경근, "국민의 보건권에 관한 헌재의 최근 결정", 『고시연구』 제32권 제6호, 고시연구사, 2005, 149쪽 등 참조.

이에 반하여 디지털 헬스 케어가 전 국민에 대한 의료 서비스를 제공하지 못하고 일부의 국민을 소외시킬 수밖에 없다는 입장에서는 디지털 헬스 케어는 비용이 수반되는 것들이 많고 그것이 고급 서비스일수록 더욱 그러하며, 결국은 디지털 헬스 케어 서비스는 대자본과 연결되며, 대형병원이나 대형기업과 연계되어 부자인 소수자들에게만 혜택이 되는 서비스가 될 수 있다고 우려한다. 생각건대 정보통신 서비스 발달의 흐름은 걷잡을 수 없고, 이 산업을 중심으로 한 국가경쟁력은 국력의 가장 중요한 문제 중 하나라는 점 등을 고려하면 국가 전체의 입장에서 디지털 헬스 케어에 대한 진흥은 어쩔 수 없는 선택인 것 같다. 그것이 갖는 부작용이 우려됨에도 불구하고 그러하다. 다만 그것이 부유한 소수자들을 위한 것이 되지 않도록 비판하고 보완을 요구하는 것이 국민의 몫이며, 그리고 산업의 발전 측면만 보지 않고 빈곤자를 비롯한 사회적 약자의 관점에서 보건의료정책을 수립하는 것이 국가의 몫이다.

한편, 의사 등 의료인이 환자에게 의료 서비스를 제공하는 것은 대부분의 경우 '계약'으로부터 출발한다. 여기서 대부분이라고 한정한 것은 COVID-19와 같은 감염병 사태 아래에서의 강제로 급여되는 의료행위나, 기초생활수급자, 국가유공자 등 보훈대상자 등 일부 국민에 대해서는 국가에서 비용을 부담하므로 계약 없이 의료 서비스가 제공되는 경우도 있기 때문이다. 이와 같이 의료 서비스는 다른 재화나 서비스와 달리 (자

---

6) 현행법에서는 만성질환자가 혈압, 혈당 등 본인의 의료 데이터를 모바일 기기나 기타 통신 장치 등을 통하여 의료기관에 전달하고 의료기관이 이를 확인하는데 의사의 개입이 없이 이루어진다면 이것은 의료법 위반이 될 수 있다.

신의 상황에 따라 일방적으로 급여되므로) 시장에서 구입할 수 없는 경우도 있고, 시장에서도 구입할 수 있지만 상당한 규제가 따르게 된다. 그것은 의료 서비스가 갖는 공공적 성격 때문이다. 의료 서비스가 갖는 공공성은 의사의 행위의 자유(소위 기본권)도 목적적 범위를 한도로 제한한다. 의사는 일정한 경우 계약이 강제되기도 하고, 의료 서비스의 소비자인 환자를 가려서 받을 수도 없다. 의사는 진료거부 금지의무가 있어 자기에게 진료를 받으러 온 환자는 무조건 진료해야 한다. 이 진료거부 금지의무[7]는 의사와 환자 간 진료계약의 문제가 아니라 계약이 성립하기도 전에 국가로부터 의사에게 내려진 의무이다. 국가는 의료행위를 할 수 있는 귀한 자격증을 주면서 의료 서비스를 공공적으로 제공하라는 명령을 내린 것이다. 이와 같이 의사의 의료 서비스 제공에 대한 공공성은 헌법과 의료법으로부터 나온다.

헌법재판소 결정(헌법재판소 2010.7.29. 선고 2008헌가19)에서 보듯이 국가에 의해 확인되고 검증되지 아니한 의료 서비스는 국민의 건강을 훼손할 수 있기 때문에 국민의 건강을 책임지고 있는 국가로서는 위험발생을 최소화하는 수준에서 규제와 의료기술 발전, 의료산업 발전에 대한 형량을 하지 않을 수 없다. 국가에 있어 모든 국민은 공평하다. 의사이든 일반 국민이든 모두 국가의 보호를 받을 수 있고 받아야 한다. 국가는 일반 국민의 건강권과 의사의 의료 서비스 제공에 관한 영업권, 누구에게도 진료를 거부하지 않고 의료 서비스를 공평하게 제공해야 하는, 국가로부터

7) 「의료법」 제15조(진료거부 금지 등) ① 의료인 또는 의료기관 개설자는 진료나 조산 요청을 받으면 정당한 사유 없이 거부하지 못한다.

부여받은 의사로서의 공공적 책무 등을 모두 고려하여 규제의 목적에 부합하게 그 규제의 결과를 고려하면서 비례원칙에 반하지 않는 방법으로 규제하지 않을 수 없다.

3. 디지털 헬스 케어에 관한 윤리적 관점

IBM에서 개발한 왓슨은 몇몇 특정 분야에서는 숙련된 전문의보다 더 정확히 암을 진단할 수 있는 능력이 있다고 한다. 기계가 '스스로 결정'하여 인간을 치료하는 것이 과연 윤리적인가에 대한 문제가 있다. 우리 사회에 자동기계에 대한 결정은 이미 수없이 많다. 자동차를 운행할 때 교통신호의 지시에 따르고, 의무 학교인 경우 학교 배정을 받을 때도 컴퓨터가 정해준 대로 한다. 그러나 이런 자동기계는 인간이 입력한 대로 단순한 연산 과정을 거쳐 '인간의 결정'을 손쉽게 도와주는 역할에 그친다. 그러나 인공지능을 따르는 것은 다르다. 인공지능은 무질서하게 펼쳐져 있는 다양한 영역의 빅데이터 속에서 질서와 의미를 찾아 스스로 사고하면서 결정한다. 인간만이 수행해 오던 판단과 의사결정을 기계가 하는 것은 인간과 동일한 존재론적 지위를 가질 수 있다는 측면에서 매우 위험하다. 결정과 판단은 책임의 문제를 낳기 때문이다. 즉 인간이 자신의 행위에 대해 법적으로 윤리적으로 책임을 지는 이유는 인간이 스스로 판단하였기 때문이다. 그런데 이러한 논리에 따른다면 인공지능이 한 판단은 인공지능 스스로 져야 하는데, 인공지능에게 책임을 지운다는 것이 무슨 의미가 있겠는가라고 반문하게 된다. 아니면 인공지능을 개발한 개발업체에게 법적 책임을 물어야 하는가, 그 답은 쉽지 않다. 인공지능의 작용단계 단계마다, 또 인공지능의 작동에 관여한 다양한 의료 관여자들의 행위와 관계 등 매우 복잡한 법률관계가 설정되어 있어 일률적으로 답할 수 없다. 또 실제의 다양한 케이스마다 답은 달라질 수 있어 이 좁은 지면에서 획일적으로 답을 이야기 하는 것이 적절하지도 않다.

한편, 인간은 때로는 불법적인 판단을 하기도 하고 부패하기도 하지만, 인공지능은 프로그램으로 내재된 도덕체계와 윤리에 기초한 판단을 하기 때문에 인공지능이 인간보다 더 나은 결정을 할 수 있다는 견해도 있다. 또한 의료행위에 있어서는 치료 과정에서 발생할 수 있는 의사의 과실(過失) 문제를 피할 수 있는 가능성은 인공지능의 중요한 장점 중 하나이다. 심지어 현대의 병(病)은 고도화되어 있어 복수의 약물이 투여되고 이들이 상호작용하여 다양한 독성과 부작용이 나타날 수 있다. 의사인 사람의 능력으로 충분히 안전하게 통제되기 어려울 경우, 인공지능은 아주 훌륭한 보조자의 역할을 할 수 있다. 의사들은 혹시나 진료 후 발생할 수 있는 의료과실을 방지하기 위하여 환자에게 발생할 수 있는 모든 가능성을 염두에 두고 방어적 진료를 한다. 여기서 실제로는 불필요한 검사 등이 이루어질 수 있고 이것은 보험수가나 보험수수료를 올릴 수 있다. 인공지능은 다양한 진료 사례로부터 확립된 표준의견을 참고하여 불필요한 비용을 줄일 수 있다는 주장도 일견 설득력이 있다. 한편, 인공지능과 빅데이터는 의사결정의 중심을 돌려놓고 있다. 특히 전문적 분야의 경우 더욱 그러하다. 예컨대 빅데이터의 고도화된 분석은 설문조사 전문가를 대체하고 있으며, 경험적 데이터의 조사방법을 주로 이용한 사회과학은 점차 학문적 영역에서의 독점적 지위를 점차 잃고 있다.[8] 종래 의사와 환자의 법률관계는 의사결정에서 독점적 지위에 있는 의사에 의한 호혜적 온정주의(Paternalism)에 입각해 왔으며 이런 의사와 환자 간 구조는 환자의 자기결정을 저해하고 환자의 역할은 상대적으로 중요하지 않은 것으로 여겨져서, 부정적으로 인식되어 왔다. 또한 의료정보 역시 의사가 생산하고 접근할 수 있었고, 환자의 접근은 매우 제한되어 있었다. 이러한 의사와 환자 간 관계에서 의료정보의 비대칭성은 당연한 귀결이었다.[9] 그런데 인공지능은 의료적 의사결정 주체에 관한 변화를 가져왔다. 즉 의료에 관한 의사결정 역할이 의사에게만 있는 것이 아니라는 의식을 형성시킨 것이다. 디지털 헬스시대에는 진료에 관한 고도의 판단은 인공지능이 중추적으로 도와주고 있고 의료에 관한 환자의 정보는 환자가 가지고 있다. 개인건강기기를 활용하여 건강정보, 생체 및 행동정보, 일상기록 등이 모두 저장되기 때문이다. 이로써 환자가 개인 의료정보를 생산하는 주체가 된 것이다. 이러한 의료 서비스 관계에서의 각 주체 간 지위의 변화는 의료소비자의 권리와 위상을 강화시키는 현상을 가져온 것이 사실이다.

그런데, 앞서 말한 인공지능이 모든 가능한 선택지를 고려한 결정이 언제나 옳다고 할 수는 없다. 또 빅데이터에 의한 결정의 과정은 해명하

---

8) 전대석(b), "4차 산업혁명과 기계 의료 윤리", 『인문과학』 제69집, 성균관대 인문학연구원, 2018, 18쪽.

9) 심우현 · 박정원, "디지털 헬스 케어 규제 개선 방안 연구", 『규제연구』 제27권 제1호, 한국규제학회, 2018, 40쪽.

기 어려운 인과관계를 규명하는 것이라기보다는 관련된 사건의 상관성을 발견하는 것이라고 한다.[10] 물론 굳이 인과관계를 규명하지 않더라도 수많은 데이터로 사건 간의 상관관계를 확인할 수 있다면 그것만으로도 간접적 증명을 할 수 있을 것이다. 그러나 자동화된 도구를 이용하여 빅데이터에 기반한 의사결정을 하더라도 인공지능은 의사의 판단을 보조하는 도구에 그쳐야지 의사의 판단력을 대체하는 것이어서는 적어도 아직까지는 적절치 않다. 인공지능은 그 스스로 존재하는 것이 아니라 인간 존재를 위하여만(Only for human beings) 존재해야 하기 때문이다.

4. 의료 서비스 시장의 특수성

어떤 이는 의료시장도 일종의 시장이기 때문에 시장 메커니즘이 작동해야 가장 효율적이라고 하기도 한다. 그래서 정부가 개입하지 않고 오롯이 의료 소비자가 구매에 관한 결정권을 가지고 시장을 작동시키면 다른 산업 분야처럼 성장할 수 있다고 생각하기도 한다. 디지털 헬스 케어 시장도 같은 견지에서 정부가 되도록 개입하지 않아도 혁신적 발전을 기대할 수 있다고 생각하는 사람도 많다.

그러나 제2장에서도 서술한 것처럼 의료시장은 일반시장과 다른 유사시장으로서 일반시장과 시장 구조가 다를 뿐만 아니라 소비자와 서비스의 특성이 모두 달라 일반시장의 원리가 그대로 작동하지 않는다. 의료

10) 전대석(a), 『의료윤리와 비판적 글쓰기』, 북코리아, 2016, 447-497쪽 참조.

서비스는 공공성을 가지며 이 때문에 국가가 개입하고 필요한 경우 국가가 직접 비용을 지불하기도 하기 때문이다. 또한 의료 서비스는 다른 재화나 서비스처럼 미리 사둘 수도 없고 사기 전에 테스트해 볼 수도 없으며, 구매 계획을 미리 짜둘 수도 없다. 의료비는 예측하기 어려운 경우가 많고 환자와 의사 간 계약의 지위는 점차 격차가 줄어들고 있지만 여전히 불균형을 이루고 있다. 따라서 디지털 헬스 케어 시장에서 일반 시장의 작동원리를 상정하는 것은 적절하지 않다. 또한 한 나라의 보건의료제도는 사회보장제도로서 경제 성장 패러다임에 종속될 때 공공성은 약해지고 수익성에 치중하게 된다. 4차 산업혁명이라는 담론이 보건의료제도를 상업화시키고 포괄적 의료제도를 파편화시키며 건강의 개인책임화를 강화하여 불평등 문제를 심화시킨다는 지적도 일견 유효하다.

5. 보건의료에 대한 규제 방식과 디지털 헬스 케어 규제

규제 방식에는 두 가지가 있다. 진입장벽은 비교적 느슨하게 하여 중요한 행위들만 금지하고 가능한 모든 것을 허용하면서 사후적인 모니터링과 규제는 강력하게 하는 방식과 진입장벽을 강력히 하여 안전성과 유효성이 확인된 최소한의 행위만을 허용하고 나머지 행위들은 철저히 배제하는 방식이다. 전통적으로 시장주의가 강세인 미국은 전자를 취하고 우리나라는 후자를 취한다. 후자의 단점은 진입장벽은 강력한 데 비해 사후 모니터링과 감독은 비교적 느슨한 승인된 것에 대해서는 관리감독이 소홀한 편이다. 소위 네거티브 방식과 포지티브 방식의 차이이다. 우리

법제에서는 새로운 기술에 대한 안전성과 유효성을 정부가 확인한 다음 시장으로 진출할 수 있도록 하고 있다. 이러한 입장은 헌법재판소 결정에서도 등장한다. "(중략) 의료행위의 특성상 가사 어떤 시술 방법에 의하여 어떤 질병을 상당수 고칠 수 있었다고 하더라도 국가에 의하여 확인되고 검증되지 아니한 의료행위는 항상 국민보건에 위해를 발생케 할 우려가 있으므로 전체 국민의 보건을 책임지고 있는 국가로서는 이러한 위험 발생을 미리 막기 위하여 이를 법적으로 규제할 수밖에 없는 것이다…." (헌법재판소 2010.7.29. 선고 2008헌가19)

새로운 진단이나 치료에 관한 제품을 만들기 위해서는 먼저 식약처에 의한 안전성, 유효성 검증을 받아야 하며, 국립보건연구원에 의한 임상적 유용성을 평가받아야 하며, 다음으로는 의료재정을 담당하는 건강보험심사평가원으로부터 제품 가격을 논의하는 과정을 거쳐야 한다.[11] 그런데 이들 세 기관은 목적과 존재 이유가 각기 다르기 때문에 산업에 미치는 규제는 매우 무겁다.

4차 산업혁명이 국가의 중요한 전략 과제로 부상하면서 4차 산업혁명의 핵심적 기술을 개발하는 것도 중요하지만 이 기술을 활용할 수 있도록 하는 규제 전환이 더 중요하다는 의견이 지배적이다. 많은 학자들은 신산업 발전을 위해 신산업 분야의 규제를 네거티브 규제방식으로 전환할 것을 주장한다.[12] 신산업 분야에는 디지털 헬스 케어 산업 분야도 포함되며

11) 김종원, "정밀의료와 디지털 헬스케어, 의료서비스의 혁신 패러다임" [공동체자유주의 세미나], 『한반도선진화재단 선진화 정책시리즈』, 2017, 412쪽.

12) 김근혜, "제4차 산업혁명기술 도입을 위한 규제 방식 전환에 관한 탐색적 연구", 『한국

인공지능 · 빅데이터와 정밀의료를 활용하는 것이어서 그 중심적인 영역으로 보고 있다.

그런데, 규제를 완화할 때에는 규제의 방식과 전환의 기준과 원칙을 정하는 것도 중요하지만 모든 규제에는 규제의 목적이 있다. 규제의 수단이 규제의 대상에 의해 획일적으로 정해질 것은 아니다. 규제에도 규제의 양보다 질이 중요하며, 네가티브 규제방식을 기본으로 하더라도 규제의 목적을 다할 수 있는 경우라면 그것으로도 족하다.

그러나 전반적인 네거티브 규제화는 규제의 속성상 쉽지 않다. 규제는 위험을 평가하고 관리하기 위하여 존재하는 것이므로 말 그대로 규제가 중심이며 비규제가 중심은 아니기 때문이다. 네거티브 방식의 규제는 원칙적으로 비규제하면서 한정적인 부분에서만 규제하는 방식이다. 헬스 케어 산업은 국민의 생명, 신체적 안전과 직결되는 산업 분야여서 네거티브 규제방식이 전면적으로 채택되는 것은 바람직하지 않다.

디지털 헬스 케어의 규제 완화를 강력히 주장하는 견해에서는 헬스 케어의 산업적 발전을 기대하며, 이를 위하여 헬스 케어와 의료 서비스를 분리하는 입장을 취하고자 한다.[13] 이러한 인식은 의료행위가 갖는 신체에 대한 중대한 영향력으로 의료에 대한 판단은 매우 민감하고 신중한 데 비해 헬스 케어는 생명에 대한 직접적 영향력이 미미하며 의료를 보조하는 작용에 불과하다는 인식에서 비롯된 것이라고 판단된다. 또한 이런 이

지역정보화학회지』 제20권 제3호, 한국지역정보화학회, 2017, 59쪽.

13) 변해진, "보건의료와 '4차 산업혁명'이라는 레토릭", 『한국과학기술학회 전기 학술대회 자료집』, 2017, 61쪽.

유로 의료에 대한 국민적 관점은 매우 보수적이고 민감하므로, 의료적 행위나 작용에 대한 규제 완화는 쉽게 국민적 설득을 얻기는 어렵다. 따라서 의료 서비스와 신체에 대한 영향력이 비교적 적은 헬스 케어를 구분하려는 것이다. 그러나 의료 서비스와 헬스 케어는 함께 혹은 서로 보조하면서 작용하는 것이어서 분리하거나 개별적으로 판단하는 것은 적절치 않다. 의사가 의료기기나 치료용구를 사용하는 것, 혈압을 재고 혈당을 체크하는 것 모두 의료적 판단의 근거이고 그 자체가 의료적 처치의 내용이 될 수 있기 때문이다. 또한 4차 산업혁명이 의사 독점적 의사 결정구조를 탈피시킨 것은 부인하기 어려우나 인공지능이나 인터넷망이 그 의사결정을 대신할 수 없고 이것을 운용하는 기술자들이 대신할 수도 없다. 여전히 의료적 의사 결정구조의 중심에는 의사가 있을 수밖에 없다.

디지털 헬스 케어의 '산업적' 발전을 강조하는 입장에서는 헬스 케어와 의료 서비스 분리에 더하여 규제 혁신을 주장한다. '기술이 번 돈을 제도가 까먹는다'라고 할 정도로 규제에 부정적이다.[14] 이들 견해는 제도의 본질과 동떨어진 규제의 개혁을 주장하고 심지어는 기술의 발전보다도 제도 개혁이 더 중요하다고도 한다. 디지털 헬스 케어에서 규제가 많은 이유는 주지하는 바와 같이 의료행위가 갖는 민감성, 책임성 등 속성뿐만 아니라 의료빅데이터의 원데이터인 의료정보는 민감정보이고 이것을 민간보험회사나 제약회사, 의료정보서비스 회사 등이 자유롭게 이용하는 것은 매우 위험하기 때문이다. 따라서 가명화, 익명화를 통한 비식별 조

---

14) 이민화, 『포용적 성장의 길』, 창조경제연구회, 2018.

치를 위한 기술이 개발되고 있으나 완전하지는 못하다는 인식이 여전히 존재한다.

규제는 국민생활에 대한 국가의 개입(interference)이어서 자유로운 존재를 원래의 모습으로 하는 국민의 기본권을 제한하는 것이고 따라서 규제는 기본적으로는 법령에 근거를 두고 실시되지 않으면 안 된다.[15] 이런 이유로 규제는 창설도 어렵고 폐지도 어렵다. 보통 포지티브 규제방식은 원칙적 금지, 예외적 허용을 기본으로 하는 것이므로 기업의 관점에서 보면 민간 부문과 개인의 자율성을 침해할 수 있는 것으로 이해되고 네거티브 규제방식은 원칙적 허용, 예외적 금지를 기본으로 하는 것이므로 기업에 영업의 자유 및 기본권 보장하는 것이라고 이해된다. 그런데, 포지티브 규제방식이 허용되는 것을 열거적으로 법률에 규정하기 때문에 허용되는 것이 한정적이고 명확한 데 비해 네거티브 규제방식은 금지되는 것을 열거하여 규정할 뿐이므로 나머지 모든 것은 원칙적으로 금지되어 있지 않으나 그 허용성에 대해서는 '불확실성'의 문제를 동반하지 않을 수 없다. 따라서 네거티브 규제를 취하는 경우 행정을 담당하는 공무원에게 더 많은 지식과 숙련된 판단력을 요구하게 되고 결국은 소극적 행정을 하게 되는 원인이 되기도 한다.[16] 또 많은 선진국에서 네거티브 규제방식을 취한다고 해서 마냥 따를 것도 아니다. 4차 산업혁명 기술의 활용 수준이

15) 「행정규제기본법」에서도 행정규제는 행정목적 실현을 위한 것으로 국민의 권리를 제한하거나 의무를 부과하는 것이어서 모든 규제는 법령 등 또는 조례 · 규칙에 의하여 실시되어야 한다고 규정하고 있다(제2조 제1항 제1호).

16) 김근혜, "제4차 산업혁명기술 도입을 위한 규제 방식 전환에 관한 탐색적 연구", 『한국지역정보화학회지』 제20권 제3호, 한국지역정보화학회, 2017, 67쪽.

모든 나라에서 같지는 않기 때문이다. 디지털 헬스 케어 분야에서 규제가 문제되는 것은 주로 의료 빅데이터에 관한 것이다. 우리나라가 데이터3법의 개정을 통하여 익명화를 통한 개인정보의 이용이나 '동의 요건'에 대한 논의 내지 '옵트아웃(opt out)'제도의 도입 논의가 진행되는 것도 빅데이터와 관련된 규제 완화의 내용이고 과정이다. 개인주의 기반 아래 산업 중심주의를 취하는 미국의 경우 개인정보의 보호와 그것의 상업적 이용 간에 균형을 지향하면서[17] 빅데이터 연구 개발 이니셔티브를 비롯하여 대부분의 정책들을 국가가 주도하면서 정부와 민간 간의 협력 거버넌스를 통해 연구 개발을 지원하고 있다.[18] 미국에서는 빅데이터 정책의 근거로 국민의 기본권을 대상으로 하면서 정보보호보다 국민의 알 권리를 우선시하여 정보 활용의 원칙을 정하는 것이 흥미롭다. 이러한 경향은 영국에서도 볼 수 있다. 영국은 기본적으로 공공 데이터의 활용을 높이고 많은 부처에서 오픈 데이터 원칙을 취하고 있다. 그 활용의 원칙은 미국과 좀 다르다. 영국의 빅데이터 활용은 산업 발전에 포인트를 주기보다는 국민에게 새로운 서비스를 이용할 수 있게 하는 데 포인트를 두고 있다.

전술한 바와 같이 디지털 헬스 케어 분야는 인간 생명 · 신체적 안전과 직결되어 있고 내재적으로는 윤리적 문제도 가지고 있어 강한 규제가 수반됨은 당연하다. 또 의료 빅데이터의 활용과정에서 의료데이터의 전송,

---

17) 김배현, "해외 주요국가의 빅데이터 정책비교 분석", 『한국콘텐츠학회지』 제12권 제1호, 한국콘텐츠학회, 2014.

18) 강한나 · 이솔희 · 신민수, "해외 주요국의 빅데이터 관련 정책 및 규제 동향 분석", 『한국IT서비스학회 학술대회 논문집』, 한국IT서비스학회, 2015.

의료데이터의 확보와 분석, 융합 데이터를 통한 치료방법의 개발 등 디지털 헬스 케어는 데이터의 활용과정이 중심을 이룬다. 한편, 국가 경쟁력의 중심을 이루는 핵심기술의 개발과 발전은 국가가 방기할 수 없는 것이며, 4차 산업혁명시대에 추격자 전략은 추격자에 머무르는 정도가 아니라 영원한 패배자가 될 수도 있다는 우려와 부담을 피할 수 없다. 따라서, 국가로서는 핵심기술 유지 발전을 통한 국가 경쟁력 확보와 국민 건강을 비롯한 한국사회의 의료적 가치 그리고 개인정보보호 등 여러 가치를 형량하여 디지털 헬스 케어에 대한 규제의 방식과 정도를 정하지 않을 수 없다. 선진 각국과 마찬가지로 빅데이터 산업에 대한 투자를 독려하면서도 개인 정보의 남용 방지에 대한 감독권은 강화하는 양면적 전략을 가질 수밖에 없다. 즉, 기본적으로는 네거티브 규제방식 도입과 사후 모니터링 강화의 방식을 취하지 않을 수 없다. 현재 우리나라 법제에서는 헬스 데이터의 수집과정뿐만 아니라 최적화과정에서 개인정보보호법, 의료법 등의 규제를 받고 있다. 4차 산업혁명의 흐름에 순응할 수밖에 없으며 이에 대응하기 위하여 네거티브 규제방식이 점차 도입되고 있다. 의료 데이터의 저장과 관련해서도 의료 데이터를 의료기관 외부에 위치한 클라우드 컴퓨팅 시스템에 보관할 수 있도록 고시를 개정하여 규제를 풀었고, 최근 개인정보보호법 개정에서도 익명정보의 활용이 가능하도록 규제 완화가 이루어졌다. 법령이 정한 최소한의 조건과 환경만으로 기업 활동 가능성을 확대하는 전면적 네거티브 규제방식은 여전히 적절치 않다. 이 방식을 수용하기에는 준비해야 할 것이 너무 많기 때문이다. 네거티브 규제방식은 규제방식의 전환을 위한 인프라가 강하게 설정되어 있을 것을 중요한 요건으로 한다. 현재의 포지티브 규제방식이 한계를 중대하게 노출하는 것부터 조금씩 개선해 나가되 해킹 등과 같은 보안문제, 사후적 감독의 문제를 철저히 준비한 다음에 네거티브 형식으로 전환하여야 한다. 다만 개인 정보 데이터를 활용하는 것이 아닌 기술의 발전과 활용에 관해서는 과감한 네거티브 규제방식으로의 전환을 통하여 민간 참여의 확대를 촉진하여 기술 발전에 드라이버를 걸어야 한다.

참고문헌

동양서

강경근, “국민의 보건권에 관한 헌재의 최근 결정”, 『고시연구』 제32권 제6호, 고시연구사, 2005.

강수경, “어린이와 헌법상 자기결정권”, 『사회과학연구』 제12호, 덕성여대 사회과학연구소, 2006.

강의성 · 최종권, “현행법상 원격의료의 허용범위에 관한 법적 고찰”, 『중앙법학』 제17권 제4호, 중앙법학회, 2015.

강한나 · 이솔희 · 신민수, “해외 주요국의 빅데이터 관련 정책 및 규제 동향 분석”, 『한국IT서비스학회 학술대회 논문집』, 한국IT서비스학회, 2015.

건강보험공단, 『노인 진료비 중장기 추계』(국회보고자료), 2019.

과학기술정보통신부, “한국형 AI정밀의료 서비스, ‘닥터앤서’ 개발 START’”, 보도자료, 2018.5.1.

곽명섭, “의료행위 개념의 법제 논의과정에 대한 고찰”, 『법과 정책연구』 제7권 제1호, 한국법정책학회, 2017.

구태언, “바이오, 의료 정보에 대한 규제 현황 및 이슈”, 『BioINpro』 62, 생명공학정책연구센터, 2019.

국무조정실 · 행정자치부 · 방송통신위원회 · 금융위원회 · 미래창조과학부 · 보건복지부, 『개인정보 비식별화 조치 가이드라인』, 2016.

권복규 · 김현철, 『생명윤리와 법(제3판)』, 이화여대 출판문화원, 2014.

권흥준, “공법(公法): 자기결정권에 관한 헌법재판소의 판례분석”, 『법학논총』 제17호, 한양대 법학연구소, 2000.

김강운, “헌법상 자기결정권의 의의”, 『법학연구』 제20호, 한국법학회, 2005.

김경우, “빅데이터 활용 활성화를 위한 입법방향과 사례: 보건의료 빅데이터를 중심으로", 『Law & technology』 제15권 제3호, 서울대 기술과법센터, 2019.

김근령 · 이대희, "보건의료 빅데이터 활용에 관한 법적 검토: 개인정보보호를 중심으로", 『과학기술법연구』 제24권 제3호, 한남대 과학기술법연구원, 2018.

김근혜, "제4차 산업혁명기술 도입을 위한 규제 방식 전환에 관한 탐색적 연구", 『한국지역정보화학회지』 제20권 제3호, 한국지역정보화학회, 2017.

김기영, "맞춤의학의 가능성과 법적 문제에 관한 고찰", 『의생명과학과법』 제8권, 원광대 법학연구소 의생명과학법센터, 2012.

김민호, "빅데이터와 개인정보", 『KLCA Monthly Journal』 490, 상장회사협의회, 2016.

김배현, "해외 주요국가의 빅데이터 정책비교 분석", 『한국콘텐츠학회지』 제12권 제1호, 한국콘텐츠학회, 2014.

김범준, "원격의료의 활성화를 위한 보험제도의 개선과제: 국민건강보험제도와 미국의 공적의료보장제도와의 비교를 중심으로", 『법학논고』 제56권, 경북대 법학연구원, 2016.

김병운, "초연결산업 사회, 사이버보안 정책", 『과학기술법연구』 제22권 제3호, 한남대 과학기술법연구원, 2016.

김상찬, "의료에 있어서 미성년자의 자기결정권", 『법학연구』 제42호, 한국법학회, 2011.

김수갑, "유전자연구에 있어서 제기되는 관련 당사자의 기본권", 『법학연구』 제22권 제1호, 충북대 법학연구소, 2011.

김용민, "보건의료 빅데이터 활성화 방안에 관한 연구: 핀란드의 사례를 중심으로", 『의생명과학과법』 제22권, 원광대 법학연구소 의생명과학법센터, 2019.

김용훈, "빅데이터 환경의 도래와 개인정보 보호방안", 『경희법학』 제53권 제1호, 경희대 법학연구소, 2018.

김일환, “생체인식정보의 보호와 이용에 관한 법제정비방안에 관한 연구”, 『유럽헌법연구』 제30권, 유럽헌법학회, 2019.

김정수 · 이문호, “5G 이동통신: 4차 산업 대동맥”, 『문화기술의 융합』 제4권 제1호, 국제문화기술진흥원, 2018. 4.

김정수 · 이문호 · 박대철, “헬스케어 IoT: DNA 시계”, 『공학교육연구』 제21권 제3호, 한국공학교육학회, 2018.

김종세, “인공지능의 안전성과 인간윤리에 대한 법정책적 고찰”, 『법학연구』 제77권, 한국법학회, 2020.

김종원, “정밀의료와 디지털 헬스케어, 의료서비스의 혁신 패러다임” [공동체자유주의 세미나], 『한반도선진화재단 선진화 정책시리즈』, 2017.

김지희, “보건의료분야의 빅데이터 활용과 개인정보보호: 비식별화 중심으로”, 『Law & Technology』 제15권 제2호, 서울대학교 기술과법센터, 2019.

김진숙 · 오수현, “원격의료 정책 현황 비교 분석 연구: 미국, 일본, 한국을 중심으로”, 『보건경제와 정책연구』 제24권 제1호, 한국보건경제정책학회, 2017.

김철주 · 홍세영, “독일의 원격의료 법제와 제도에 관한 연구”, 『사회법연구』 제36호, 한국사회법학회, 2018.

김현철 · 고봉진 · 박준석 · 최경석, 『생명윤리법론』, 박영사, 2014.

나중규 · 김종달, “4차산업혁명 논의의 비판적 고찰”, 『사회과학연구』 제56집 제2호, 강원대 사회과학연구원, 2017.

남민경 · 정의태, “제조 데이터 분석 플랫폼의 모바일 터미널 사용자 연구: 창원스마트산단 사례를 중심으로”, 『한국디자인문화학회지』 제26권 제1호, 한국디자인문화학회, 2020.

노태헌, “의료행위에 관한 용어정리 및 판례분석”, 『의료법학』 제11권 제2호, 대한의료법학회, 2010.

민병로, “헌법상 자기결정권과 후견주의”, 『법학논총』 제32권 제1호, 전남대 법률행정연구소, 2012.

박근수, “스마트헬스케어서비스 활성화 방안 연구”, 『e-비지니스 연구』 제16권 제

6호, 국제e-비즈니스학회, 2015.

박대웅 · 류화신, “보건의료 빅데이터 법제의 쟁점과 개선방향: 시민참여형 모델 구축의 탐색을 중심으로”, 『법학논총』 제34권 제4호, 한양대 법학연구소, 2017.

박두희 외, “전자의무기록의 보안표준화에 관한 고찰”, 『정보관리연구』 제36권 제1호, 한국과학기술정보연구원, 2005.

박미정, “보건의료 빅데이터 활용에 관한 법 · 정책적 개선방안 연구”, 『한국의료법학회지』 제26권 제1호, 한국의료법학회, 2018.

박상혁, “의료민영화와 정의로운 보건의료체계: 수단과 목적”, 『한국의료윤리학회지』 제19권 제4호, 한국의료윤리학회, 2016.

박수곤, “의료계약의 민법편입과 과제”, 『민사법학』 제60권, 한국민사법학회, 2012.

박영규, “유전자 치료법을 포함한 의료방법 발명의 특허법적 문제”, 『산업재산권』 제13권, 한국산업재산권법학회, 2003.

박웅양, “정밀의학과 유전체 정보 활용”, 『4차 산업혁명과 병원의 미래』, 청년의사, 2018.

박정연, 의료행위 개념의 법제화 시론, 『서울법학』 제26권 제3호, 서울시립대 법학연구소, 2018.

박정원, “제4차 산업혁명, 디지털 헬스케어의 등장과 규제”, 『월간 공공정책』 제142호, 한국자치학회, 2017.

박정원 · 심우현, “디지털 헬스케어 규제 개선방안에 관한 연구”, 『규제연구』 제27권 제1호, 한국규제학회, 2018.

박정원 · 심우현 · 이준석, “디지털 헬스 케어 발전을 위한 규제 개선 방안에 관한 연구”, 『정보화정책』 제25권 제1호, 한국정보화진흥원, 2018.

박종헌, “보건의료 Big Data 현황 및 활용도 전망”, 『의료정책포럼』 제13권 제4호, 건강보험심사평가원, 2016.

박주성, “빅데이터, 오픈데이터, 마이데이터의 비교 연구”, 『한국빅데이터학회지』

제3권 제1호, 한국빅데이터학회, 2018,
박태신, “보건의료정보 공개와 개인정보보호”, 『HIRA 정책동향』 제8권 제6호, 건강보험심사평가원, 2014.
박태신, “환자의 자기결정권에 관한 연구: 의사, 환자관계의 유형을 중심으로”, 『연세법학』 제24호, 연세법학회, 2014.
배현아(a), “바이오기술과 생명윤리 법정책의 쟁점과 개선방향: 유전자 치료 연구를 중심으로”, 『바이오경제연구』 제1권 제2호, 한국바이오경제학회, 2018.
배현아(b), “전자화된 개인건강기록의 법적 문제”, 『IT와 법 연구』 제13권, 경북대 IT와 법 연구소, 2016.
백경희, “치과의료행위의 내용과 범위에 관한 소고”, 『법학연구』 제27권 제2호, 충북대 법학연구소, 2016.
범경철, “의료행위 개념의 확대”, 『의료법학』 제5권 제1호, 대한의료법학회, 2004.
변해진, “보건의료와 ‘4차 산업혁명’이라는 레토릭”, 『한국과학기술학회 전기 학술대회 자료집』, 2017.
보건복지부 의료정책과, 『보건의료 빅데이터 시범사업 추진계획』, 보건복지부, 2018.
보건복지부, “의료행위와 건강관리서비스 구분 기준 마련”(보도자료), 2019.5.17.
선종수, “의료법상 의료행위의 개념과 그 판단 기준: 대법원 2016.7.21. 선고 2013도850 전원합의체 판결을 중심으로”, 『의생명과학과법』 제17권, 원광대 법학연구소 의생명과학법센터, 2017.
성낙인, 『헌법학(제18판)』, 법문사, 2018.
손재기, “미래 의료를 바꿀 스마트 헬스케어”, 『전자공학회지』 제45권 제11호, 대한전자공학회, 2018.
송윤섭 · 강영남, “4차 산업혁명을 이끄는 보건 의료 빅데이터의 활용과 전망”, 『한국멀티미디어학회지』 제21권 제4호, 한국멀티미어어학회, 2017.
식품의약품안전처, 『의료기기와 개인용 건강관리(웰니스)제품 판단기준』, 2015.
신혜리 · 김수경 · 김영선, “중고령자의 자기효능감이 디지털헬스기기 이용의도

에 미치는 영향: 중장년층과 노년층 세대의 비교를 중심으로", 『디지털융복합연구』 제18권 제10호, 한국디지털정책학회, 2020.
신혜은, "의료방법발명의 특허법에 의한 보호", 『안암법학』 제23권, 안암법학회, 2006.
심미랑 · 심현주, "바이오헬스 산업 발전을 위한 의료정보활용의 법적 쟁점", 『산업재산권』 제58권, 한국지식재산학회, 2019.
심우현 · 박정원, "디지털 헬스 케어 규제 개선 방안 연구", 『규제연구』 제27권 제1호, 한국규제학회, 2018.
심희기, "유전자정보은행과 프라이버시 이슈들", 『형사정책』 제18권 제2호, 한국형사정책학회, 2006.
안지영, "핀란드의 데이터기반 정밀의료", 『BIO ECONOMY BRIEF』, 한국바이오경제연구센터, 2019.
엄주희(a), "미성년자의 연명의료 결정에 관한 소고: 미국에서의 논의를 중심으로", 『법학논총』 제41권, 숭실대 법학연구소, 2018.
엄주희(b), "보건의료법학과 헌법의 교차점: 보건의료 규범에 관한 헌법적 고찰", 『인권법평론』 제24권, 전남대 공익인권법센터, 2020.2.
엄주희(c), "유전자 프라이버시와 적법절차: 헌재 2018.8.30. 2016헌마344에 대한 평석", 『저스티스』 173호, 한국법학원, 2019.
엄주희 · 김명희, "호스피스 완화의료와 의사조력자살 간 경계에 관한 규범적 고찰", 『법학연구』 제28권 제2호, 연세대 법학연구원, 2018.
엄주희 · 양지현, "낙태와 관련한 자기결정권의 행사와 그 한계에 대한 재조명", 『성균관법학』 제30권 제4권, 성균관법학회, 2018.
오승한, "빅데이터 산업의 활성화와 개인정보 보호를 위한 법제도 개선의 연구", 『아주법학』 제11권 제4호, 아주대 법학연구소, 2018.
우혜경 · 심은영 · 조영태, "빅데이터와 모바일 헬스: 공공보건학적 가치와 향후 과제", 『통계연구』 특별호, 통계청통계개발원, 2016.
유승흠 외, 『예방의학과 공중보건』, 계축문화사, 1998.

유지홍, “인간 유전자(DNA)의 법적지위와 개발기술의 합리적 보호방안: 유전자의 인격성에 근거한 새로운 체계의 제안”, 『비교법연구』 제18권 제1호, 동국대 비교법문화연구소, 2018.

유형원 외 4명, “헬스 케어 빅데이터 유통을 위한 블록체인기술활성화 방안”, 『한국빅데이터학회지』 제3권 제1호, 한국빅데이터학회, 2018.

유호종, “‘유전정보의 모를 권리’의 윤리적, 법적 근거와 실현방법”, 『한국의료법학회지』 제22권 제1호, 한국의료법학회, 2014.

윤기영, “4차 산업혁명에 대한 검토와 논의의 전환 필요성”, 『미래연구』 제1권 제2호, 미래학회, 2016.

윤석진, “개인정보 보호와 빅데이터 활용의 충돌, 그 문제와 입법정책 과제”, 『중앙법학』 제17권 제1호, 중앙법학회, 2015.

윤석찬, “의료계약의 민법전 도입 가능성, 『재산법연구』 제36권 제2호, 한국재산법학회, 2019.

윤태영, “블록체인 기술을 이용한 스마트계약(Smart Contract)”, 『재산법연구』 제36권 제2호, 한국재산법학회, 2019.

이경규, “정보권력의 견제와 균형: 빅데이터 환경의 함의를 중심으로”, 『법학연구』 제17권 제4호, 인하대학교 법학연구소, 2014.

이경환, “진료기록은 의사의 소유?”, 청년의사, 2008년 3월 11일 자.

이규식, “의료체계 발전과 원격의료”, 『의료정책포럼』 제14권 제3호, 대한의사협회 의료정책연구소, 2016.

이다은 · 김석관, “디지털 헬스케어 혁신 동향과 정책 시사점”, 『동향과이슈』 제48권, 과학기술정책연구원, 2018.

이덕환, 『의료행위와 법』, 현문사, 2010.

이민화, 『포용적 성장의 길』, 창조경제연구회, 2018.

이백휴, “환자의 의무기록 관련 의료인의 법적 지위”, 『의료법학』 제11권 제2호, 대한의료법학회, 2010.

이보형, “유전자검사기술 확대에 따른 국내 유전자 프라이버시 침해의 제 문제:

생명윤리 및 안전에 관한 법률 제6장을 중심으로”,『지식재산연구』 제12권 제1권, 한국지식재산연구원, 2017.
이상경, “미국의 사회보장급부권 논의와 복지 실현의 헌법적 방법”,『공법연구』 제42권 제2호, 한국공법학회, 2013.
이상돈 · 김나경,『의료법강의』, 법문사, 2013.
이상명, “의료정보화와 의료정보보호”,『법학논총』 제25권 제1호, 한양대 법학연구소, 2008.
이상윤, “산업화된 의료, 상품화된 건강과 마르크스주의”,『마르크스주의 연구』 제15권 제2호, 경상대 사회과학연구원, 2018.
이석배, “결정무능력환자와 자기결정권”,『한국의료법학회지』 제18권 제1호, 한국의료법학회, 2010.
이양복, “데이터 3법의 분석과 향후과제”,『비교사법』 제27권 제2호, 한국비교사법학회, 2020.
이영주 · 이주희 · 나지영, “노인의 스마트 홈 헬스 케어 이용경험”,『한국콘텐츠학회논문지』 제15권 제5호, 한국콘텐츠학회, 2015.
이원석, “보건의료정보 활성화를 위한 공공데이터 개방과 빅데이터 활용”,『HIRA 정책동향』 제8권 제6호, 건강보험심사평가원, 2014.
이인영(a), “의료행위의 현대적 의의와 과제”,『법과 정책연구』 제7권 제1호, 한국법정책학회, 2007.
이인영(b), “전자의무기록에 관한 법적 문제”,『법학논총』 제28권 제1호, 한양대 법학연구소, 2011.
이인호(a), “개정 개인정보 보호법의 집행을 위한 해결 현안들”,『데이터 3법의 개정과 향후 입법과제 모색』, 프레스센터 19층 기자회견장, 2020.2.18.
이인호(b), “개인정보보호법제의 시급한 개선과제”,『법연』 spring 58, 한국법제연구원, 2018.
이정념, “정보프라이버시 갈등과 유전자정보권에 관한 고찰”,『형사법연구』 제22권 제2호, 한국형사법학회, 2010.

이종구, “미국 원격의료에 관한 최근 동향과 의료법 개정안의 검토”, 『법학논총』 제40권 제4호, 단국대 법학연구소, 2016.

이종원 외, 『스마트 헬스 케어 산업군 분석 및 통계조사』, 산업통상자원부, 2015.

이종택, 『의료정보시스템의 시장 기회 탐색』, 한국과학기술정보연구원, 2013.

이주흥, “피부과의 미래”, 『4차 산업혁명과 병원의 미래』, 청년의사, 2018.

이진수, “디지털 헬스케어 플랫폼과 주요기업 동향”, 『보건산업브리프』 제140호, 한국보건산업진흥원, 2014.

이한주(a), “원격의료의 현실화 문제와 개선방안”, 『한국의료법학회지』 제26권 제2호, 한국의료법학회, 2018.

이한주(b), “의료영역에서의 개인정보보호의 문제점과 해결방안”, 『한국의료법학회지』 제20권 제2호, 한국의료법학회, 2012.

이한주(c), “의료서비스 격차해소를 위한 원격의료제도의 필요성과 개선방안” 『인권법평론』 제21호, 전남대 공익인권법센터, 2019.

이호용(a), “사회보장의 시장화와 자기결정”, 『한양법학』 제22권 제3집, 한양법학회, 2011.

이호용(b), “국가작용으로서 사회보장의 시장화에 관한 연구”, 『지방자치법연구』 제14권 제2호, 한국지방자치법학회, 2014.

이호용(c), “불가항력적 의료사고에 대한 국가보상의 공법적 검토”, 『의료법학』 제11권 제1호, 대한의료법학회, 2010.

이호용(d), “전자의무기록의 보관과 신뢰할 수 있는 제3의 기관의 활용”, 『한양법학』 제24권 제4집, 한양법학회, 2013.

이호용(e), “삭제되지 아니한 개인정보와 인터넷 사회의 리스크에 관한 담론”, 『법학논총』 제39권 제3호, 단국대법학연구소, 2015.

이호용(f), “의료와 복지에서 결정 능력이 부족한 자의 자기결정”, 『한양법학』 제27권 제4집, 한양법학회, 2016.

이호용 외, 『클라우드 컴퓨팅 주요법령 해설서』, 대한민국정부, 2017.

임은정 · 박민주 · 유승미, “의료 빅데이터 활용의 각국 법안 비교분석 연구”, 『한국기술혁신학회 발표논문집』 2018(5), 2018.
장세균 · 김현창 · 김소윤, “정밀의료에서의 개인정보와 정책방향에 관한 연구: 미국 · EU · 일본과의 비교제도 분석을 중심으로”, 『한국의료법학회지』 제25권 제1호, 한국의료법학회, 2017.
장철준, “의료행위와 기본권: 헌법 해석적 접근”, 『의료법학』 제15권 제1호, 대한의료법학회, 2014.
전대석(a), 『의료윤리와 비판적 글쓰기』, 북코리아, 2016.
전대석(b), “4차 산업혁명과 기계 의료 윤리”, 『인문과학』 제69집, 성균관대 인문학연구원, 2018.
전영주, “의료법상 의료정보 보호방안: 의무기록 보호를 중심으로”, 『법학연구』 제28권, 한국법학회, 2007.
전웅, “빅데이터와 정보활동: 미국 정보공동체 사례를 중심으로”, 『국가정보연구』 제10권 제1호, 국가정보학회, 2017.
전현희, “서울대학교병원 의료정보 윤리헌장 선포식 및 심포지엄”, 지정토론문, 2004.6.
정규원(a), “미국의 의료체계와 의료법체계”, 『법과정책연구』 제3권 제1호, 한국법정책학회, 2003.
정규원(b), “법과학 연구 가이드라인의 필요성: 유전자 감식을 중심으로”, 『대한법의학회지』 제43권 제2호, 대한의료법학회, 2019.
정도희, “의료인의 “면허된 것 이와의 의료행위”와 규제완화: 대법원 2016. 7. 21. 선고 2013도850전원합의체 판결을 중심으로”, 『형사정책』 제29권 제1호, 한국형사정책학회, 2017.
정득영, “ICT 기술을 활용한 임상의사결정지원시스템(CDSS) 연구 동향”, 『정보통신기술진흥센터 주간기술동향』(2016.5.18.), 생명공학정책연구센터, 2016.
정순둘 외, 『주요국의 연령별 고령화 정책 현황』, 이화여대 산학협력단, 2020.
정애령, “보건의료데이터 활용의 헌법적 근거와 해외입법동향”, 『한국부패학회보』 제25권 제1호, 한국부패학회, 2020.

정영철 외, 『국내 e-Health 발전에 따른 정책대응방안연구』, 한국보건사회연구원, 2005.

정재도, "프랑스의 스마트빌딩 법제의 쟁점에 관한 연구", 『부동산법학』 제23권 제1호, 한국부동산법학회, 2019.

정재황 외, "생명과학기술의 발전과 헌법", 『정책개발연구』 제4권, 헌법재판소, 2012.

정찬모 · 이창범, "민간부문에서 개인정보 수집 · 이용시 정보주체의 동의원칙", 『정보화정책』 제16권 제4호, 한국인터넷진흥원, 2009.

정창록, "유전체맞춤의료를 둘러싼 인체유래물 및 인간유전체 정보의 도덕성 논쟁: 잊혀질 권리와 공유할 의무를 중심으로", 『의료법학』 제17권 제1호, 대한의료법학회, 2016.

정철, "상담을 통한 낙태 결정방식의 헌법적 검토", 『공법연구』 제40권 제1호, 한국공법학회, 2011.

정현학 · 최영임 · 이상원, "4차 산업혁명과 보건산업 패러다임의 변화", 『보건산업브리프』 제125권, 한국보건산업진흥원, 2016.

조승국, "중소벤처기업부의 원격의료 추진, 이제 솔직히 말하자", 『의료정책포럼』 제17권 제4호, 2019.

조용운, 『건강생활서비스와 의료행위 그레이존검토』, 보험연구원 보고서, 2017.

조주희, "디지털 헬스 기술 개괄", 『4차 산업혁명과 병원의 미래』, 청년의사, 2018.

조혜선, "원격의료 확대의 의의 및 조건에 대한 법정책적 연구", 『IT와 법 연구』 제15권, 경북대 IT와 법연구소, 2017.

존스튜어트 밀(김형철 옮김), 『자유론』, 서광사, 1992.

지경용 외, 『유비쿼터스시대의 보건의료』, Jinhan M&B, 2005.

차상휘, "빅데이터 산업의 활성화에 따른 개인정보 보호에 관한 연구", 전북대학교 박사학위논문, 2017.

최병삼 외, "제4차 사업혁명의 도전과 국가전략의 주요 의제", 『STEPI Insight』 215, 과학기술정책연구원, 2017.

최용전(a), “미국 원격의료제도의 현황과 시사점”,『법학논총』제40권 제2호, 단국대 법학연구소, 2016.

최용전(b), “원격의료의 법적 정당성과 미국 각 주의 원격의료제도의 헌법적 근거에 관한 연구”,『토지공법연구』제86집, 한국토지공법학회, 2019.

최유성 외,『4차 산업혁명에 대응하는 규제개혁 연구: 공유(共有)경제와 디지털 헬스케어 분야를 중심으로』, 한국행정연구원, 2017.

최윤섭,『디지털 헬스케어: 의료의 미래』, 클라우드나인, 2020.

최현준,『헬스케어 산업에서 블록체인 기술의 활용』, 보건산업진흥원, 2017.

최형식, “PoHR개념을 이용한 모바일 개인진료기록 관리”,『전자공학회지』제43권 제2호, 대한전자공학회, 2016.

클라우스 슈밥, “4차산업혁명의 도전과 기회”,『4차 산업혁명의 충격』(포립 어메머스 엮음, 김진희 외 역), 흐름출판, 2017.

클라우스 슈밥(송경진 옮김),『4차 산업혁명』, 새로운현재, 2016.

하대청, “유전자검사의 윤리적 · 사회적 쟁점: 예측성 검사와 유전자특허 문제를 중심으로”,『생명윤리포럼』제2권 제3호, 국가생명윤리정책연구원, 2013.

한국데이터진흥원,『2018 데이터산업백서』, 2018.

한국정보화진흥원, “스마트 공공보건의료 서비스 도입 방안”,『한국정보화진흥원 IT 정책연구시리즈 7』, 2011.

한현욱,『4차산업 혁명시대 이것이 헬스케어 빅데이터이다』, 클라우드나인, 2018.

岡部勉, “不合理 · 愚かさ · 弱さ: 自己決定論再考”,『自己決定論: 哲學 · 法學 · 醫學の現場から』, 九州大學出版會, 2008.

金井直美, “人權の視點からみた刑法39條の妥當性”,『政治學研究論集』第32號, 明治大學大學院, 2010.

藤井樹也, “自由に對する權利”,『法經論叢』第14卷 第2号, 三重大學, 1997.

瀧川一廣,『こころの本質とは何か: 統合失調症 · 自閉症 · 不登校のふしぎ』, 筑摩書店, 2004.

笹沼弘志(a), "人權の臨界: 幸福を追求する權利", 『法學セミナ』 第615卷, 日本評論社, 2007.

笹沼弘志(b), "人權の臨界: 權力への抵抗と法の支配", 『法學セミナ』 第631卷, 日本評論社, 2007.

小柳正弘, 『自己決定の理論と私一たちの自由』, ナカニシヤ出版, 2009.

小松美彦(a), "自己決定權の道ゆき: 死の義務の登場(上)", 『思想』 2002年2月號, 岩波書店, 2002.

小松美彦(b), 『自己決定は幻想である』, 洋泉社, 2004.

松澤俊樹, "自律主義の法思想", 『法哲學年報(1995)』, 有斐閣, 1995.

阿部照哉 編, 『比較憲法入門』, 有斐閣, 1994.

若尾典子, "自己決定と女性", 『法の科學』 第28號, 日本評論社, 1997.

玉木秀敏, "自律の價値と楚越主義的自由主義", 『現代法の展開: 自己決定の諸相』, 有斐閣, 2004.

鮎川潤 · 内田伸子 外, "子どもの權利擁護と自己決定をめぐって", 『法律時報』 第75卷第9號. 日本評論社, 2003.

仲正昌樹, 『不自由論: 何でも自己決定の限界』, 筑摩書店, 2003.

서양서

Adolf Laufs, Christian Katzenmeier, Volker Lipp(2015). *Arztrecht*, C.H.Beck.

Aebi-Müller, Regina E., Walter Fellmann, Thomas Gächter, Bernhard Rütsche, Brigitte Tag(2016), *Arztrecht*, Stämpfli Verlag.

Arrow K.(1963), "Uncertainty and the welfare economics of medical care", *American Economic Review* 53.

Beckman, Ludvig(2005), "Scientific Contribution – Democracy and genetic privacy: The value of bodily integrity", *Medicine, Health Care and Philosophy* 8.

Biestek, F. P.(1957), *The Casework Relationship*, Loyola University Press.

Center Connected Health Policy(2018), *STATE TELEHEALTH LAWS &*

REIMBERSEMENT POLICIES.
Charles, S., M. M. Mayo, M. J. Matuszak, S. J. Schipper, J. A. Hayman, and R. K. Ten Haken(2017), "Big Data in Designing Clinical Trials: Opportunities and Challenges", *FRONT ONCOL.*
Cloud Security Alliance Big Data Working Group(2013), "Expanded Top Ten Big Data Security and Privacy Challenges", Big Data Working Group White Paper.
Cohen, Michael H. Cohen(1995), "A Fixed Star in Health Care Reform: The Emerging Paradigm of Holistic Healing", *Arizona State Law Journal*, Spring.
Deutscher Bundestag(2009), Bericht des Ausschusses für Bildung, Forschung und Technikfolgenabschätzung "Zukunftsreport Individualisierte Medizin und Gesundheitssystem", BT-Dr. 16/12000 v.17(2).
Digital Health Society Task Force 3, *Legal Framework facilitating the free-flow & 2nd use of health data*, 2017. 10. 2.
Dörr Blanka S.(2012), "Current Challenge for the Law: Disclosure Dilemmas in Predictive Medicine", in: Pfleiderrer George et al. (Hrsg.), *Knowing One's Medical Fate in Advance, Challenges for Diagnosis and Treatment, Philosophy, Ethics and Religion*, Basel.
EUROPÄISCHE KOMMISSION(2014), *Mobile Gesundheitsversorgung: Potenzial der MobileHealth-Dienste soll erschlossen werden.*
Gassner, Ulrich M.(2015), "MedTech meets M-Health", *MPR(Medizin Produkte Recht)* 2015, 73.
Gigerenzer Gerd, Kirsten Schlegel-Matthies, Gert G. Wagner(2016), *Digitale Welt und Gesundheit. eHealth und mHealth – Chancen und Risiken der Digitalisierung im Gesundheitsbereich.*
Guilaime, T, and D. B. Jackson(2016), "Use of 'big data' in drug discovery and clinical trials", *GYNECOL ONCOL.*
Gymrek, Melissa(2013), "Identifying Personal Genomes by Surname Inference", *Science* Vol. 339, Issue 6117.

Heimhalt, Diana/Rehmann, Wolfgang A.(2014), "Gesundheits- und Patienteninformationen via Apps", *MPR* 2014, 197.

Heinz, M., Martin, P., A Margrett, J., Yearns, M., Franke, W., Yang, Hen-I., Wong, J., K Chang, C.,(2013), "Perceptions of technology among older adults", *J Gerontol Nurs*, vol 39(1).

Hüsing/Bärbel(2010), "Individualisierte Medizin: Potenziale und Handlungsbedarf", *ZEFQ*.

IBM(2014), *IBM Health and Social Programs Summit: IBM Commitment & Investment in Health and Social Programs*.

International Organization for Standardization(2017), "International Electronical Commission, Information Technology-Vocabulary", ISO/IEC.

Julian Huff, Thomas Götz(2019), "Evidenz statt Bauchgefühl? - Möglichkeiten und rechtlichen Grenzen von Big Data im HR-Bereich", *NZA-Beilage*. 73.

Krawiec, R., J. D. Housman, M. White, M. Filipova, F. Quarre, D. Barr, A. Nesbitt, K. Fedosova, J. Killmeyer, A. Israel, L. Tsai(2016), *Blockchain: Opportunities for Health Care,* Deloitte.

Laney, Doug(2001), "3D data management: Controlling data volume, velocity and variety", *Meta group research note* 6.70.

Lyon, David(2001), *Surveillance society: monitoring everyday life*, Philadelphia: Open University Press.

Manyika, James, et al.(2011), *Big data: The next frontier for innovation, competition*, McKinsey Global Institute.

Meister, Jörg(2011), *Einführung der elektronischen Gesundheitskarte (eGK) im Krankenhaus - Materialien und Erläuterungen*, Deutsche Krankenhaus Verlaggesellschaft.

Nuffield Council on Bioethics Report(2012), "Novel Techniques for the Prevention of Mitochondrial DNA disorders: an ethical review", *NUFFIELD COUNCIL on BIOETHICS*.

Official Journal of the European Communities, Charter of Fundamental Rights of the European Union, 2000/C 364/01: Article 8.

Pavel, H. and J. Tremblay(2017), "Artificial Intelligence in medicine", *METABOLISM*.

Peer, D.(2014), "Precision Medicine-delivering the goods?", *CANCER LETTERS*.

Leiner, Peter(2015), "Präzisionsmedizin: Zukunft der Krebsmedizin", Ärzte Zeitung, Springer Medizin. (https://www.aerztezeitung.de/Medizin/Zukunft-der-Krebsmedizin-247319.html)

PMC(PubMed Central)(2014), *The Case for Personalized Medicine*, 4th Ed.

PWC(2016), *Weiterentwicklung der eHealth-Strategie, Studie im Auftrag des Bundesministeriums für Gesundheit*.

Republic of Estonia(2017), THE DIGITAL HEALTH SOCIETY.

Richtlinie der 2009/120/EG der Kommission vom 14. September 2009, *zur Änderung der Richtlinie 2001/83/EG des Europäischen Parlaments und des Rates zur Schaffung eines Gemeinschaftskodexes für Humanarzneimittel im Hinblick auf Arzneimittel für neuartige Therapien*.

Robine, J.-M.(2006), Summarizing health status, In: David Pencheon/Charles Guest/David Melzer/J. A. Muir Gray, *OXFORD HANDBOOK OF PUBLIC HEALTH PRACTICE*, 2nd ed. Oxford, Oxford University Press.

Weber Griffin M., Kenneth D. Mandl, Isaac S. Kohane(2014), "Finding the Missing Link for Big Biomedical Data", *JAMA*, 311(24).

White House(2012), *Consumer Data Privacy in a Networked World: A Framework for Protecting Privacy and Promoting Innovation in the Global Digital Economy*, 2012. 2.

WHO(2010), *Telemedicine: opportunities and developments in member states. Report on the second global survey on eHealth*.

아산재단연구총서

001 전환기의 중국경제
김윤환 외 | 단국대 경제학과

002 폴란드 경제의 변천 개혁과 그 전망
김광수 | 숭실대 경제학과

003 재소한인
이광규 외 | 서울대 인류학과

004 소련산림과 임업
홍성천 외 | 경북대 임학과

005 아세안의 정치경제
김국진 외 | 외교안보연구원

006 태국의 사회변동과 경제발전
최석만 외 | 전남대 사회학과

007 중국의 사회경제 통계분석
신한풍 외 | 고려대 통계학과

008 중국의 정치와 경제
박두복 외 | 외교안보연구원

009 동유럽의 개혁과 시장경제의 도입
허만 외 | 부산대 사범대학

010 동유럽의 개혁운동
박영신 | 연세대 사회학과

011 현대 러시아 연구
기연수 외 | 한국외대 노어과

012 전략적 선택과 기업의 국제경쟁력
이장호 | 서강대 경영대학

013 협동사회의 정착과 정부의 역할
이종범 외 | 고려대 행정학과

014 한국 제조기업 생산성의 동적 분석
노부호 외 | 중앙대 경영대학

015 분배의 정의
변형윤 외 | 서울대 경제학과

016 도덕적 행동의 강화
이훈구 외 | 연세대 심리학과

017 관료부패와 통제
김해동 외 | 서울대 행정대학원

018 한국경제의 내실 있는 성장
정창영 외 | 연세대 경제학과

019 한국국민정신운동의 역사와 발전방향
박수명 외 | 부산대 사범대학

020 한국대학생의 가치성향과 상담효과
이영희 외 | 숙명여대 교육학과

021 가출청소년과 학교관리체제
안창규 외 | 부산대 교육학과

022 동북아 정세변화와 한 · 일관계
한승조 외 | 고려대 정치외교학과

023 언론과 부정부패
정대철 외 | 한양대 신문방송학과

024 한국의 고등학교 교육
이원호 외 | 부산대 교육학과

025 가족과 방송
김학수 외 | 서강대 신문방송학과

026 재정개혁의 전망과 재산세제의 개편과제
오연천 | 서울대 행정대학원

027 청소년을 위한 전자게임 프로그램의 규제 및 평가체계 개발
박혜원 외 | 울산대 가정관리학과

028 정신장애자 가족의 사회심리적 특성
이근후 외 | 이화여대 의과대학

029 가족의 관계역동성과 문제인식
이광규 외 | 서울대 인류학과

030 현대인과 한국전통음식
승정자 | 숙명여대 식품영양학과

031 기업의 초고속정보통신망활용
안중호 | 서울대 경영학과

032 지역발전을 위한 교육자치제의 개선방안
김남순 | 조선대 사범대학

033 전환기의 공무원 가치관
조경호 | 울산대 행정학과

034 지방자치와 사회복지의 과제
김영모 | 중앙대 사회복지학과

035 WTO체제하의 지방중소기업 지원정책
최명주 외 | 계명대 통상학부

036 현대한국의 시민운동
이효선 | 중앙대 사회학과

037 기업 세계화의 단계 및 정도의 측정
허영도 외 | 울산대 경영학과

038 가족복지를 위한 가족주치의 시범사업의 효과
이혜리 외 | 연세대 가정의학교실

039 한국대학생의 삶의 만족도
김재은 외 | 이화여대 교육심리학과

040 지역경제와 지역산업구조의 개편방향
정기화 외 | 전남대 경제학부

041 중국기업의 소유형태별 경영특성
노철화 외 | 부산대 무역학과

042 남북한의 인성 · 사상교육
한승조 외 | 고려대 정치외교학과

043 연계적 뇌기능 조언을 위한 의료용 멀티미디어 시스템의 설계
유선국 | 연세대 의용공학교실

044 다민족국가의 민족문제와 한인사회
최협 외 | 전남대 인류학과

045 저소득층지역 청소년 여가문화와 소집단 활성화
박문수 외 | 서강대 사회학과

046 삶의 질의 국제비교와 지역간 비교분석
이재기 외 | 울산대 경제학과

047 21세기 지역주민의 삶의 질
양종회 외 | 성균관대 사회학과

048 삶의 질에 대한 국가간 비교
조명한 외 | 서울대 심리학과

049 외국인 노동자의 노사관계와 사회적 적응
석현호 외 | 성균관대 사회학과

050 한국의 사법제도와 발전 모델
정종섭 | 건국대 법학과

051 고령화사회와 중상층 노인의 사회활동
조성남 외 | 이화여대 사회학과

052 한국의 서비스 시장 개방정책
한홍렬 | 한양대 경제학부

053 한국과 AFTA간의 교역증진 및 경제 협력방안
손일태 외 | 경희대 경제통상학부

054 물류비 절감을 위한 무역업체의 정보화전략
이영수 외 | 경북대 경제통상학부

055 사회주의 체제전환과 사회정책
오정수 외 | 충남대 사회복지학과

056 남북통일 이후 농업생산체계 개편
홍성규 외 | 건국대 농업경제학과

057 국제화와 세계화
하영선 외 | 서울대 외교학과

058 IMF 개혁정책의 평가와 한국경제의 신(新) 패러다임
조동근 | 명지대 경제학과

059 구조개혁과 실업대책
박동운 | 단국대 경제무역학부

060 21세기 신노사관계
심윤종 외 | 성균관대 사회학과

061 학교에서의 집단 따돌림
이춘재 외 | 가톨릭대 심리학과

062 한국노인의 정신건강실태와 건강증진
조맹제 외 | 서울대 의과대학

063 혁명과 개혁 속의 중국 농민
김광억 | 서울대 인류학과

064 중국의 경제환경과 한국기업의 진출 전략
지용희 외 | 서강대 경영학과

065 김대중 대통령의 시스템 사고
김동환 | 중앙대 공공정책학부

066 실업과 가족해체
최일섭 외 | 서울대 사회복지학과

067 합리적 부채비율 조정방안
오상근 | 동아대 경제학과

068 한국 중산층의 생활문화
문숙재 외 | 이화여대 소비자 · 인간발달학과

069 계층간 갈등상태에서 최적소득세
김진욱 | 건국대 경상학부

070 글로벌 경쟁력 제고를 위한 기업전략과 조직구축
이만우 외 | 고려대 경영학과

071 의료보험과 국민연금의 관리효율화를 위한 통합방안
사공진 외 | 한양대 경제학부

072 정부개혁의 과제와 전략
박우서 외 | 연세대 행정학과

073 책임운영기관 제도에 관한 비교분석
김근세 | 가톨릭대 행정학과

074 새로운 패러다임하에서의 한국기업의 바람직한 지배구조
최운열 외 | 서강대 경영학과

075 현대 한국사회의 계층구조
양춘 외 | 고려대 사회학과

076 한국의 산업정책과 산업구조조정
강인수 | 숙명여대 경제학부

077 기업구조조정
김석진 | 경북대 경영학부

078 지식경영을 위한 인적자원 개발 및 관리체계
장영철 | 경희대 경영학부

079 뉴 비즈니스 모델
전성현 | 국민대 정보관리학부

080 중산층의 정체성과 소비문화
함인희 외 | 이화여대 사회학과

081 외국관광객 유치를 위한 마케팅 전략
박상규 | 강원대 경영학과

082 한국인의 세대별 문학의식
이동순 | 영남대 국문과

083 공공부문의 효율성 평가와 측정
김재홍 외 | 울산대 사회과학부

084 한국 청소년의 정치의식과 형성요인
김광웅 외 | 숙명여대 아동복지학과

085 한국 대학생의 정치의식
배한동 | 경북대 윤리교육과

086 산업의 정보화와 산업발전
이기동 | 계명대 통상학부

087 한국 제조업의 고용조정 분석
이종원 외 | 성균관대 경제학부

088 지식자산에 대한 경영전략적 평가모형 개발
배재학 외 | 울산대 컴퓨터 · 정보통신공학부

089 관광사업을 위한 한국적 이미지의 휴식복 개발
채금석 | 숙명여대 의류학과

090 한국 정치제도의 개혁
신정현 | 경희대 사회과학부

091 e비즈니스와 아웃소싱 전략
정승화 외 | 연세대 경영학과

092 집단 따돌림의 진단 및 치료방안
홍준표 | 중앙대 인간생활환경학과

093 16대 총선과 낙선운동
조기숙 | 이화여대 국제대학원

094 부동층 유권자 행태 분석
진영재 | 연세대 정치외교학과

095 사이버 공동체의 성공요인
이재관 | 숭실대 경영학부

096 온라인 소비자 행동의 이론과 실증
윤성준 | 경기대 경영학부

097 글로벌 시대 정약용 세계관의 가능성과 한계
차성환 | 한일장신대 역사사회학과

098 러시아의 체제전환 과정에서 나타난 국가의 역할과 그 전망
이상민 외 | 부산대 정치외교학과

099 남북한의 경제발전 수준과 산업구조 비교, 그리고 경제교류 협력방향
주성환 | 건국대 경제학과

100 집단따돌림과 교육해체
한준상 | 연세대 교육학과

101 공적연금제도의 효율성과 개선방안
유금록 | 군산대 행정복지학부

102 벤처기업-대기업의 성공적인 협력 모델
나중덕 | 경산대 경영학과

103 북한의 재외동포정책
조정남 외 | 고려대 정치외교학과

104 사이버 공동체 형성의 역동적 모형
장용호 | 서강대 신문방송학과

105 기업이론과 기업의 소유지배구조
김일태 외 | 전남대 경제학부

106 가축분뇨 자원화를 위한 공동이용 조직에 대한 농가선호도 분석
유덕기 | 동국대 생명자원경제학과

107 개혁정책과 전문가 집단
이경원 외 | 제주대 행정학과

108 현대 한국사회의 이중가치체계
신수진 외 | 이화여대 가정관리학과

109 한국의 산업구조 변화와 기업집단 다각화 전략
김용학 외 | 연세대 사회학과

110 지식정보사회의 경제적 모형 설정 및 사례 연구
김범환 | 배제대 경영정보학부

111 변호사징계제도
오종근 | 한림대 법학부

112 인터넷 특허법
김순석 | 광주대 법학과

113 e-비즈니스 시대의 금융 및 재정정책의 새로운 패러다임
이종욱 | 서울여대 경제학과

114 청소년의 하위문화와 정체성
조성남 | 이화여대 사회학과

115 디지털금융시대의 금융구조변화와 정부규제 및 정책
이충열 | 고려대 경제학부

116 지식경영을 위한 기업의 조직설계방안
김경수 외 | 전남대 경영학과

117 전자금융의 발달과 경제정책의 새로운 패러다임
이명훈 | 명지대 경제학과

118 동아시아의 안보와 유엔체제
강성학 편저 | 고려대 정치외교학과

119 유료 치매노인 그룹홈의 개발과 관련 정책
최정신 외 | 가톨릭대 소비자 · 주거학과

120 소비자 지향적 문화산업 정책
홍영준 | 호남대 광고홍보학과

121 국제 · 국가 · 지방 환경규제의 연계
정준금 외 | 울산대 행정학과

122 현행 회사 합병 · 분할제도의 평가와 개선방안
옥무석 외 | 이화여대 법학과

123 배려지향적 도덕성과 정의지향적 도덕성
정옥분 외 | 고려대 사범대학

124 기업구조조정에 대한 채권금융기관 및 금융감독기관의 역할과 책임
이중기 | 한림대 법학과

125 실업대책으로서 한국의 법정기준근로 시간 단축
박영범 | 한성대 경제학과

126 프랑스어의 비분리성 소유개념 표현
노윤채 | 연세대 언어정보연구원

127 지방채의 효율적 관리방안
강태구 | 호원대 법행정학부

128 21세기 산업구조 변화와 과학기술정책
임채성 외 | 그리스도신학대 경영정보학부

129 인터넷 쇼핑몰 이용자의 불평행동
예종석 | 한양대 경영학부

130 한국기업의 성과급제도 현황, 효과 및 개선방안
김성수 | 서울대 경영학과

131 전자상거래와 소비자보호
서민교 외 | 경일대 인터넷국제통상학과

132 평생학습 사회에서의 인적자원개발을 위한 사회적 파트너십 구축
김영화 | 홍익대 교육학과

133 한국 공교육의 새로운 구상과 전략
권대봉 외 | 고려대 교육학과

134 한국의 정부개혁
김태룡 | 상지대 행정학과

135 지방정부 생산성 측정의 이론과 실제
이은국 외 | 연세대 행정학과

136 불가 시문학론
배규범 | 경희대 학술연구 교수

137 남북경제교류의 법적 문제
제성호 | 중앙대 법학과

138 경제위기와 청소년 발달
구인회 | 서울대 사회복지학과

139 생명과학기술의 응용과 기본권보호적 한계
정상기 외 | 한남대 법학과

140 경제발전과 정치환경의 한 · 일 비교분석
정갑영 외 | 연세대 동서문제연구원

141 한국 공교육의 진단
윤정일 외 | 서울대 교육학과

142 우리나라 지방자치 발전을 위한 자치단체장의 역할
정성호 외 | 경기대 사회과학부

143 의료보험제도의 개혁방안
권순원 | 덕성여대 경제학과

144 중등 도덕교육의 현실과 문제
손동현 외 | 성균관대 철학과

145 사이버공동체 발전론
이명식 | 상명대 경영학과

146 남북경협 확대에 대비한 북한 담보제도의 정비방안
박훤일 | 경희대 법과대학

147 한국 공무원 인사제도 개혁
김판석 | 연세대 행정학과

148 교사화법 교육
임칠성 외 | 전남대 국어교육과

149 세계화의 문화정치학
임혁백 외 | 고려대 정치외교학과

150 효과적인 e-SCM을 위한 의사결정조정 시스템 모형
이원준 | 성균관대 경영학부

151 환경거버넌스
김종순 외 | 건국대 행정학과

152 자동차산업의 인적자원관리
이덕로 | 서원대 경영학부

153 한국과 영국 간 지식기반산업 비교
이명호 | 한국외대 경영학과

154 한국 벤처기업의 기술네트워킹 및 기술마케팅 전략
장영일 | 인제대 경영학부

155 회사변호사의 윤리
오승종 | 성균관대 법과대학

156 미디어교육론
이정춘 | 중앙대 신문방송학과

157 조선시대 서원과 양반
윤희면 | 전남대 역사교육과

158 환경문제와 철학
박찬국 | 서울대 철학과

159 노인보건복지 이론과 실제
김명 외 | 이화여대 보건교육학과

160 북한의 법체계
권재열 외 | 숭실대 법학과

161 생명공학기술의 안전성 확보에 관한 법적 고찰
이재협 | 경희대 법학부

162 청소년복지학
김성이 외 | 이화여대 사회복지학과

163 변화하는 세계, 변화하는 복지국가
조영훈 | 동의대 사회복지학과

164 의리의 윤리와 한국의 유교문화
김낙진 | 진주교대 도덕교육과

165 미국의 통상정책과 통상법
윤충원 | 전북대 무역학과

166 사회복지 프로그램 평가
김학주 | 경상대 사회복지학과

167 환경주의와 지속가능한 발전
정대연 | 제주대 사회학과

168 무역과 환경
김기흥 외 | 경기대 경제학부

169 산업계 유해폐기물의 위험과 관리
김금수 | 호서대 경상학부

170 백범 김구의 지적 계발과정 탐색
문용린 | 서울대 교육학과

171 태평양전쟁 발발 이후 일제의 인적 지배와 그리스도교계의 대응
윤선자 | 전남대 사학과

172 거버넌스 상황에서 갈등관리를 위한 대체적 분쟁해결제도
서순복 | 광주대 법정학부

173 시장경제의 유형과 민주주의
최배근 | 건국대 경상학부

174 일본고전소설 총론
김현정 | 국립한국전통문화학교

175 국어 교육을 위한 국어 문법론
이관규 | 홍익대 국어교육과

176 율곡의 군주론
전세영 | 부산교대 윤리교육과

177 동북아시아 환경협력
정서용 | 명지대 법학과

178 기후변화협약과 기후정책
신의순 외 | 연세대 경제학과

179 인터넷과 국제 학술정보 네트워크-하이퍼링크 분석
박한우 | 영남대 언론정보학과

180 국내 기업복지의 활성화 방안
최수찬 | 연세대 사회복지대학원

181 세계화와 인간안보
김우상 외 | 연세대 정치외교학과

182 세계문화유산 종묘 이야기
지두환 | 국민대 국사학과

183 한국 평생교육의 사회철학적 과제
곽삼근 | 이화여대 교육학과

184 강점모델
정순둘 | 이화여대 사회복지학과

185 글로벌시대의 계약법
박영복 | 한국외대 법과대학

186 배심제와 시민의 사법참여
안경환 | 서울대 법학과

187 동북아공동체
김재한 | 한림대 정치외교학과

188 정치 참여와 탈물질주의
김욱 | 배재대 정치외교학과

189 퍼지전문가회로망을 이용한 금융기관의 사이버 기업여신결정 지원시스템의 개발
권혁대 | 목원대 경영학과

190 환경정책과 환경법
송인성 | 전남대 지역개발학과

191 포스트모던 시대의 평생교육학
한숭희 | 서울대 교육학과

192 현대 한국인의 세대경험과 문화
박길성 외 | 고려대 사회학과

193 서구의 근로연계복지
김종일 | 건국대 사회복지학과

194 사회복지운동론
현외성 | 경남대 사회복지학과

195 외국의 역모기지 사례
유선종 | 건국대 부동산학과

196 옛이야기와 어린이문학
이지호 | 진주교대 국어교육학과

197 노인사회복지관광의 정책과제와 방안
김창수 | 경기대 관광학부

198 복지서비스의 민간위탁 시스템 분석
김순양 | 영남대 행정학부

199 새로운 빈곤층의 대두와 정부의 정책과제
김진욱 | 건국대 경제학과

200 문화행정론
김정수 | 한양대 행정학과

201 스칸디나비아 노인용 코하우징의 계획과 적용
최정신 외 | 가톨릭대 생활과학부

202 북한의 자연생태계
공우석 | 경희대 지리학과

203 통계로 이해하는 러시아
전홍찬 | 부산대 정치외교학과

204 사회복지법인의 경영과 회계
이동규 | 충남대 회계학과

205 의약분업 정책과정
차흥봉 | 한림대 사회복지학과

206 지역공동체와 평생교육
오혁진 | 동의대 평생교육학부

207 아동보호서비스의 실제
한미현 | 백석대 사회복지학부

208 그린마케팅
박재기 | 충남대 경영학부

209 아동권리와 아동복지
이혜원 | 성공회대 사회복지학과

210 국제 이주와 인도인 디아스포라
김경학 | 전남대 인류학과

211 질병과 의료의 사회학
조병희 | 서울대 보건대학원

212 북한이탈주민의 사회통합을 위한 지역복지실천의 모색
이기영 | 부산대 사회복지학과

213 치매노인케어론
조유향 | 초당대 간호학과

214 노인상담입문
서혜경 외 | 한림대 대학원 사회복지학과

215 '통일 이후 통일과정'으로서의 독일 통일영화
이준서 | 이화여대 독어독문학과

216 중국의 사회보장
오정수 | 충남대 사회복지학과

217 환경자원의 경제적 가치와 환경오염의 사회적 비용
김재홍 | 울산대 사회과학부

218 사회복지프로그램의 경제적 평가방법
박창제 외 | 상주대 사회복지학과

219 자유의지와 결정론
안건훈 | 강원대 철학과

220 심리학자들이 쓴 행복한 결혼의 심리학
채규만 외 | 성신여대 심리학과

221 현대 해석학 강의
양해림 | 충남대 철학과

222 한국인의 주거 빈곤과 공공주택
하성규 | 중앙대 도시및지역계획학과

223 IMF 경제위기와 한국 출산력의 변화
김두섭 | 한양대 사회학과

224 동아시아의 영토분쟁과 국제법
이석우 | 인하대 법학부

225 독일 복지국가와 사회복지서비스
정재훈 | 서울여대 사회사업학과

226 사회복지사를 위한 실용 비모수통계
엄명용 | 성균관대 사회복지학과

227 피해자학 연구
이윤호 | 동국대 경찰행정학과

228 광고언어창작론
박영준 외 | 부경대 국어국문학과

229 환경규제 패러다임의 전환
한철 | 한남대 법학과

230 고령사회의 노동환경변화와 고용 시스템의 문제점 및 법적 대응
고준기 | 국립군산대 법학과

231 세계화와 소득불평등
이성균 외 | 울산대 사회과학부

232 유비쿼터스 사회의 이해
안중호 외 | 서울대 경영학과

233 국제환경책임법론
박병도 | 건국대 법학과

234 한국의 선거와 민주주의
윤종빈 | 명지대 정치외교학과

235 한국 시민운동의 구조와 동학
조대엽 외 | 고려대 사회학과

236 또래관계
송영혜 | 대구대 재활심리학과

237 해외 한국기업과 현지인 노동자
석현호 외 | 에스콰이아학술문화재단

238 독일 국가복지에서 민간복지단체의 역할과 의미
차성환 외 | 한일장신대 사회복지학부

239 청정공학
조정호 | 동양대 생명화학공학과

240 한국전통연희론
심상교 | 부산교육대 국어교육학과

241 정신장애와 가족
서미경 | 경상대 사회복지학부

242 빈곤통계의 작성과 활용
김주환 | 동국대 정보통계학과

243 인터넷과 한국정치
강원택 | 숭실대 정치외교학과

244 북한의 시장경제이행
정영화 외 | 서경대 법학과

245 시스템사고로 본 지속가능한 도시
문태훈 | 중앙대 도시및지역계획학과

246 실버산업과 유비쿼터스 컴퓨팅
고일상 | 전남대 경영학부

247 재활상담과 사례관리
나운환 | 대구대 직업재활학과

248 영유아교육기관에서의 장애 이해 교육
유수옥 | 우석대 유아특수교육과

249 장애의 사회적 의미와 사회통합
박수경 | 대진대 사회복지학과

250 경제분석의 수리적 기초
조인성 | 공주대 경제통상학부

251 비영리부문의 비교연구
김승현 | 서울산업대 행정학과

252 고등교육경제학
반상진 | 전북대 교육학과

253 과학윤리교육의 이론과 방법
조희형 | 강원대 과학교육학부

254 결혼이민자가족의 이해
김오남 | 대불대 사회복지학과

255 동아시아 국가의 공공부조
신동면 | 경희대 사회과학부

256 특수아동 진단 및 평가
이나미 | 대불대 특수교육과

257 계약형 사회복지와 권리옹호시스템
이명현 | 경북대 상주캠퍼스 사회복지학과

258 실내공기질 및 위해성 관리
양원호 | 대구가톨릭대 산업보건학과

259 충남 방언 문법
한영목 | 충남대 국어국문학과

260 교육권론
노기호 | 군산대 법학과

261 도시경관계획론
임승빈 | 서울대 조경 · 지역시스템공학부

262 교통의 새로운 패러다임
김형철 | 경원대 도시계획 · 조경학부

263 노인의 삶의 질 향상을 위한 주거환경 디자인
천진희 | 상명대 디자인대학 실내디자인전공

264 사회복지와 문화
박병현 | 부산대 사회복지학과

265 장애인복지의 이론과 실제
이선우 | 인제대 사회복지학과

266 창의성 개발을 위한 디자인교육 콘텐츠
김선영 | 인천가톨릭대 조형예술대학 환경디자인학과

267 구성주의 사회복지 실천 기술론
고미영 | 서울신학대 사회복지학과

268 장애아교육학
김기흥 | 부산교육대 유아교육과

269 지역사회복지와 자원부문
한상진 외 | 울산대 사회학과

270 환경관리회계
육근효 | 부산외국어대 회계학부

271 인권 관점에서 보는 장애인복지
유동철 | 동의대 사회복지학과

272 정신증상
송지영 | 경희대 의과대학병원 신경정신과

273 사이버공간의 사회심리학
이성식 외 | 숭실대 정보사회학과

274 노인에 대한 사회적 돌봄과 돌봄서비스의 질 보장
최희경 | 신라대 가족노인복지학과

275 아동 심리치료의 실제
신현균 | 전남대 심리학과

276 사회복지와 위험관리
노충래 | 이화여대 사회복지전문대학원

277 국제 탄소시장의 이해
양승룡 | 고려대 식품자원경제학과

278 타자의 초상
신문수 | 서울대 영어교육과

279 한국정치와 환경정치
나정원 | 강원대 정치외교학과

280 북한이주민
윤인진 | 고려대 사회학과

281 음주의 사회경제적 비용
정우진 외 | 연세대 보건대학원

282 지방정치와 동북아 도시거버넌스
박재욱 | 신라대 행정학과

283 노숙인 복지론
남기철 | 동덕여대 사회복지학과

284 유럽통합과정과 지역협력
이규영 | 서강대 국제대학원

285 사회복지재정 연구
지은구 | 계명대 사회과학대학 사회복지학과

286 지역사회 교육개혁을 위한 시민사회 조직의 참여
김영화 | 홍익대 교육학과

287 복지사회를 대비한 국민연금의 구조개혁
박영석 외 | 서강대 경영학부

288 한미 FTA 지재권 협상에 따른 의약품 분야 사회후생 변화
오근엽 | 충남대 무역학과

289 산업입지, 환경 그리고 지역경제
이기동 외 | 계명대 국제통상학과

290 감성지능 개발을 통한 삶의 질 향상
김경수 외 | 전남대 경영학부

291 교육복지론
이용교 외 | 광주대 사회복지학부

292 인간과 행복에 대한 철학적 성찰
박찬국 | 서울대 철학과

293 유럽연합의 사회통합 사례와 교훈
이무성 | 명지대 정치외교학과

294 민영화와 사회후생
이상호 | 전남대 경제학부

295 북한의 교육학 체계 연구
최영표 외 | 동신대 교육대학원

296 한국 지속가능발전의 구조와 변동
정대연 | 제주대 사회학과

297 우리나라의 공익 연계 마케팅에 관한 연구
임승희 | 전주대 경영학부

298 시각장애인복지론
김영일 | 조선대 특수교육과

299 그린에너지와 환경촉매
정석진 | 경희대 화학공학과

300 취약학교 초등학생을 위한 온라인 보건교육 프로그램
박경옥 | 이화여대 보건관리학과

301 신탁제도를 통한 고령자의 보호와 지원
최수정 | 서강대 법학전문대학원

302 사회적 약자계층에 대한 실태분석 및 정책방안
이은우 외 | 울산대 경제학과

303 한류 문화와 동북아 공동체
최혜실 | 경희대 국어국문학과

304 노동유연화와 해고보호법
권혁 | 부산대 법학전문대학원

305 사회복지 위험관리의 이해
박미은 | 한남대 사회복지학과

306 의료기관의 회계와 세무
노준화 | 충남대 경영학부

307 여성인적자원의 전문성 확보를 위한 경력개발
백지연 | 이화여대 국제사무학과

308 정신병리
강선경 | 서강대 신학대학원

309 바다의 반란 적조
윤양호 | 전남대 해양기술학부

310 한국 장애인 복지 발달사
이성규 | 서울시립대 사회복지학과

311 서양예술 속의 동양 탐색
진상범 | 전북대 독어독문학과

312 한국인의 도덕성 발달 진단
문용린 | 서울대 교육학과

313 영국정치와 국가복지
고세훈 | 고려대 공공행정학부

314 인간학적 사유를 여는 중도 · 중복장애 교육학
이숙정 | 단국대 특수교육과

315 개별화 교육과정
이소현 | 이화여대 특수교육과

316 인간의 긍정적 성품
권석만 | 서울대 심리학과

317 지방자치와 지역여성의 전망
이혜숙 | 경상대 사회학과

318 한국 현대 노년소설 연구
전흥남 | 한려대 교양학부

319 정보격차 해소를 위한 창의적 정보교육 프로그램
이영준 외 | 한국교원대 컴퓨터교육과

320 한국 가족과 젠더
손승영 | 동덕여대 교양학부

321 한국의 복지혼합
김진욱 | 서강대 신학대학원

322 사회자본과 자원봉사
김태룡 외 | 상지대 행정학과

323 농촌교육복지연구
박삼철 | 단국대 교양학부

324 사회정체성 평가 차원에 대한 국제비교조사
이명진 | 고려대 사회학과

325 캐나다 복지국가 연구
조영훈 | 동의대 사회복지학과

326 한국의 소수자운동과 인권정책
전영평 외 | 서울대 행정대학원

327 한국과 미국의 보육서비스 전달체계와 품질 비교분석
김근세 외 | 성균관대 국정관리대학원

328 한국사회의 소득불평등과 국민 의료이용
이용재 | 호서대 사회복지학과

329 정보시대의 인간안보
조화순 | 연세대 정치외교학과

330 가족의 사회경제적 특성과 아동발달
김광혁 | 전주대 사회복지학과

331 초 · 중 · 고등학생의 학업소진 진행과정 및 경로분석
이상민 | 고려대 교육학과

332 다문화사회의 사법통역
이지은 | 이화여대 통역번역대학원

333 동아시아 지역주의
유현석 | 경희대 정치외교학과

334 환경친화적 공공시설관리와 지역공동체의 삶의 질
이소영 | 중앙대 실내디자인 · 주거환경학과

335 의료보험의 법정책
김나경 | 성신여대 법과대학

336 양극화 시대 가족해체와 청소년의 적응에 관한 한국과 미국의 비교 연구
오승환 외 | 울산대 사회복지학과

337 기업의 사회적 책임과 지역경제사회 발전 연구
허영도 외 | 울산대 경영학부

338 노인의 삶의 질 향상을 위한 온라인 소셜 네트워크 구축 방안
김진우 | 연세대 경영학과

339 청소년 생활역량
윤명희 외 | 동의대 평생교육학과

340 외국인 배우자의 다양성과 국제결혼의 안정성
김두섭 | 한양대 사회학과

341 정보인권의 규범구체화
이민영 | 가톨릭대 법학과

342 한국 사회복지실천의 고유성
최성재 외 | 서울대 사회복지학과

343 스웨덴의 환경책임 실천모형
최희경 | 경북대 행정학부

344 자율운동과 주거공동체
윤수종 | 전남대 사회학과

345 한국인의 공공봉사동기
김상묵 | 서울과학기술대 행정학과

346 한국 이혼가정 아동의 성장
김혜숙 | 경인교육대 교육학과

347 동양 사상과 노인 복지
홍승표 외 | 계명대 사회학과

348 노동과 사회보장의 연계
오문완 | 울산대 법학과

349 학습장애 위험군 아동의 조기선별을 위한 읽기검사 표준화 연구
김애화 외 | 단국대 특수교육학과

350 신 · 재생에너지에 기초한 녹색성장과 사회통합
김인호 | 이화여대 법학전문대학원

351 문화교류역량과 다문화 경영이 기업 경영성과에 미치는 영향
임병학 외 | 부산외대 경영학부

352 빈곤영유아의 발달과 적응
정익중 외 | 이화여대 사회복지학과

353 민사법질서와 인권
양천수 | 영남대 법학전문대학원

354 성년후견제도와 사회복지제도의 연계
신권철 | 서울시립대 법학전문대학원

355 한국 다문화사회의 이방인
김순양 | 영남대 행정학과

356 현대 시민사회와 소비자계약법
이병준 | 한국외대 법학전문대학원

357 개인의 사회적 정보보호를 위한 공공정보서비스 개선 연구
장항배 | 상명대 경영학과

358 여성교육투자에 대한 교육경제학적 탐색
백일우 외 | 연세대 교육학부

359 사회적 기업과 지속가능한 지역발전
임업 외 | 연세대 도시공학과

360 다문화가정 구성원에 대한 투트랙 한국어 교육방안 연구
박시균 | 군산대 국어국문학과

361 아시아의 빈곤과 한국기업의 역할
한인수 | 충남대 경영학부

362 유치원 · 초등학교 연계 환경교육
박희숙 | 공주대 유아교육학과

363 비정규 고용과 사회정책
구인회 외 | 서울대 사회복지학과

364 사생활의 자유에 관한 비교법적 연구
이창현 | 서강대 법학전문대학원

365 다중융합 환경 기반의 미디어스킨을 활용한 문화콘텐츠 디자인 적용방안에 관한 연구
오문석 외 | 광운대 미디어영상학부

366 북한이탈주민 여성의 성인식 관련 기초 조사
한인영 외 | 이화여대 사회복지학과

367 노인주택 파노라마
유선종 | 건국대 부동산학과

368 시설보호 청년의 적응
정선욱 | 덕성여대 사회복지학과

369 다수 집단과 소수 집단의 심리
김혜숙 | 아주대 심리학과

370 바이오 휴머니티
권택영 | 경희대 영어학부

371 프랑스 다문화교육의 이해
이경수 | 상명대 불어교육과

372 한 · 중 서비스산업의 비교분석과 교역 확대 방안
김상호 | 리츠메이칸 아시아태평양대 국제경영학부

373 현대의학에 있어서 생명의 시간과 인간의 존엄
김학태 | 한국외대 법학전문대학원

374 0~3세 영유아의 영상물 과몰입 실태 조사 및 정신건강증진 프로그램 개발과 적용
이경숙 | 한신대 재활학과

375 복지국가의 조세와 정치
양재진 외 | 연세대 행정학과

376 청소년기 자살행위 실태와 관련 요인
박선희 | 경희대 간호과학대학

377 기술혁신에 따른 지역 간 정보격차
최정혜 외 | 연세대 경영대학

378 한국 사회의 이중구조와 생애주기적 불평등
안상훈 편 | 서울대 사회복지학과

379 소비자의 친환경행동에 영향을 미치는 사회적 · 경제적 가치에 대한 고찰
송재기 | 텍사스테크대 경영학과

380 어머니 양육행동 관련 변인들과 유아 사회정서행동 간의 구조모형 분석
심숙영 | 숙명여대 원격대학원

381 조선족 여성, 동남아시아 여성 그리고 새터민의 적응 유형 분석 및 삶의 질 향상 방안 모색
정태연 | 중앙대 심리학과

382 세계의 연금, 한국의 연금
허만형 | 중앙대 공공인재학부

383 노인요양원과 문화 변화
최재성 | 연세대 사회복지학과

384 시민사회와 국제개발협력
손혁상 | 경희대 공공대학원

385 복지국가의 변화와 빈곤정책
김윤태 | 고려대 사회학과

386 다문화가정의 미디어 이용과 사회적 자본의 관계
진창현 | 경기대 경영학과

387 사회진출 대졸 초년생의 탄력성 변화 양상
이상민 | 고려대 교육학과

388 사회자본과 경제발전 그리고 정부의 질
도수관 | 대구가톨릭대 행정학과

389 망명과 귀환이주
서장원 | 고려대 독일문화학과

390 근거기반실천과 사회복지
김유진 | 경북대 사회복지학부

391 인터넷상 정보 유통에 대한 새로운 저작권 규율 방향 모색
박준석 | 서울대 법학전문대학원

392 한국 사회의 인종차별적 담화구조
이창수 | 한국외대 통역번역대학원

393 사회복지사의 사회복지 가치 지향
김용석 | 가톨릭대 사회복지학과

394 개인정보의 국제적 유통에 따른 법적 문제와 대책
박훤일 | 경희대 법학전문대학원

395 정신장애인의 인권
서미경 | 경상대 사회복지학과

396 취약계층 비만청소년들의 체중관리를 위한 건강증진 프로그램의 효과
김영호 | 서울과학기술대 스포츠과학과

397 한국 전통의 돈의 문학사, 나눔의 문화사
서신혜 | 한양대 창의 · 융합교육원

398 와이파이 공간과 모바일 정보 격차
이건학 | 서울대 사회과학대학

399 도시정비사업의 법적 쟁점과 해설
성중탁 | 경북대 법학전문대학원

400 사회서비스 제공기관의 조직요인과 성과
신창환 | 경북대 사회복지학부

401 도시 사운드스케이프 디자인
전진용 외 | 한양대 건축공학부

402 지방의회 의원윤리연구
김택 | 중원대 경찰행정학과

403 발달장애인 자립생활 증진을 위한 역량탐색 및 주거로서의 해결과제
김라경 | 광주교육대 교육학과

404 외국인고용제도개선과 인권
김상호 외 | 경상대 법과대학

405 사회복지연구에서 질적방법과 분석
김인숙 | 가톨릭대 사회복지학과

406 현대미술에서의 예술적 성장과 창의적 인재양성
백경미 | 울산과학기술원 기초과정부

407 현대인의 삶과 문화예술교육
곽삼근 | 이화여대 교육학과

408 문화적 배경과 체화된 인지
민동원 | 단국대 경영학부

409 아동 섭식행동평가 척도 표준화 및 섭식문제 현황 조사
정경미 | 연세대 심리학과

410 잊혀질 권리: 이상과 실현
문재완 | 한국외대 법학전문대학원

411 인권의 지역화: 일상생활의 인권 증진을 위하여
김중섭 | 경상대 사회학과

412 다문화 시대 이주민의 한국어 의사소통
민병곤 외 | 서울대 국어교육과

413 다문화 시대의 문화교육 커리큘럼
윤여탁 외 | 서울대 국어교육과

414 다문화 시대의 통일교육
박성춘 외 | 서울대 윤리교육과

415 다문화 시대 사회 통합을 위한 시민 교육
이진석 외 | 부산대 일반사회교육과

416 다문화 관련 법률 및 제도
박성혁 외 | 서울대 사회교육과

417 생태복원의 인문학적 상상력
김성도 외 | 고려대 언어학과

418 다국내 출생 다문화가정 청소년의 아픔과 분투: 사회적 차별로부터의 회복과 성장
서영석 | 연세대 교육학과

419 종교심리학의 이해: 죽음인식의 논의를 중심으로
김재영 | 서강대 종교학과

420 글로벌 시대의 사회통합: 세계적 추세와 한국의 위상
장용석 외 | 연세대 행정학과

421 소규모 사회적기업과 소셜미디어 마케팅
박철 | 고려대 글로벌비즈니스대학

422 동아시아 가면극의 역사와 전승양상
전경욱 | 고려대 국어교육과

423 무엇이 우리를 행복하게 하는가?
구교준 외 | 고려대 행정학과

424 디지털 중독의 이해와 대응 방안
오원석 외 | KAIST 경영대학

425 지속가능발전목표(SDG) 시대 한국의 복지와 행복지표 측정
한준 외 | 연세대 사회학과

426 지방정부 간 사회복지 불균형과 시민 행복
장용석 외 | 연세대 행정학과

427 일 · 여가의 변화와 행복 복지
유홍준 외 | 성균관대 사회학과

428 가족시간과 삶의 질
이윤석 외 | 서울시립대 도시사회학과

429 사회복지사의 유데모니아: 사회복지의 가치와 보람, 그리고 행복
송인한 외 | 연세대 사회복지대학원

430 행복을 위한 움직임
안문경 | 국민대 교양대학

431 읽기 장애 조기 선별검사의 측정학적 적합성 연구
여승수 | 부산교육대 유아교육학과

432 문화적 다양성과 창의성: 심리학적 관점
장재윤 | 서강대 심리학과

433 내일의 종언(終焉)? 가족자유주의와 사회재생산 위기
장경섭 | 서울대 사회학과

434 산림공유자원관리로서 금송계 연구
배수호 외 | 성균관대 행정학과

435 한국 경제발전의 문화적 기원: 추격성장, 발전국가 그리고 문화적 혼종성
김명수 | 한양대 정보사회학과

436 4차 산업혁명의 일자리 진화
이민화 | KAIST 미래전략대학원

아산재단연구보고서

001 한국인의 도덕성 연구
배해수 | 고려대 국문학과

002 산업화와 청소년 진로
이원호 | 울산대 교육학과

003 공동체의식과 시민운동
김영섭 | 한양대 행정학과

004 한국청년의 삶의 의미 충족도와 만족적 태도
안정수 | 경희대 철학과

005 중국조선족의 사회발전과 한 · 중관계의 위상
손장권 | 고려대 사회학과

006 해송림 "솔껍질깍지벌레"의 천적 및 주요 종의 생태
김규진 | 전남대 농생물학과

007 사회정의와 실천윤리
박종대 | 서강대 철학과

008 동구개혁의 영향
김달중 | 연세대 정치외교학과

009 한국청소년의 의식세계
김문조 | 고려대 사회학과

010 고강도 철근 콘크리트 구조의 실용화
정헌수 | 중앙대 건축학과

011 신기술의 연관형태 및 출현예측의 구조모형
권철신 | 성균관대 산업공학과

012 민간기업의 연구개발을 위한 조세정책
권영훈 | 한양대 경제학부

013 기술개발 활성화방안
송승구 | 울산대 화학공학부

014 부패의 현상과 진단
이문조 | 영남대 정치외교학부

015 연구투자의 지역적 편중화와 부산지역의 기초과학연구 활성화방안
윤웅찬 | 부산대 화학과

016 GATT의 신구 덤핑방지협정과 그 대응 방안
전창원 | 동국대 무역학과

017 한국사회의 도덕성 제고를 위한 진단과 처방
황경식 | 서울대 철학과

018 새로운 노사관계 방향
이진규 외 | 고려대 경영학과

019 21세기 동북아 정세예측과 한국의 전략적 대응방안
최평길 외 | 연세대 행정학과

020 소련의 한국에 대한 정책목표분석
신승권 | 한양대 정치외교학과

021 메모리 커패시터용 $Pb(Zr_xTi_{1-x})O_3$ 강유전체 박막의 제작과 특성
장지근 외 | 단국대 전자공학과

022 러시아 국제법학의 전통
김용구 | 서울대 외교학과

023 유럽연합의 현황과 전망
김동현 외 | 성균관대 행정학과

024 중국의 정치동원
송영우 외 | 건국대 정치외교학과

025 산업적 활용을 위한 이동로보트 시스템의 개발
박민용 외 | 연세대 전자공학과

026 중국조선족의 정치사회화과정과 동화적 국민통합의 방향
전인영 외 | 이화여대 사회생활학과

027 공적부조의 이론과 실제
최일섭 외 | 서울대 사회복지학과

028 대외통상환경의 변화와 법제개편
서헌제 | 중앙대 법학과

029 기업금융의 국제화
최생림 | 한양대 경영학부

030 자동차부품공업의 노사관계
김호진 외 | 고려대 행정학과

031 산업화 과정에서의 한국가족의 실태와 전망
정창수 외 | 성균관대 사회학과

032 공무원 가치관 실태와 정립방안
배병룡 외 | 경상대 행정학과

033 해외귀국청소년의 국내적응연구
이장영 | 국민대 사회학과

034 초고속정보통신망에서 LAN서비스 제공방안
이재용 | 연세대 전자공학과

035 WTO체제의 정책적 대응
김병진 외 | 경희대 행정학과

036 유럽의 통합정치
최수경 외 | 충남대 정치외교학과

037 유기질폐기물을 이용한 고단백사료원인 조류의 생산공정
최정우 외 | 서강대 화학공학과

038 초고속정보통신망의 수용성과 정책방향
박영상 외 | 한양대 신문방송학과

039 중국의 강남사회와 한중교섭
조영록 외 | 동국대 사학과

040 세계화시대의 사회 · 문화의식
신행철 외 | 제주대 사회학과

041 국내 외국인 노동자의 문제와 대책
성규탁 외 | 연세대 사회복지학과

042 노인인력 활용정책과 프로그램
김정후 외 | 강원대 법과대학

043 한일간 학술교류 현황과 활성화방안
정홍익 외 | 서울대 행정대학원

044 계량모형에 의한 한일 경제관계의 이해
김명직 외 | 한양대 경제학부

045 직장인의 음주행태와 삶의 질
진기남 외 | 연세대 보건행정학과

046 유통정보 시스템의 구조와 설계
정용길 | 충남대 경영학과

047 남북통일 이후 사회통합을 위한 교육의 역할
안기성 외 | 고려대 교육학과

048 대중음악에 심취한 청소년들의 심리적 특성
김인경 외 | 연세대 인간행동연구소

049 멀티미디어 시스템을 활용한 교육환경의 개선방안
김한일 | 제주대 컴퓨터교육학과

050 탈냉전기 한일관계의 쟁점
최상룡 | 고려대 정치외교학과

051 자치시대 새로운 '삶의 질' 지표의 모색
김형기 외 | 경북대 경제통상학부

052 유럽통합의 역내외 협력과 갈등
이호재 외 | 고려대 정치외교학과

053 21세기를 대비한 신노사관계
김재원 | 한양대 경제학부

054 대학의 시간제학생 등록제
안규철 외 | 전남대 교육학과

055 21세기에 대비한 방송통신정책
한진만 외 | 강원대 신문방송학과

056 주민참여를 통한 혐오시설 관리운영방안
박균성 외 | 경희대 법학부

057 여성의 정치적 권리인식과 정치참여
전경옥 외 | 숙명여대 정치외교학과

058 한국인 위장질환과 식생활 · 환경요인 및 *H. pylori* 감염과의 관계
이양자 외 | 연세대 식품영양학과

059 학생과 시민의 자원봉사활동
윤정일 외 | 서울대 교육학과

060 동북아 환경문제와 지역환경협력의 모색
신연재 외 | 울산대 정치외교학과

061 노인 자원봉사활동을 통한 사회통합 프로그램 개발
김동배 | 연세대 사회복지학과

062 물류정보 시스템
김태현 | 연세대 경영학과

063 전자식 문서교환을 이용한 항공화물 운송체계
민재형 | 서강대 경영학과

064 청소년과 성
이근후 | 이화여대 의과대학

065 민족통합과 무궁화호 위성의 남북한 공동활용방안
방정배 | 성균관대 신문방송학과

066 채식주의가 20대 여성의 영양상태와 에스트로겐 대사에 미치는 영향
성미경 | 숙명여대 식품영양학과

067 가상정보공간을 통한 지역개발 활성화 전략
유재천 외 | 한림대 언론정보학부

068 조산아 관리현황 및 정책수립 방안
박상기 외 | 조선대 의과대학

069 남북한관의 의식조사와 통일교육 개선 방안
김동규 외 | 고려대 북한학과

070 동양 전통 자연사상 탐구
장동순 | 충남대 환경공학과

071 초고속정보망의 시뮬레이터 구현
한기준 | 경북대 컴퓨터공학과

072 유통원가 시스템의 유효성
정다미 | 명지대 경영학과

073 국악과 문화관광의 만남
정익준 외 | 동아대 국제관광통상학부

074 기업의 지식경영 활용사례
김창은 | 명지대 산업공학과

075 선진국과 한국의 직업교육 · 훈련제도의 특성과 한계
정주연 | 고려대 경제학과

076 제주지역 성인 여성의 자원봉사활동
이상철 외 | 제주대 사회학과

077 M&A와 문화충돌 관리
박원우 | 서울대 경영학과

078 폐금속광산 인근 주민들의 중금속 오염실태
정종학 외 | 영남대 의학과

079 북한 농촌 · 농업실태와 인력자원개발 시스템을 통한 북한 농민의 구호방안
박성열 | 건국대 교육공학과

080 중소 소매점의 경쟁력과 소매성과
채명수 외 | 한국외대 무역학과

081 고령자를 위한 쾌적한 실내온도와 착의량의 설정
정운선 | 안동대 의류학과

082 지역문화 이벤트 PR
박종민 | 경희대 언론정보학부

083 인터넷 지역정보화의 실태와 전략
유평준 외 | 연세대 행정학과